藏書與讀史

臧卓回憶錄

臧卓——原著　蔡登山——主編

臧卓和他的回憶錄

蔡登山

最早記得臧卓的名字，是看了上海家族研究專家宋路霞女士，採訪孫曜東而寫成的回憶錄《浮世萬象》（二〇〇四年，上海教育出版社）。該書其中有一節寫到〈張伯駒一品香酒店搶潘妃〉，張伯駒何許人也？他和末代皇帝溥儀的族兄溥侗、袁世凱的次子袁寒雲、奉系軍閥張作霖之子張學良，並稱「四公子」。張伯駒除是著名的詩詞學家外，還集鑑賞家、書畫家、京劇藝術研究者等身分於一身。

孫曜東說：「張伯駒早年曾有過兩位太太，一位是封建家庭父母給作主的，一位開頭關係還好，由於志趣不同，日久也就乏味了。他最鍾情的、並與之相攜到老的是第三位太太——後來成為著名青綠山水畫家的潘素女士。潘素女士，大家又稱她為潘妃，蘇州人，彈得一手好琵琶，曾在上海西藏路汕頭路路口『張幟迎客』。初來上海時大字認不了幾個，但人出落得秀氣，談吐不俗，受『蘇州片子』的影響，也能揮筆成畫，於是在五方雜處、無奇不有的上海灘，曾大紅大紫過。依我看，張伯駒與潘素結為伉儷，也是天作一對，因為潘素身上也存在著一大堆不可理解的『矛盾性』，也是位『大怪』之人。那時的『花界』似乎也有『分工』，像含香老五、吳嫣等人，接的客多為官場上的人，而潘妃的客人多為上海白相的二等流氓。紅火的時候天天有人到她家『擺譜兒』，吃『花酒』，客人們正在打牌或者吃酒，她照樣可以出堂差，且應接不暇。那時有些男人喜歡『紋身』，即在身上刺花紋，多為黑社會的人，而潘妃的手臂上也刺有一朵花……最終她的『內秀』卻被張伯駒開發了出來。」

孫曜東又說：「張伯駒在鹽業銀行任總稽核，實際上並不管多少事，整日埋頭於他的書畫收藏和京劇、詩詞，每年到上海分行查賬兩次，來上海就先找我。其實查賬也是做做樣子的，他來上海只是玩玩而已。既然來玩，也時而走走『花界』，結果就撞上了潘妃，兩人英雄識英雄，怪人愛怪人，一發而不可收，雙雙墜入愛河。張伯駒第一次見到潘妃，就驚為天女下凡，才情大發，提筆就是一副對聯：『潘步掌中輕，十步香塵生羅襪；妃彈塞上曲，鞮鞦胡語入琵琶。』不僅把『潘妃』兩個字都嵌進去了，而且把潘妃比作漢朝的王昭君出塞，把她擅彈琵琶的特點也概括進去了，聞者無不擊掌歡呼。可是問題並非那麼簡單，潘妃已經名花有主，成為國民黨的一個叫臧卓的中將的囊中之物，而且兩人已經到了談婚論嫁的程度，誰知半路殺出了個張伯駒。潘妃此時改口，決定跟定張伯駒，而臧卓豈肯罷休？於是臧把潘妃『軟禁』了起來，在西藏路漢口路的一品香酒店租了間房把她關在裏面，不許露面。潘妃無奈，每天只以淚洗面。而張伯駒此時心慌意亂，因他在上海人生地不熟，對手又是個國民黨中將，硬來怕惹出大亂子，他只好又來找我。我那時候年輕氣盛，為朋友敢於兩肋插刀。趁天黑我開出一輛車帶著伯駒，先到靜安寺路上的靜安別墅租了一套房子，說是先租一個月，因為那兒基本都是上海灘大老爺們的『小公館』，來往人很雜，不容易暴露。然後驅車來一品香，買通了臧卓的衛兵，知道臧不在房內，急急衝進去，潘妃已哭得兩眼桃子似的。兩人顧不上說話，趕快走人。我驅車把他倆送到靜安別墅，對他們說：『我走了，明天再說。』其實明天的事伯駒自己就有主張了：趕快回到北方，就算沒事了。」

當時臧卓是國民黨的一位中將，潘素差一點成為他的壓寨夫人，幸虧孫曜東即時救出，終於成為張伯駒夫人，也成為一位著名畫家，當今名作家章詒和女士還跟過潘素學過畫。試想潘素當時若成為臧卓將軍夫人，則她的一切歷史將改寫了。

對於臧卓我當時的瞭解僅止於此，後來才知道臧卓晚年在香港而且改名為臧勺波。那是在朱子家（金雄白）的《汪政權的開場與收場》第一冊篇末，金雄白寫有一篇贅言，提到：「本書在寫作與編印中，承讀者給我的指正，姚立夫先生對我的協助，顏加保先生、臧勺波先生、汪希文先生，以及不願發表姓名的若干朋友們，供給了我寶貴的資料與圖片，伍爰女士為我讎校，吳漱溟先生為我署簽，在此一併表示我衷心的謝意。」這讓我將臧卓與臧勺波的名字連接起來，之後根據我蒐集的資料並參考唐張新編著的《建湖將軍譜》，得出一簡單的生平簡介。

臧卓（一八九〇年生，一九七五年歿）其名一作臧焯（《臧氏家譜》），字勺波，筆名一勺，江蘇鹽城人。父親是個窮秀才，屢試不第，只得在邑中設館教書。臧卓幼時習經史，擅辭章之學。清光緒二十六年（一九〇〇年），他十一歲時在私塾讀書，旨在博取科名，適科舉廢止，稍長到南京考入陸軍，先後在陸軍小學、陸軍中學共五年。辛亥那年他正屆陸軍中學畢業，參加武昌起義，南北統一後，他在北京參謀本部當第五局（管戰史）科員，但不久辭職入保定陸軍軍官學校繼續讀書，深受校長蔣百里賞識。民國三年上學期，在保定軍校畢業後，分發到江蘇馮國璋那裏做見習軍官候補排長，六個月期滿後，又回到北京。後到北京高等師範（即後來的師範大學，在北京琉璃廠廠甸）當地理教員，講地球投影及中國兵要地理。

民國十三年，臧卓調任陸軍部少將機要科長，後受南方革命影響和軍校同學之招，悄然南下，參加國民革命軍。民國十六年，任職武漢衛戍司令部。北伐期間，他先後在陳銘樞的第十一軍和唐生智的第八軍任參謀長。民國十九年，唐生智組織「護黨救國軍」進行第二次武裝反蔣失敗後，臧卓隱寓於上海，時常在《新聞日報》上發表對時局的主張，蔣介石閱後頗有讚賞，特地召見，意在籠絡。蔣介石問其是否與唐生智脫離關係，臧卓答以「關係脫離，感情還在」，為蔣介石所忌，未予重用。其間，臧卓就個人戎馬生涯作了筆憶，著成《萬里征驂錄》，「辭含珠璣，時譽甚隆」。後來唐生智就任陸軍訓練總監，臧卓應唐生智之招，就任中將訓練所長。民國二十六年「八一三」事變後，國民政府西遷，唐生智留守南京，臧卓在城防設施方面多所建言，並為唐生智所倚重。南京失守後，臧卓隨軍退至武漢。不久，臧卓悄然折回上海。臧卓與汪精衛私交甚篤，民國二十九年汪偽南京政府成立，臧卓亦落水當了漢奸，先後任軍事委員會委員，軍委會第二廳、第一廳廳長、點編委員會主任委員，點編華中和平軍四十餘萬，最後調任蘇北行營主任，統轄兩個集團軍，計十三個師，號稱十萬人之眾（實際七萬餘人），清剿盤據蘇北之新四軍。後因汪偽政權內鬨，被以「清鄉剿共不力」之名解職。

抗戰勝利後，臧卓潛居香港，以教書為生，開始以私家教讀為主，學生之中，分為研究與補習兩種。後於民國四十七年入聯合書院，講授「詩學通論」，後又教「斷代史」、「專書選讀」、「駢文選讀」，也擔任過「詩詞選」、「左傳」、「荀子」、「莊子」、「老子」等課，從聯合書院到後來改組為聯大，前後擔任教職有十四年之久。在光夏書院教書則前後兩年，因後來學校關門而作罷。在遠東書院則勉強教了一個月。臧卓幼時習經史，擅辭章之學。雖為武人，但學識淵博，晚年能在書院教詩詞及國學課程，可見其文史功力，至於文筆粲然更為其餘事。其所著《我在蔣介石與汪精衛身邊的日子》這本回憶錄就是一九七〇年一月起在香港《春秋》雜誌連載，原名《蔣汪與我》，但並未結集成書，這是他晚年的回憶錄，刊登時就一紙風行。後來經過我整理於二〇一四年一月間由「獨立作家」（秀威資訊）出版，引起極大的迴響。

作者是國民政府的中將，參加北伐，對當時的各路軍閥都相當熟稔。曾以「射陵外史」寫有《北洋成敗縱橫談》數萬字長文（已收入「獨立作家」出版的《北洋軍閥：潰敗滅亡》），鞭辟入裡，允為公論，讀者稱頌。

《臧卓回憶錄——蔣介石、張學良與北洋軍閥》一書則細寫蔣介石與馮玉祥、閻錫山的離合，張作霖與張學良父子，唐生智與蔣介石之間的叛離與復合再叛離的經過。尤其作者是唐生智手下的大將，對民國十九年，唐生智組織「護黨救國軍」進行第二次武裝反蔣失敗，箇中內情有多所著墨，此是外界所難以得知者。另外作者出身於保定軍校一期，因此有長文敘寫保定軍校的校史，及後來出身於保定的名將每人的出處，是極為珍貴的史料。本書在作者生前並未結集成書，編者就其所刊登於老舊雜誌的文章，依類編次而成，是作者親歷親聞卻雪藏數十年而首度出版的重要著作。此書是臧卓繼《我在蔣介石與汪精衛身邊的日子》後，又一精彩珍貴的回憶錄。

《臧卓回憶錄——藏書與讀史》顯示出臧卓不單單是位武將而已，他其實自幼飽讀詩書，十一歲參加縣考的幼童考試，後來又參加過一次府試、一次院試。院考為決定秀才去取之考試。主考為江蘇學政（俗稱學臺）唐景崇，只考了頭場，就奉光緒帝諭旨，廢科舉、辦學堂。從唐朝以來千餘年的科舉制度終告結束，而臧卓也失去他可能考上秀才的機會。而後投考江蘇陸軍小學、又升入陸軍第四中學，再入保定軍官學校第一期，從此由可能的文秀才而成武將軍。

儘管如此，他仍有著傳統讀書人的積習：竊好圖書、偏娛文玩。他蒐藏既富，曾經還想蓋座私人的圖書館，但後來因北伐抗戰，戰事連連，這批收藏的圖書古玩，輾轉搬遷，終至損失殆盡，只能存於記憶之中了。

由於遍讀史書，對於朝代之興替，自有他獨到的見解，他分析北洋軍閥，甚至民國史事，可謂精闢！加上許多事件由於是他親見親聞，更有其史料之價值。

目次

輯一　孤羈海外尋舊夢

回憶我已失落的一個小型圖書館

在我，以望八之年，孤羈海外，對於田園廬墓、室家兒女，久矣夫，什麼也不去想了！如何還有這一個小型圖書館的回憶呢？一來：為的寫稿，好湊一點貧乏的材料，其次，幾十年鬼混排場，所賸有的一些餕餘，所喜愛的小小嗜好，在忘身之餘，還希望天壤間或有倖存之者，至於夢想屠門，攖心劫煞，大可不必矣。

竊好圖書、偏娛文玩

我在民元南北政府合併之後，初入北京參謀本部當一名小科員，局長史久光（壽白）命我辦第一件公文，通令全國各省、府、州、縣（那時地方制度仍照清制），將所有各該地方之志書，彙送到部。其時政令通行，各級機關，不敢懈怠。即邊遠省分，稍延時日，亦奉命惟謹。約計半年之內，全國二十二行省，一千多單位，陸續遞到各級志書，目不暇接，真是洋洋大觀，集地方文化之大成。每到一部志書，史局長即命我隨時列表。分別將卷帙、綱目、纂修情形、出版年月，尤其地理、人物之有關兵要者詳細列出。史局長會說：「中國地理，還沒有詳悉的調查。歷史人物，亦多不實不盡的記載。惟有這類坊志，對於每一角落的狀況，可能纖悉無遺。」他準備編一部中國歷代遞禪戰役史，大可取材於此。史局長是主管中外戰史部門的，這件事當然沒有著成就去職了。我在更短的時間又進學校讀書去了。可是經過這一階段，天天翻檢那些省志、府志、縣志，有的文化高、才力富、名人纂修，見到那美善的內容，精緻的板本，浸淫日久，自然對書籍有一種嗜好。因此我在北京，不知不覺的總喜歡到舊書坊去看書買書。

北京本來就是古老的文化城，我在學業未成時，第一步便先行踏入，又有一份職官，薪貲優厚，生活便宜，更無家室之累。於是，我便隨著一班老北京的同事們，每天晚上去逛夜市。星期天就去逛廠甸、趕廟會。不管什麼貰器店、兩替店、王府井、隆福寺、白塔寺、西河沿、東河沿、上下斜街等，凡有古董攤子的地方，無所不跑，無形中養成一種習慣，喜買小玩意兒，買來假古董，受欺騙還自鳴得意，習以為常。後來又結識一位喜玩古玩的忘年老友宋獻廷，指點分析，稍稍入門。到了故宮開放，更是如入寶山，愛美之心，日甚一日。由是又養成一種酷好文玩的癖興了。

我是一個性躁口快的人，沒有耐心同這些書賈與古董商人去蘑菰，所以買東西時，吃虧不少。數十年來，到處流連。凡所經過的名城巨邑，多多少少，總要搜購一點。日有所積，不免想到措置之方，因有個人設置小型圖書館之計劃。

分配田園、辦圖書館

民十六、七之交，我由武漢東下，寄居上海。感於寧漢分裂，自己又是軍人，不知身之何屬。一時心血來潮，自覺雖在壯年，而擇木難棲，投身無定，天涯奔播，照顧難周，因有處理家事之必要。又以所積存書籍文玩，略有成數，尚在賡續增加。將來子孫之賢不肖，是否能讀父書，能守舊物，殊未敢必。吾鄉尚無圖書館之設立，不如歸之於公，較易保存。更以先兄實齋畢業兩江優級師範學堂（即南京高等師範與中央大學前身）後，任教金陵，早年病故，遂定名「實齋圖書館」，藉資紀念。根據以上計議，即將家鄉祖遺田產分為四份：一歸繼母（繼母無出，又不願外來就養）；一歸寡嫂；三弟、四弟各得一份。繼母與嫂百年之後，其所得之一份，歸兩弟所有。上岡住宅一所計前後三進，院落寬敞，其中之新式房屋二十餘間，適合圖書館之用，暫分給先兄之遺腹女筱實所有，俟其出嫁後捐為「實齋圖書館」館址。本人在外任職，足以給養眷屬及子女，不需配給。當時照此書券，憑吾邑耆紳進士季龍圖（瑞璋）作證，在上海西藏路一品香飯店公同簽署。自以為顧慮周詳，公私無憾。孰知事變之來，有非人力所能預料者。

因為姪女筱實尚在蘇州就學，家人大部分仍住本宅，故所有陸續收集之書籍文物，仍存在南京及上海寓中。迨至七七中日戰起，本宅家人避入鄉間，空置之屋，即成為難民收容所，轉瞬之間，殘毀不堪。後經兩次修理，已復舊觀，接著又大陸變色，聞該屋已全部拆毀，鞠為茂草矣。此關於預訂之圖書館址情形也。

滄桑幾度、莫卜存亡

所幸一切書物，於抗戰初南京撤退期間，製成六十幾個大箱，由予親手將京寓書物，妥善裝入，外用鐵皮箍好。因予服務之機關規定疏散至湖南湘潭，便由車船隨同運往。抵湘潭後，又將此數十大箱轉送至湘鄉縣某一大山上，託交當地某一有權勢者代為保管，以為只要逃過日軍，便可希望保存。如此又歷一年，予調任散秩，莫效馳驅。變幻多端，身與物兩不相顧矣。抗戰勝利後，派人往查，莫名究竟。有謂部分在某大宅中，部分散失者。予正迫於撤退，奔走不遑，只好聽其自然。默想今日已屆焚書之時，尚何有於區區之所有。其存亦亡。其亡固也。更何有於回憶！

但是，數十年來，興趣所在，姑且用為我寫稿的材料，也可作為同情者之談資！

我是武人出身，更不是藏書家，當然是十足外行，又不是家資素豐，富而好禮，買一些書裝潢插架，點綴門面，不過開始僅抱有撮四部之要供鄉里之需的小小目的，殊不足以言收藏也。

苟完苟美、求備求廉

我原來有一本書目，隨有隨記，尚未來得及區分部門，現在當然記不了那許多了，我的購買原則：第一求備。第二求廉。第三不計版本。因為下邑鄉里，好多書是沒有的。所以我先就經、史、子、集四部中所普遍應有的，逐漸購置，諸如《二十四史》，《資治通鑑》，《讀史方與紀要》，《天下郡國利病書》，《三通》（《通典》、《通志》、《文獻通考》）、《續三通》、《皇朝三通》、《十三經》、《百子全書》、《漢魏六朝百三名家集》、《曾文正全集》、《翁文恭日記》、《越縵堂日記》以及各詩文集、類書、語錄、學案、小學書（訓詁、字書、韻書）等等，幾乎應有盡有，尤其我喜歡詞曲，在北京、上海搜購有數十種。因為當民十以前，四大名旦的幕後名流，為之競編新戲，對於坊間南北曲各種傳奇，給他們搜求淨盡，市價亦高，我也趕熱鬧買了一批，聊以自娛，也有性之所好，偶然得之，而不切實用的，如初板《康熙字典》，共六十六本，每字有半寸見方，這只能陳列，不能檢查，我在天津以其罕見而購之，還記得有一部《歷代賦集》，是乾隆殿版。全書一百多本（記不清）字皆館閣體，木板雕刻，秀媚絕倫。賦題分門別類，無所不備。偶一翻閱朗誦，則寓於目者，殿試策也；入於耳者，簫韶樂也；出於口發於喉舌者，芝蘭之香、珍饈之味也，此雖非普及之書，已屬舊文學之糟粕！然辭章之美，好此道者亦將成廣陵散矣。最滿意的一部書，那是中華書局的《四部備要》。我訂的預約券，記得是七百餘元。連史紙宋體字，選擇賅備，裝訂整齊、書頭清晰、大小合度，可算是近數十年來出版最完善之書。計共二千餘冊（記不清），出板時裝成兩個特大木箱寄到南京，我花了幾天工夫檢點卷帙，驟覺多一份財產，快慰非常。我至今時常想念它。因為現在需要書的時候，買既買不起，借又無從借（我現時用的一部《十三經》及《百子全書》還是借的故友唐天和的），此間圖書館又沒有力氣跑。真是不獨窮於財，還窮於書，想起當年坐擁小小書城，較之統十萬軍為樂也。

將軍舊誼、珍念石經

民國十九年顧祝同（墨三）將軍任西安行營主任。我在北平去函，謂西安碑林，舊碑豐富，尤其石刻十三經，彌足珍貴；請其派員拓印全份，並可分贈京中友好。顧將軍篤念老友，果如所請，不數月寄下碑林全份拓片計兩大簍包，我不勝欣喜。即在平寓一一清理，將石刻十三經提出，交琉璃榮寶齋剪成長條，配合宋板書尺寸，對正經書本文，精工裱褙，裝訂成書，計二百餘冊（記不清）。直至民二十一年書成寄至南京，共工價八百元。我在京寓另製四書櫥裝之。特請一位專寫宋字書頭的人，每天到寓，排好目錄冊數卷帙，用夾板夾在書案邊繕寫，每一字銅板一枚，如此差不多寫了三個月，總算大功告成，我每喜對櫥欣賞，又取出兩本翻閱一下，自以為完成一大紀念，不世之樂也。正預備得暇請顧將軍一為瀏覽，以誌老友之隆情。孰知世變之來，非人力所能保存矣。惜哉！

一個人不能有所欲。有欲則眼饞，眼饞則心動，心動則又慮傷廉，養廉則觖望，觖望則不免永留一不可磨滅之創痕；這皆是嗜好之一欲念為之也！我因喜歡書，時有「見可欲」之感，及今思之，何其傎也！

陸軍部裡、滿架圖書

這幾天有許多閒事，糟賤了很多時間，眼又累了，因為不能曳白，貽臨期誤卯之譏。只得少點思量，寫一些題外文章，以充篇幅。

大家應記得民初有一位恃才傲物的段氏（祺瑞）權臣徐樹錚氏，他是江蘇徐州銅山縣人，我有個在保定同期要好的同學翟紹祖（繩武）是徐氏的鄉親且有戚誼，保定畢業後，翟就隨徐任騎兵團長。到外蒙古時（徐樹錚當時是以蒙古籌邊使征蒙），我因翟紹祖的關係，在北京和徐氏見過幾次面，徐是留日士官第六期，在軍界輩分上比我早一點，後來翟紹祖在庫倫陣亡，我對徐這個線索就斷了。徐氏著有一部《建國詮真》，自書原稿，用連史紙珂羅版印刷，精工可愛，我也有一部，徐氏曾於廣西謁孫總理時面呈一部，的是才人之筆。徐氏於民初做陸軍部第一任機要科長時，段祺瑞為陸軍總長，因為段氏懶治簿書，所以徐這個科長職權最大。他喜買線裝書，所有辦公室及後房休息室除一部分重要公文外，到處都是書。他在陸軍部逐漸升到次長，還是喜愛這房間，這也是性之所好吧！

我在徐氏後好幾任，也做了這個機要科長，接事後，看到圖書滿架，甚以為異，後經秘書、科員門告知，方才明白。我曾問他們：徐氏離職後，為什麼不搬回去？我又問：是公款還是私款買的？他們都回答不知道。我想：大概徐氏的事業心重，中外奔走無暇顧及吧。我又想：恐怕是用公款買的，因為段合肥不過問這些小事，或者部中無案可稽吧。

此後，我在陸軍部機要科長任內，每逢公餘之暇，就坐擁書城，同時檢視所有書籍，計大部頭以史部為多，各種筆記、札記、詩文集及子書之單行本，亦有多種，尤以兵家書及讖緯之類與輿地圖及軍用圖更為完備，此以見其好縱橫捭闔及陰陽家言。然段祺瑞對之終始信任不衰。而徐氏自身亦遭廊房之慘局，茲可念也。

大好書籍、皆變逆產

北洋政府式微既久，已臨喪亡之境。部中屬員知我愛書，大家建議滿架圖書由我輦歸，免至將來散失。予躊躇至再，以其為公物，未肯染指。後來北政府結束，終不悉此一批書籍之下落。今偶憶及此，以見軍人之好書者，大有人在也。至於不識之無之張宗昌，在山東曾印有善本十三經五百部。又，以「前蹄（提）」故事出名之王占元（曾任湖北督軍），竟亦藏書萬卷以為廳事之裝飾品，更在牝牡驪黃之外矣。

民十六年容共時代，北伐軍佔領武漢，打倒土豪劣紳，有「有土皆豪，無紳不劣」之說。共黨執行，莫敢過問。時予任職武漢衛戍司令部，編制上設有漢口辦事處，蓋衛戍分部也。同學張襄（仲昌）任處長，共方所抄沒之逆產，並無法定措置明文及歸落何所，亦無人能詰其究竟者；惟所沒收之書籍，亦以逆產名義送入漢口辦事處存儲。於是逆產書籍，汗牛充棟。予一日前往巡視，只見盈箱累篋，有袋裝、有繩綑、有牙籤布篋、有夾板金縢、有籐筐竹簍、有木桶澡盆，實於內、臥於地、堆如環丘、散如亂瓦者，皆書也！皆逆產也。洋洋大觀，美不勝收，亦慘不忍睹！仲昌謂予曰：「君好書，何不挑選一批，運滬保存，以免伏屍滿地，終付秦火！」予當時，意雖動而勢不可也！此為又一次過屠門而終未染指。然哀此書厄，至今難忘！

緬懷北海、想三希堂

北京北海漪瀾堂牆壁上，嵌有三希堂石刻法帖五百方（已缺五方）。自袁世凱任總統以來，有一不成文習慣，即歷屆總統就職之後，每喜手諭搨印三希堂帖五百份，分賜群僚。段合肥以執政名義過元首之癮，亦循例令拓五百份，予亦分享一份，雖不習書，而亦好之，遂交由南紙店分冊裱褙，麗以檀箱，雕以篆額，誌以榮施，自以為北朝郎署一紀念也。原計劃將之陳列於予之小型圖書館中，而不知皆夢也！

辛亥革命時，予寓漢陽府署，時清廷最後一任知府已逃走，署中凌亂不堪，遍地垃圾，想已被搶劫過幾次。予於亂紙堆中，發現一大包字帖，全係黃庭堅與米元章所書。予於漢陽撤守時，抱持帶回上海，此為無主之物，大概取不傷廉！後亦裝篋題記，作為參加辛亥武昌起義之紀念，今亦一夢也！

目今各國圖書館極為發達，即學校中亦多規模粗具者。我這一個空中樓閣，名不存而實亦亡，還在這裡如數家珍，寧不令人齒冷。但是窮人難忘素有，好漢喜說當年，未能免俗，只有將話匣子繼續打開了。

行蹤所屆、行篋多書

我在平津年數較多，所以在那裡所買的書籍文物亦多。所有的書，幾乎通是木板。後來在南京、杭州、武昌，局刻板也買的不少。只是在成都，沒有買川局板，因為那邊是竹紙，易生蠹魚。在廣州也沒買書，因為大病一場。在太原買到傅青主幾幅真蹟，煞是可愛。最有興趣的是，民國六年我住在宜昌，特地到鄰近宜都縣楊守敬家，想去掘發一些遺書。結果敗興而回，一無所獲。距此十年後，卻在武昌買到楊寫的一副八尺長大對聯，文為：「河汾唐將相；宛洛漢公侯。」無上款，而氣魄雄厚，予甚愛之。意欲得其人而為之壽，但時非漢唐，無足當此者。予平寓廳事宏敞，每喜懸之。在四川時，特至新都縣訪楊繼盛（椒山）故宅。只桂樹成林，香聞數里，書亦一無所得。在湘亦曾訪王壬秋宅。孤立湘潭鄉間，門前一水，所謂湘綺樓，只存破樓數楝，渺無居人。豈大儒之後，其生不昌耶？

宦跡所經、官書具備

在北京政府及國民政府，習慣上每年每季多有報告書（工作報告、成績表、計劃書、年鑑、月報等）照例分送各機關。裝潢宏闊，系統詳明，多半出自秘書老爺手筆，事實如何，又當別論。至於各種法令條文、施行細則、修正補充、不一而足；真是法令如毛，集條文政府之能事，我也濫竽過一個中央法制委員會的組長，這類官文書，一律通行全國施行或備案，收到的照例轉行，多數置之高閣。我喜歡收集，備作編訂考查各種沿革之用。即此一念，就在書笥以外，增加許多累贅。可是現在想起來，大可分別摘抄，取之無盡，既能顯揚政府，也可自詡官聲。無用之用，豈不美哉！

對於歷年出版物自《黃帝魂》、《民報》、《新民叢報》、下逮民國以來各種有名雜誌均按期存儲。對於陸小、陸中、保定軍官，及陸軍預備大學（此一項係在北京參謀部所得）所有課本及國文寫作各科習題答案，均保存得完整無缺。預備以整飭之收存，為後學之模範。凡此皆瑣細不足道，可算是一個沒有出息的軍人所作為。但我素以精力充沛，每喜於荒唐豪縱之餘，樂此不疲，雖自覺其狂狷無藝，不恤也。

心有所歉、書有所偏

我對於普通國學上所必備之四部，勉強已夠得上具體而微。但另有三種書，獨付缺如。一、軍事書：因為軍人必需為國用，如果自用，即是作亂。如果擇主，即是分崩。但在國亂頻仍之時，正當軍官，每每不得其用。故我的子弟，戒以不作軍人。因此除《六韜》、《孫子》，攸關政略戰謀原則各書略備一二外，其他一切新的戰法戰史各書，一概不買。二、外文書：我學了多年德文，原擬去德國一次，但是時局變遷，終未如願。多年不用，至於荒忘，乃至一切外文均告無緣。因此對外文書籍一概未買。三、科學書；科學進步，一日千里，我們幾十年前所學的，不過最普通的起碼知識，不必強作解人，這應該留給後代人去買。這是我的拙見。

我對於譯本書，總覺得文法蹩扭，所以喜歡嚴幾道與林琴南所譯的書。關於小說書：除《水滸》、《紅樓》、《西遊記》、《鏡花緣》、《三國演義》、《儒林外史》、《老殘遊記》，這些名著外，甚至《今古奇觀》、《兒女英雄傳》、《燕山外史》、《七俠五義》、《七劍十三俠》、《征東》、《征西》、《掃北》、《平南》……無所不備，無所不看。偵探案我也看了譯本很多，雖說那些線索，多了就顯平凡，但卻增加人的機智不少。

詩歌、詞曲、駢文都是我喜歡的，這些書還不難買。除曲本傳奇有的可遇不可求外，我已搜集很多。他如《詞律》、《宋六十家詞》、《唐五代詞選》等，皆有通行本。《詞綜》、《彊邨詞》，我皆有原刻本。《元曲選》商務與中華出版的皆有。《李笠翁十種曲》，我有原刻本帶圖。至於《西廂記》、《桃花扇》、《長生殿》都易買。《文選》、《楚辭》好版子甚少。我有一本王逸注《楚辭》大本子，不知是何板本。《文選》同文館有銅版印的甚清晰。我還保留同文館的《詩韻》五小本，可惜最近在巴士上失落了一本，登報招尋，也未送來，真是可惜！

詩、文集從前在大陸上單行本很多，我在此間因為教詩，買過唐、宋、元、明《詩別裁》，但《清詩別裁》就買不到了。駢文在《文選》上已集大成，加之以《六朝文絜》、《駢體文鈔》，業已取多用弘。惟清代之八家四六文偏於堆典，可取者少。

漢學書籍，是寫不完的。就我記憶所及，我一時也不能將零亂雜陳之件，一一歸納起來，我將繼續寫我的文物玩好。

書云：「玩物喪志。」這是說：因玩物而喪志；但我卻是因喪志而玩物。倒果為因，自適其適；豈其別有懷抱耶！問天不語，律已無方，我勞如何！

醫書佛經、雖美不備

有一次，老友唐天如（恩溥、已故）到南京，略觀我的存書目錄曰：「何以沒有醫書？」我說：「你以通儒，神於醫而猶諱言醫。假令鄉曲士子及後代兒孫，得一些醫書，率爾問世，害人不淺。我有一位叔父，以茂才遊幕而好為人處方，我甚不贊成；所以我不備醫書。」唐亦韙予言。

我性情豪放，歷有童心，多有贈我佛經，勸我學佛，以收其放心者，我概不接受。因為我看見同學唐孟瀟以佛治軍，陳真如藉佛隱跡，皆非軍人本色。唐氏每晨燃一炷香，唸《心經》一遍，雖在戰陣中不輟；又嘗以顧某在漢為部隊傳戒；每遇事變，必電邀共商，予向不與顧通一語；顧非僧非道，不知究以何術惑唐。真如曾在南京毗盧寺出家，忽參禪、忽革命、忽做大官、忽又造反，這些佞佛的，皆與我相為親知，終為方外友矣。

字帖棋譜、有見必收

我喜歡字，但不願臨字帖。喜圍棋又不耐擺棋譜。所以字帖棋譜，有見必收，觀摩而已。在北京搜得新舊石鼓文。漢碑、篆隸、頗多精品。套帖如三希堂、淳化閣、石門全部（此係漢中鎮守使管金聚所贈，民六余過南鄭時也）。在成都覓得漢八闕及張飛的立馬銘。除前述之顧墨三將軍所贈西安碑林全套不計外，自餘顏柳歐蘇以下各書家，幾於無所不備。至最喜之蘭亭、十七帖、書譜（故宮珂羅版）、出師表皆由余友趙崇愷、汪翌唐代覓多種。裱褙裝潢，巾廂篋笥，回想起來，真有美不勝收之感。

我在陸小，即喜圍棋。同學中以虞典書（君石、已故，曾隨馮玉祥任軍政部廳長）為高。同事中以費紹卿（國祥、已故，曾任德州兵工廠總辦）為最。段合肥左右皆嗜奕，除駿良外，餘皆碌碌。棋譜多木版，價奇昂而難得，費贈我多部，不之顧也。吳清源初蒞京，方十餘齡，時在中央公園柏樹蔭下與人對著，每圍觀不倦。予奕技雖不高明，而有兩副雲南子。白者如玉，黑者如翠，晶澈扁圓，煞是可愛。一副裝以紫檀盒，一副在長崎選購一日本棋盒，予甚寶之。段運凱（宏綱）時促予贈合肥，始終未允，今亦不知歸落何所矣。

文玩繽紛、寒齋美富

先談硯，硯之貴者莫若歙硯、端硯。歙硯出安徽婺源歙溪之石，其名在端硯以前。端硯則出於廣東端溪。唐宋以來，皆採以為硯。歙石早盡，今皆偽品。端硯則聚於北京者特多。其工作技巧，利用石形端眼，或方或圓，或如虬龍，或如文鯉，或陂池平衍，留眼成珠；或背面鑿空，列眼成柱。製法不一，文靜美觀。尤以出墨勻細，歷久不乾，為書家所珍貴。古之著硯譜記硯事者，其書不一，予友吳少俠（曾為青島運副康南海晚年門人）精於此道，陸續為予收集數十方，以其笨重，特製一箱儲之。

有一次內戰，凱旋入長城，予選擕長城古磚一方，約長尺五，寬八寸，厚稱是，命榮寶齋鳩工製磚硯一方，未及題誌也。四川廣元有一種菊花石，剖之則呈白菊花，為狀不一，雅麗如生，製為硯池、筆架、筆筒、各文具，湖南亦有之，惟石滑硯不出墨，陳設而已。

北京文具，最稱考究。筆筒、筆架、墨床、筆床、無所不備，皆嵌玉石雕鏤為之。尤以筆筒品類最多：有紫檀、有雕磁、有玉根、有文竹、有天然木，鑲以銀絲，表以故事，值之昂者每數百金。記得有一次我送某巨公紫檀筆筒嵌銀絲十八羅漢一座，媵以天然木水壺一只，乾隆冰梅箋一捲，以報紙裹成一團，久候未接見；余於此公固隨到隨見也，甚訝其異狀。久坐無聊，遂解開報紙，與其隨從秘書閒談而示之，瞬即晤見，歡然接受而歸。逾日，駐鎮江某師長送我春季第一條出水鰣魚。予謂之曰，此貴品，何不先送某公！（向例每年第一條獲得鰣魚，在前清時送京口都統，民國則送駐鎮之最高長官，賞銀二十兩，漁人引以為榮。）彼笑曰：「入口之物，不可隨便送給大人物，萬一出了毛病，或有人置毒，則我罪大矣！」余始恍然，告以日前送禮故事，蓋疑報紙中或有炸彈也。世途險詐，知處世之難。附記於此，以當一笑。

在五十多年前，古墨甚為便宜。如郊祀圖、耕織圖，成套成盒的墨，不過數元；乾隆時硃墨高兩寸者，亦貴得有限；嘉道年間的墨，則較現在集大莊最下的墨還要賤。可是墨香撲鼻，勻細無滓。我存墨甚多，當年潑墨如水，不之惜也。

我喜玩圖章，但不會刻。先君與季弟皆善刻，我則必假手於名人，所費不貲。在北京、太原、成都、滬、杭、福州、皆有所得。這些圖章石，產地不同，價值不一，或大或小，或方或圓，或不規則形；三件成套者，中材較易，上品則難；顏色石質，亦多分別，青黃紅白，五色繽紛；田黃雞血，價同黃金；壽山凍石，溫潤如玉；有時可遇不可求也。抗戰時期，幣值波動，上海有一位銀行家，專收田黃，以代財產；而日本人則專喜雞血，於是兩者皆貴。雞血即昌化石，出浙江昌化縣（廣東昔亦有昌化縣，屬瓊崖、非此）。以藕粉地而聚散硃砂血色，鮮紅如雞血，故名。血愈聚愈貴，散淡而少者價亦懸殊。最貴者為水銀地。民二十四年我在南京陳雪軒（調元）處，看到一副完整的水銀地雞血石，有三寸高八分見方，中配一扁方同高之閒章，真正難得；曾在銀行押款三千元，可稱貴品。我喜歡壽山石及凍石，在福州買到些；青田易得，成副亦多；田黃則必需法眼鑑定，很易受騙。我對雞血石，特別愛好。中等尺寸血聚較多之藕粉地，有登品成副的七、八副，其餘大小不等者，亦不在少數。另有一大塊扁方形藕地雞血石，正面當中有大幅聚血，形同雞心而透至背面，以二百元購自上海古董市場，由商務印書館一名手鐫「拜五經堂藏書之寶」八個字。「拜五經堂」係先君所取堂名。以南朝齊之先賢臧榮緒著《晉書》一百餘卷，每年以庚子日拜五經的故實而命名。我預備以此圖章加蓋於我所有藏書之上。因為帝制時代，這「寶」字為皇帝玉璽及御覽所專用；現在享受革命之餘惠，才能用上這一「寶」字，不啻過一下南面王癮也。民廿五年蔣白里師自歐回，在我京寓見此章，亟贊曰：「甚風趣！甚雋永！」可惜只鈐用於手面上幾十本書，以需大批印泥，非待至退休時不辦；孰知寶鑑無靈，魂歸赤帝，人事之難料，固如是也。最後我尚有一對雞血章，鐫一名一號，隨身攜帶，一九五〇年我離成都來港，即以此兩章分贈鄧錫侯將軍、向傳義議長，而我之圖章家私，盡於此矣。

大抵人生嗜好，一切以美而適性為主，溺之久終不免有過量之虞。去月底，居港孟河世醫費子彬老先生邀予至醫廬小酌，享以費夫人碧漪女士新手主理之嘉餚。盤孟既陳，啫欲特進，老饕如我，舉箸先登；但覺色之娛目而引饞涎，香之觸鼻而趨舌本，與夫味之沁入肺腑而美如道腴也。大嚼之餘，歸而小極，不恤也！是猶我之文玩癖好，瘁於神、耗於貨、怠於事、藏於山，終亡於一旦，而仍覼覼以記之，昧昧以思之，無他，美而適性為之耳。

圖章三善、在石刻文

圖章以石質為主。翠玉、瑪瑙、珊瑚、象牙、犀角、水晶（墨晶則否），皆不足取。石以田黃、昌化、壽山、青田、凍石為佳。又須抉別其質料、尺寸、瑕瑜、顏色、品格，善為取材配用。審定閒章雋語，運以刀法字體，方稱完美。否則，頑石而已，曷足貴乎！

田黃亦稱填黃、闐黃，舊藏以壽山田坑為美，鑑別較難。石溫潤似玉而柔性異，透明不明而晶澈微，深黃如熟栗，色美而敦厚不露，若老成人之典型也。昌化以血之聚散大小濃淡，地之為水銀藕粉，或等而下之，再論石質，間有含鐵釘者，皆不足取。壽山出福州，青田石出浙江，但青田，石也。壽山，珉也，石之近玉者也。故壽山貴於青田。凍石是石蘊深山，水層沖刷，而成石之透明者，青田壽山皆有之。所含花紋有魚腦凍、魚子凍……等等，以其罕有，則較名貴。此圖章石之大別也。

治圖章者，有好材料必須有好刻工。刀法如陰陽深淺，字體如篆、隸、鐘鼎、瘦金、八分——八分有時用於名章，以不雅觀通行不久；或整齊排列，或錯落有緻，均按石形字數訂之。此屬於刻工者。

至於印文，普通所鐫之名、號，僅為一時之用。現在尚簽字，則除書畫家外，用途更有限。自非名賢，易地易時，孰肯保留者？則取用其石而磨之耳。故圖章之用，以閒章為廣。閒章之摛辭：必須運以匠心、傳以文采、麗以故實、永以韻味、別其雅俗文野；要含歷史性、文藝性、哲理性，山川人物風俗異聞，皆可羅列，以寄遐思。近取諸身，有可高歌擊節；遠鑑諸事，自多觸景縈懷。

予所鐫就之閒章甚多，雖自得其樂，有不足為人道、而貽笑大方者。但有許多已為當年各刻友採入印譜，並有名手邊款題誌，其本事恕不勝記。茲將印文摘記部分如次：

「元戎小隊」、「小京官」、「燕市酒徒」、「青塚弔客」、「不文不武」、「易水搴旗」、「赤峯蹄跡」、「興亡過客」、「雁蕩歸來」、「滄海危舟故帥」、「漯河雪夜亡人」、「嵩雲雒水迓瀟湘」、「益州攬勝」、「五渡巫山峽」、「射陵詞客」、「我是江北老」、「淮左假王」、「海陵使者」、「一夢揚州」。

貴介一寶、是鼻煙壺

滿清習慣，自帝后以及王公貴介，無不嗜鼻煙者。據說鼻煙以意大利出品最好，而酸性尤美。其價固倍蓰於鴉片煙，紙煙更渺乎小矣。鼻煙必須隨時裝入鼻煙壺，以便攜帶應用。以此而壺之製造愈精，質料形狀花紋，浸成一特種工藝。其纖細之作品，神妙之技術，令人把玩不忍釋手，真有非筆墨所可形容者。

鼻煙以鼻吸用。說者謂可明自去疾，實亦興奮劑也。明萬曆年間，利瑪竇來華，以此入貢；直至有清，遂成貴族之特殊嗜好。但貯煙必以壺，於是花樣翻新，奇技淫巧，一時競尚。舊以五色玻璃為之，其後改用「套料」，套者，白受采也，即用料質為地，加以采文也。以玻璃、車渠、珍珠成微白玻璃，若凝脂，若霏雪，有套至四、五采者，其後更以美玉寶石為之，有價至數千金者。清室既屋，遂多流入古董肆，只供人購為玩好而已。然壺底有古月軒字樣者，價仍不貲。予以其各種戲劇故事，惟妙惟肖，工楷詩句，筆劃整齊，尤其所有畫面，並折入曲頸小口扁圓之腹中，而正面朝外，其妙處就是那套料作地的問題，驟見之，竟不悉其如何製作也。予以好奇，又遇時價賤，買了不同樣的十幾隻，作為鼻煙流入中國的歷史陳述。

勝國冠裳、市朝塗炭

我記得成都在解放前夕，有許多軍官既忿攀龍無術，又恐章身貽禍；於是集體將軍裝、勳章、勳表，堆積北校場上，付之一炬。蓋一以示其亡之慘，飲恨之深；一以知來者之酷，非同易代也。清廷受遜位之益，宗社不驚，市朝無改。勝國冠裳，猶得從容脫卸，陳列市廛，交易而道，無異太平之民，吾以為此善於彼也。

民元以後，所有清廷官吏服飾冠戴，逐漸流入於市上；於是昔之十載寒窗求之而不易得者，今則少許青蚨，即可置於几席之間，試於白丁之士，而出入於錦繡之市場矣。予感於時代之變，對於瑣瑣服式，每喜躑躅往復，按其等級，逐一以求。苟完矣，則大樂。茲略舉於下：

花翎——以孔雀翎裝於冠後，作為冠飾。初用於酬庸曠典，咸豐以後，改訂捐例，於是五品以上之官皆得捐戴花翎。至於雙眼、三眼花翎，非王公及重臣不得賞戴。清末曾文正（國藩）、李文忠（鴻章）皆曾膺賞，李似被命拔去，旋復還之，可見其重視。予曾選購單眼、雙眼、三眼具備，甚為美觀，惟三眼翎不多見。

頂珠——清制，以帽上頂珠顏色質料分別官品，名曰頂戴。有珊瑚、藍寶石、青金石、水晶、車渠、金之別。而顏色又分大紅、水紅、明藍、暗藍、以定正副品級。惟金頂屬於出身，不分品級，自秀才至狀元皆金頂也。賈人每以料質製成全套貫串而售於歐美人士，以真者物少而價昂也。予購有真品全套，按品級嵌裝盒內，外罩玻璃，懸於廳事為飾，縱觀之不翅科舉時代發達中人也。

朝珠——朝珠以珊瑚、金珀、蜜蠟等珍貴之物為之。其數為一百零八粒，本佛教念珠，清時崇佛，以為朝珠，凡官五品以上及翰林中書等官皆得掛於胸前，有後引以垂於辮下。余亦備有多串，各盤裝於圓盒內，甚美而可寶，亦可作各佛之備也。

補服——清朝以鳥獸繡成補服，綴於章服之前後心。文官以鳥，武官以獸，用別官等。清亡後無所用之，一般仕官之家，就朝衣拆下，家奴鬻於市，遍地攤頭皆有之。購以為椅墊、靠背，廢物利用也。

好古者每以真贋爭論不休，如：字帖拓本之多一畫少一點；字畫之紙張墨跡顏料印泥如何；漢玉之為出土與否；磁器之為均窰、哥窰、郎窰或為官窰為客貨；乃至商彝、周鼎更無論矣。其實這皆是古董商騙人之術，或有閒階級之好事者製為專書以自娛耳。予意賞心娛目，古今一也。希世之寶，可於博物院鑑賞之。個人之所好，則隨所遇而得之，視其力而安之，真者未必盡美，贋者或有佳製也。初好此道，受愚受騙，固家常便飯；即久於此者，亦未必老眼無花也。

異樣風光、攤頭縮影

在清室既屋北京這個古都裡，除古董舖、貰、器店、寄賣店外，到處都是地攤、夜市，更有許多定期的廟會，你如果有閒工夫，有任何一種嗜好，真可以看之無窮，愛之不盡。同時究可於此中窺見某一時代的風光、某一種人的現象了。我有一次在攤頭上看到好幾對指甲套子，另外有好幾隻長三、四寸枯黃微捲的指甲，套子形如長手指微彎，銀質雕花點翠，甚美觀而不悉其用途；原來清宮婦女及皇家眷屬，多喜將中指及小指指甲蓄長，小心保護，加套以為美觀，據說西太后亦然；萬一折斷，則懊喪不已，試問這樣子兩手尚有何用？轉不若今之修指甲塗蔻丹遠矣。宮中首飾及小玩具由太監偷出流於市上者甚多，價不昂而購者少，我喜羅致，亦過渡之小文獻也。清人祖先畫像，朝衣朝冠，歐美人多喜購之。「如意」「荷包」，亦到處可見。按「如意」本出於印度，菩薩像及講僧持之。清廷以其吉祥，用骨、角、文竹、黃楊、玉、石、銅、鐵為之，端作靈芝及祥雲形，以賜廷臣。「荷包」亦用以錫福，清室率喇嘛教之習慣也。其實「荷包」之荷，本作負荷之荷（去聲），非芰荷之荷（平聲），其制甚古，漢代用以藏奏事，猶朝笏意也。宋則綴諸朝服之外，俗呼「紫荷」。時移世易，蓋皆失之。然二者製作皆美，予亦以備一格。

宮中摺扇，較常用者為長大。扇面字畫，皆一時名手；而兩側之大扇骨，皆刻有翰苑所書之館閣體詩章，煞是可愛。予友懷甯汪佛生（樹璧）與此中人素稔，攜出大批，每柄有售至二百金者；予以友情，善價得兩柄。

林林種種，寫不勝寫，且就此打住。

香爐佛像、各有因緣

先君好焚檀香。以一宣德爐，貯八成香灰，擇檀之上品直紋者，劈為二寸長半指粗之香柱，另備佛手形之灰鏟，金屬之鑷子，小燭臺、蠟燭、線香等；先燃燭，焚線香半燃半滅埋於灰中，逐漸增加，將爐灰煉成火灰一團；此時插入檀香一炷，屏息靜氣以待之，只見香煙直上，高可四、五尺，然後繚繞成芝雲形，如此連續，煙飛檀燼，則以鑷截而埋之，以鏟覆以火灰，可以薪傳不絕。靜坐觀之，可以養氣，可以平息，可以辟邪，小坐書齋之一樂也。予在北京亦習為之，因有選購香爐之嬖好。鑪以大明宣德為貴，但贗者居多。相傳明宣宗欲鑄鑪，令鑄工煉銅至十二，再熔其精萃以鑄爐。

有魚耳蜓耳等式，色以蠟茶鎏金為最佳。真者量重質密，火爇之金光燦爛，顏色變化，甚可寶也。予逐年或盲目購，或友人代購，或得之贈與，幾及五十只，當然偽品甚多，但求仿製之佳者，已甚可愛。有一次在太原，薛子良（篤弼）同逛古董市，他為我掌眼買一宣爐，金光閃鑠，爇熱則尤燦爛，雖未敢必其真，大概合金中含有金質多耳，昔時治工不精也。

予到港，仍喜焚檀香，但無從得爐。十餘年前，在故友唐天如處借來一爐，偶爾備用而已；工具不善，興趣索然矣。

因為喜焚香，就想到佛像。有一次，北京某小王府以乾隆雕漆觀音售予，價二百金。雲髻、佛面、金身、合笔、佛座，刀工及十三層，高三尺餘，法象莊嚴，至可愛敬。遂臥以木匣，襯以棉絮，載至滬寓，為眷屬禮佛之用。香花供養，六十有餘年。勝利後，內子為基督徒，遂移贈某宗人矣。另有李服膺鎮大同時所贈雲岡佛頭一座，亦不知歸落何所。蓋供佛亦有因緣也。

錢幣紛陳、非關財寶

予對歷代幣制，素無研究，亦無意於研究。只因偶爾一念，忽有收藏孔方兄之想。清末雖已有銅元，而明清兩朝各種制錢（制錢當中皆有一方孔故稱孔方兄）仍舊通用，故隨時摘拾，其不同者存之，歷有年所，浸成大觀。其間有無特貴之錢幣，自亦不得而知，不過如得專家鑑別，當可去蕪存精。後來擴充範圍，銅板如當十、當五十、當一百；銀元如站人洋、鷹洋、各省造的銀圓、鍋形洋

（有幾省錢莊，每經用一次，即以鑿錘擊一次，漸成鍋形，最難攜帶）。北洋政府，每一任總統均鑄有銀元。除袁大頭通行外、餘皆少數，並未發行。馮國璋、黎元洪、徐世昌、曹錕、張作霖均有肖像銀元，段祺瑞則未鑄；我通統備有一枚，甚至有鍍金者。外國錢幣；以余幼弟留法學電工，我曾囑其每至一國或一埠，替我帶回不同樣的硬幣，以此積少成多，甚有興趣。

最難得的，是小時候聽老輩說，有一種制錢，每一背面有一個不同樣的字（平常皆用年號如「乾隆通寶」），合起來成一首五言詩。為：

同福臨東江，宣元蘇薊昌；
南湖寧廣浙，臺桂陝雲漳。

我就留心收集，居然給我收齊了。最難的是「臺」「雲」二字，窮多年之力，無意得之。我就寵以絲綬，編成一串；這個丟了，真是可惜！但是這一首詩，似乎是講的中國行政區域，而又等級不同，究竟是明朝設「衛」的制度，還是清初入關的劃分呢；這只有待他們錢幣專家去考證了！

瓷難保存、名窯多偽

瓷器嬌脆，最難保存，古瓷尤不易得。玩瓷器除供鑑賞及陳列者外，孰肯以上品作日用者。故不必以高價得名窯之贗品，但求清雅美素，適觀合度，即可達眼皮供養心神愉快之境界。至於古瓷，自宋至清，代有名窯，即古董商亦多走眼者。知其大概，可遇不可求也。

名窯以宋時為多而名貴。如：「均窯」。在宋時均州，因以為名。有硃砂紅、鸚哥綠、茄皮紫等，皆以顏色為別。紅如燕支，青如蔥翠，紫如墨黑。市肆中仿製者甚多，然寶光瓷質緻密品樣大有懸殊也。「定窯」，宋時定州窯。以宣和、政和年間為最佳。有光素、凸花二種，又分「南北定」，蓋南宋、北宋時出品之別也。「哥窯」為宋處州張氏兄弟所製，而以兄窯出品為佳，故名。又有元代彭姓「仿定」之「彭窯」，又名「新定」，非定窯比也。滿清有名之窯為「郎窯」，乃江西巡撫郎廷佐就江西景德鎮之瓷礦仿古為之，甚名貴，不多見也。有清康熙、乾隆、乃至嘉、道、光緒皆有御窯製品，而以康、乾為最。光緒官窯，以西太后故，亦多佳品。袁項城稱帝，時日雖短，曾以清室所遺之材料燒一窯，名「洪憲瓷」，在瓷器中亦甚有地位，此其大概也。

瓷品高下、鑑別多方

我對於瓷器，特別愛好。因其器之品質晶潔，可以增長其容物之美麗成分。譬之好花栽於瓦瓴，佳餚盛於土齸，不稱也。鑑別瓷器，要在明辨其組織。土坯如何？泥灰如何？釉質如何？采色如何！方圓邊底，邪正瑕疵，無在不須注察，老子所謂「埏埴以為器」，非偶然也。

大抵瓷礦之質美者，則黏性大而坯質密，成器輕而釉彩美，非可倖致也。泥坯上所塗之質料為釉，釉無灰不成。釉灰又名釉藥，生瓷表面塗塞細孔者也。以青白石與鳳尾草用水製煉淘細配泥成漿為之。一般瓷器，以泥灰成分之多寡分上下，平常所用之粗瓷皆平對灰多者。最上之釉，配以各色寶石粉，則光彩愈鮮美，有塗成折枝花卉由外入內者。余曾有光緒官窯折枝桂樹飯盌四只，素喜用之。又有乾隆雕漆供盌兩只，青花大瓷碟作掛屏用者，亦有數對。

「官窯」與「客貨」大有分別，價亦懸殊。官窯即御窯，從前稱皇室為「官家」也。清時官窯貨有「大清〇〇年製」六字，客貨則無大清二字。官窯字必端正，花卉人物必須上下正對，口底各部不能有些須瑕疵，每一窯燒成，選擇甚嚴，不合者則碎之，不令混入市廛也。

花瓶花盆、最稱上品

日本人插花，多以陶器盤盂為之，中佈鐵坯，為花枝橫直傾斜植立之用，這只能作小巧盤旋，不能展布高枝，且易於枯萎。吾國花瓶，高矮扁圓，形色不一；顏色花彩，雅艷多姿；且舊瓶養花難萎，甚至折枝亦可開花。如以花之種類？配以瓶之顏色，尤覺相得益彰。我在泰州，寓園中有一棵臘梅，高逾尋丈，枝大小如指如臂，花朵如球，鵝黃如玉，我用一豇豆紅高瓶插一大枝，披靡馥郁，清香四溢，如淡裝峨眉搔首弄姿也。

乾嘉以來，舊瓷花盆，多被歐美人搜購殆盡，我尚覓得十餘對。盆多白地，彩花美雅，惜予不善園藝，只能移置粗盆於內耳。至於各花瓶之插花工作，多喜親為之。

青花豆彩、應用最宜

飲食常用的瓷器，在景德鎮定製全席一套，共一百零幾件，已經用之不盡，且價亦不昂。至於筵席宴客，則今日各酒樓皆有自備家具，不用張羅。中上舊瓷，只可在二三知己或好古貴賓用之。予於民十一、十二年間，常經過大連，十四年後常在平津，只王叔魯（克敏）處用康乾間物。另有一兩位銀行大老闆喜用古瓷，然皆便酌時也。

青花雅素，豆彩雅麗，最能襯托菜色，增進食慾。予最愛這兩種，並皆薄有收藏，然享用次數不多也。酒器及茶杯可用古瓷，惟茶壺則又以紫砂為貴矣。

酷愛圖書文玩者，未有不喜字畫，予亦未能免俗焉。收藏家動以大名家，小名家盲目論價，妄定高低，其實名家亦有敗筆，亦有得意之作與應酬之品，更有初年、中年、晚年之不同；蓋工力、筆致、時間、情緒、筆墨、紙張等，皆與作品有莫大影響，未可一概而論也。

搜購收藏、注意原則

我一向對於字畫，固極愛好，但是有一定原則：第一、價高者即屬大名家的珍品，我也不要。這是一來為財力所限，二來也犯不上，再則是近於招搖。第二、不管真品贋品，只要保存得好，價錢便宜；或是明知是假而假得好，也可以要；因為有許多東西，假可以亂真；還有歷代官家畫苑出品，有些真假皆出自此中人手筆，不過改變地位換個名堂而已。第三、再好的畫，如果題字的部位、詞藻、書法、不相稱，我也不要，因為有些畫給題壞了，畫家每不自覺其醜，或舊所保存者不自量而欲借之以傳，遂多大膽著筆，是無異佛頭著糞也。第四、絹品易壞，甚且有龜裂者，雖名貴亦不必要。第五、並世存在的人，不管他有多高地位，多大名氣，如果要他的字、畫，一定要有我的上款。這種種就是我玩字畫的原則。

懸掛陳列、經緯多端

我們只要到過從前舊式廳堂書齋的人家，一看他牆上所掛的，架上所陳的，與書案上所擺的，就知道這位主人是否有書卷氣、風雅氣，或者是土氣、俗氣、富貴氣、貧兒暴富氣。即使現今的高樓大廈、鄉郊別墅，也可就其新式布置，一望而知。今日的香港，只有銅臭氣而已。

我從前在北方，定居以後，對這些事，必親為之。舉凡：字與畫、大與小、長與短、橫與豎、古與今、濃艷與淡雅，或宜廳堂，或宜書齋，或宜餐室，或宜臥房；必須適宜分配，疏密得中，錯落有致，點綴得宜；中堂、立軸、對聯、橫披，按室之大小需要以位置之；縱目一觀，可以意會，難與俗人言也。字畫位置仍應適時變換。字宜歷若干時一換，畫則應按四季時令而換也。

我寫這些，都是廢話。但這正是太平盛世享受晏安和平、中華古國的文化呀！在現在非常動亂時期，也可令極端前進者流回味一下，冷靜一些吧！（或者有人問我：「你幾時遭逢太平盛世？」應之曰：「我在北京十多年，雖有內戰，而京城依舊太平。後在南京也享受五年安定日子。」）

貧兒家當、瓦缶金玉

我現在腦筋不行了，實在記不了許多，姑且就我記得的，寫一點出來。我有李東陽、顧炎武、傅青主、楊守敬、宋曹、王鐸、鄭板橋、劉石庵、翁方綱、伊秉綬……的字，八大山人、黃慎、金冬心、鄭燮、伊秉綬等的山水怪石花鳥雁竹枝，沈周……等大綠山水，顧亭林、彭玉麟的梅花，乃至清道人、樊樊山、梁任公、汪精衛、鄭孝胥、羅振玉……的字，吳昌碩、齊白石……的畫。

先君喜畫蟹，題詠甚多，皆借蟹以諷人，家四叔善寫座位，我皆不能。有一年先送到我到淮安考府考，在地攤上以十三文制錢買到壽星、麻姑各一大幅，荷花四幅，細辨之，則乾隆時名畫家山陽盧述之之作品也。其麻姑為祝女壽之用，題詞曰：「採瑤草，擷琪花，乘鸞駕霧，來此壽星家；換群仙齊上，鸞笙鳳管和聲唱；大富貴福壽綿長！」題字亦飛舞。時先祖母九十仍健在，先君最愛此畫，懸以示祝。我在北京東安市場地攤上，以九毫子買到柳如是工筆畫兩幅，一為一群小雞，一為葡萄，題曰：「色嫩青青見，毛茸淺淺黃，燕支痕欲滴，紫蠟蒂何長。」小楷秀媚可愛。旁兩小章，一鐫「柳氏」，一「小字如是」，余裝潢嵌以紫檀架，置書室中。又得一「天中兒趣圖」立軸，大藍地火紅石榴樹下立一旗裝少婦，攜一稚女，非常美艷，有乾隆御題金字五律一首；另有朱墨鍾馗一幅，此二者余喜於端午用之，此皆偶然得之者。

小品紀念、冊頁為佳

凡關於可作紀念而具有價值之小品，皆可以分別整理，裝池為冊頁，以便觀玩回憶而資流傳。在保定軍校將屆畢業一學期前，各省同學即紛紛互以紙張薄冊，分丐繕寫，真是忙不開交。因為這是最難得的，任何文武學校皆沒有能集合全國各省縣的青年於同期中的，這是清末民初最公道最普遍的一次，如果能按省、縣籍貫徵得完全一份，恍如全國人物，列諸案頭，風雨之夕，翻閱一過，有同把晤，至足樂也。

次如朋友贈答的詩文，我積聚的亦多。如桐城劉安農；江寧吳癯庵；瀋陽馬立橋；山陽周伯英；家退庵四叔……等。往來函札，如友情可記、論事可風、文字可傳者，皆應存錄。餘如科場落卷、殿試策、各種扇面；更如蔣百里師在南京獄中以「澹寧」名所書之各墨蹟，皆冊頁中可寶之品。即如予之各方圖章，亦可分別印存，歷敘其事，而作家乘之一端也。

自我作古、別饒趣味

任何所謂古董，在當時不全是新的麼？我想一個人能具有文藝、風趣、新穎、幽默任何性質的事物情趣，皆可自我作古。如果有留傳的價值，再歷數十年、數百年不也就成了古董麼？所以古董由今董而來，今董也就是未來的古董，何必殫精竭慮，耗費精神財力去迷戀某一項呢！就以區區而論，那一部石刻十三經如能得同好者加以保存，不也成了未來鉅製嗎！下至圖章扇面，若製為印譜，附以故實，更擇名手書畫之各扇面，整齊羅列，後必得知音之俊賞，作野史之餕餘。信箋詩箇，只要積存其雋品，欣賞豈謂無人。

我有古琵琶一具，係美人之貽，就將它架以紫檀，罩以琉璃，旌以小詩二首，丐名手書而刻之。其一曰：「琵琶不抱到人家，忍把琵琶面半遮。珍重琵琶臨別語，萬千心事付琵琶！」民廿五年，蔣百里師自歐回國，飲於陋室見之，稱之曰：「五十年後一古董也。」又有某粲者贈我一枝金筆，屬維揚某君以鋼精筆鐫小詩於筆端曰：「淚如墨水源源湧，心似真金不怕燒；這是人間兒女事，無端休向筆頭澆。」予習用此筆多年，在四川萬縣撤退途中，偶被一位特工臨時借用，不期轉瞬之間，為車隊所誤，致失於特工之手，雖在逃亡中，仍愁悵不已；抵成都未幾，共軍已入城，特工者流，正行蹤閃縮，一日，在城內一僻巷遇之，見其踽踽涼涼，獨行無厲，迨抵面亟還我金筆，大喜過望，晚間歸寓填兩詞以記筆之歸趙也。孰知來香港時，過深圳，竟為小手竊去，雖懸賞多金，竟未得還，以係無組織輩之竊兒所為，懊喪久之。此皆不足道之風流爛賬，姑且湊湊篇幅而已。

春意闌珊、餘文秘戲

秘戲圖（即春宮），是我國不公開的美術，當然不能如歐美人之赤裸裸陳列在圖書館或藝術館。這所謂不登大雅之堂，而常登小雅之堂者。但為此者代有名家，兼金論價。今且摘寫數則，以殿本篇。

舊傳世家嫁女，每以春宮冊頁作「壓箱子底」之用，以為能避火燭也。余意禮教大防，雖母女之間，有不能宣之於口者，於是巧為說辭，作為不言之教。新婚燕爾，箱底搜奇，心領神會，皆大歡喜，這一方式，何等神祕而高雅！豈如今之高唱性教育者，竟欲登之講堂，圖之黑板，而自謂前進開明耶！

吾國所繪春宮，舉屬意淫。絕無上下全裸，箭拔弩張者。其傳神阿堵，刻畫入微，自有其獨到處。自其羅襦半解，蘇胸掩映，盈盈秋水，欲笑還羞；或欹望凝思，愁眉半斂；或倚窗閒眺，默望人歸；或相對無言，將迎還拒；或橫陳小臥，玉體猶賒；絕無枕露並頭，被翻紅浪者。更有盲人鬥趣，健畜抒情，河上情挑，林邊膩語，閨中假寐，簾外看花，一抹紅綃，何勞腹舞；兩片蓮瓣，自見心情。凡此綺境之淋漓，盡在筆端之塗抹。固不恃連臺表演列肆瘋狂也。

曩者北方流行之春宮冊頁，以津東蘆臺、豐潤一帶出品為多。據聞且多少女手筆。蓋一時風氣，以此謀生，價廉貨美，陋習所在，不知起自何時，早已革除淨盡矣。至於古董舖、南紙店所售者，號稱唐伯虎或明清畫院作品，皆出偽造，而價逾百千，受其愚者，更不知凡幾也！

在抗戰初期，有一次某老友之妻向予假三百金為其前夫之子升學之用。蓋孀居改嫁，不願其子居油瓶之名，而別居生活，負責教育者。妻本晚清某疆吏之千金，得予款後，不數日挾其家藏書畫數十件來，謂以贈予，蓋不欲居借貸之名，而作變相這償還者。予對該款，本已贈送，無待抵償，但婦人家事，糾纏難卻，勉強留下。及其去後，檢視一番，皆頌揚壽慶官場恭維之件，直是俗不可耐。獨有一大幅橫披，赫然為特大秘戲圖。男女畫像，大似成人，赤裸相對，戰意方酣。全幅別無襯托，鄙陋實難入目，想係當日無恥僚屬獻媚之所為。亦以見前清官場之醜態。時當戰時，予對此圖，退之不得，存之不可，火之而已。

輯二　人間世今昔談

前言

莊子人間世。大率為人事多變而異宜，物情有材而難保；綜而歸於無用之用。郭氏注：「與人群者，不得離人。然人間之變故，世之異宜。唯無心而不自用者，為能隨變所適，而不荷其累也。」此消極之說也。今日者：國與人群，國與國群，人與人群，人與物群，矛盾複雜，機械譎詐，實無量數倍於往昔。值雷霆萬變之時，豈從容論道之際。即潛心而適應，亦荷累於無窮。蓋不知其為人間何世也！吾以暮齒，輟筆多年，自分已作本刊之遺老。茲欣讀朱子家兄紀念《春秋》創刊十一周年之作，始怵然於年時之倏忽，而金鑑之延綿。既佩創守之堅貞，益感人間之興替。大言小言，知不免於餖飣；今者昔者，更有同於夢寐。

一、王霸之今昔觀

美蘇霸圖不迨晉楚．百餘列國形似春秋

今日全球各國，正吾國春秋時代列國之擴大型也。美蘇如晉楚，英法如齊秦，中國、日本、東德，則未來或如吳夫差、越勾踐；而聯合國則象徵式之東周王也。春秋五霸挾天子以令諸侯。孟子曰：「五霸者，摟諸侯以伐諸侯者也。」今之用聯合國軍作征討、監察、調停者近似。孟子又曰：「五霸桓公為盛，葵丘之會，束牲載書而不插血。初命曰：誅不孝，無易樹子，無以妾為妻。再命曰：尊賢育才，以彰有德。三命曰：敬老慈幼，無忘賓旅。四命曰：士無世官，官事無攝；取士必得，無專殺大夫。五命曰：無曲防，無遏糴，無有封而不告。曰：凡我同盟之人，既盟之後，言歸於好。」觀載書所言，自見當時霸主號令嚴明，其堂皇正大威儀肅穆氣象，大有懍然難犯之勢。晉之霸也，終春秋之世，綿延不絕。甚至幼君尸位，卿相出征，屬國聯軍，奉命惟謹。試問聯國秘書長、美之國務卿能如是耶？今日東西兩大集團，蘇聯以龐大附庸國之陣容，二十年來，中共寒盟有若寇仇，

匈牙利叛亂而後征服，古巴積怨而離合難明，南斯拉夫以及東歐各小國，更各自為政；今捷克又以自由見告矣。反觀美國之於自由陣線，戴高樂悍然不顧，破壞北約，搗亂美元；日本左翼，忘恩負義，日美協約，斷續如朽索；越局拖泥帶水，南韓安定無期；印尼反覆，窮而來歸；中央條約，播遷莫定；中華民國，局於偏安，空傳富庶之聲，難慰來蘇之望；而美人猶在嚮往中共，舉國靡然；地中梅、印度洋，海戍多年，一旦潰厥藩籬，未見殷憂啟聖；豈真欲捲甲東歸，門羅復活耶？

自二次大戰結束，依馬歇爾計劃，美國以大量金錢復興歐洲，其餘南美、亞、非各國得經援之助者，不可勝計：此種王道作風，正不失大國風度。然而反美示威：呼口號、攻使館、燬美旗，騰喧於各國；豈德義之不足，而威信之有虧？此中癥結所在，必有其浸潤之源；何以美人竟默爾而息，不求甚解耶？於以見今日王道之難行，而霸圖之不易也。

大戰以後唯一義舉，莫如以色列之復國。此差同於齊桓公之遷邢復衛。左氏所謂「邢遷如歸，衛國忘亡」者是。然中東局面，從此多事。憶當艾登挾英法之眾，進抵蘇彝士運河北端塞得港時，美國若不橫加抑制；或艾登不予顧忌，求取已成之事實；則運河不致遽入埃及納薩之手，納薩亦不致以此坐大而驕狂。不識美以何遠見而出此？艾登亦何以半途氣餒、有始無終！嗣此而英國因以不振。英之不振，在美如折其右翼，非美國之福也。今則阿拉伯區域之動亂頹仍，以、阿之戰雲了無終結；而蘇聯則乘機伸其巨掌，方將高踞亞歐之屋脊，攫其油田，誘其酋領，鼓舞其動亂，以摧毀英美多年建樹於中東藍縷之初基；何其傎耶！

夫兩霸相峙，終非世界之福。今雖和平共存，軍備禁賽，高唱入雲；而密雲不雨，危機四伏，三次大戰，有觸即發；此杌棿之局，終非好相識也。昔宋右師向戌倡言弭兵，終成晉楚二國之和。在彼時晉之屬國鄭衛魯宋，實嘗朝楚；而楚之附庸陳蔡徐黃，亦可朝晉。玉帛相見，干羽盈階，為時雖暫，未嘗非春秋之佳話。試問今之東歐共黨國，孰能聯美；而西方陣營又誰可趨蘇者？僵而相持，終非了局，此又霸權厄閏之年也。

荀子王霸篇：「用國者：義立而王。信立而霸。權謀而亡。三者明主之所謹擇也。」又曰：「用國者：得百姓之力者富。得百姓之死者彊。得百姓之譽者榮。三得者具而天下歸之。三得者亡而天下去之。天下歸之之謂王。天下去之之謂亡。」吾不知今之用國者，何以喜尚權謀而忽視信義？又何以喜得其力，喜得其死，而皆失其譽？此皆競趨於亡國之途而不自覺，因而天下之擾攘終無已時也。

世運之推移，繫乎人才之臧否。而人才之盛衰，每源於時代之治亂。天下大亂，則奇才輩出，以弼成王霸之業；非所謂應運而生也，亦非亂世人物之有特殊異稟也。坎險叢生，人求超越，故時愈艱而磨練之機會愈多，亦即成就之人才亦愈眾。太平之世則相反：歌舞昇平，人安晏樂，既非撥亂反正之時，自少奇策才力之士；非其時人之才力智慧有所閉塞也，世無所用，則亦湮沒不彰耳。吾以此知美國之無特殊人才，富為之也。

吾又嘗感覺今日世界之領袖人物，蓋遠不如二次大戰以前。尤其對於繼起無人，大有「偌大事業，一世而斬」之慨。試觀羅斯福整軍於珍珠港喪敗之餘，邱吉爾支撐於孤島顛危之日，史太林奮爭於國都圍陷之中；而吾國領袖，亦赫然以長期抗戰之精神，使與國有從容反擊之機會；此皆足稱堅忍不拔，可歌可泣者也。即推之敵方：如希特勒、如墨索里尼、如近衛、東條等，雖身死名裂，亦可稱並世之英。獨惜舉世無上犧牲所得來勝利之代價，仍為支離滅裂危機四伏之世界；甚至較大戰以前，每況愈下；致東亞來虎狼之秦，東歐成衛星之域。今而後艱虞局面，實有待於後起之賢。煮酒論英雄，不覺惘然而懼也。

二、戰爭與兵法之今昔觀

自太古洪荒之世「厥初生民」，即胚胎而為戰爭之世界。其始也：人與禽獸戰，與饑寒戰，與森林洪水戰。繼而：人與人戰，氏族與氏族戰，部落與部落戰；寖假演變而形成為國與國戰。在我國自有史以來：黃帝有涿鹿之戰，禹征三苗，湯十一征；周武大會諸侯於孟津，戰殷受於牧野；此可謂聯軍之濫觴。嗣是而周公東征，誅管蔡，滅徐、奄，遂開春秋、戰國時代五百餘年間綿延不斷之戰局。自秦政統一華夏。二千年來，又每以朝代之遞禪，衍為不定型之勝國戰爭，以至於今。其間開邊、禦寇、討逆、平匪無數之大小戰役，更無論矣。其在歐美，亦何獨不然。舉其大者：在歐洲有英法之百年戰爭，有爭奪聖地之十字軍七次戰役，有拿破侖一世橫掃歐洲之戰。在美國亦有獨立戰爭與南北之戰。至於近代之第一、二次世界大戰，更為亙古所未有。豈亂源之有在，而人謀之不臧；抑人心之好戰，而弭兵之無術耶？

夫戰以止戰。宜求結束舊釁於戰局之終，不可更啟新仇於已和之後。宜就勝利之威力，防患於未來；不宜任眼前之局勢，姑息於戰後。大國之於弱小國家也：尊其國格，順其國情，信其國主，養其國望。輔之掖之，匡之植之，又從而振德之。不必強不同而為同，不必需粉飾為民主。萬一其主政者倒行逆施，國人共棄，包胥痛哭，引領求援。或外患憑凌，鄰封侵略。則聲罪致討，可傳檄而定也。若興師動眾，則勝之不武，不勝為辱，而況敗乎？吾人以此願就第二次大戰以後之形勢而略加論列。並以兵法之今昔觀，妄貢其愚。雖或有事後先見之譏，而在謀國者，固不可不洞察於機先也。

大凡當國者，於危急存亡之際，皆能戒慎恐懼，謀定而動。及至難關已過，或勝利來臨，則人心鬆弛，軍心驕縱，上下爭功，以為莫予毒也已。而不知黃雀在後，黠者乘之。掉以輕心，稍縱即逝。吾國大陸之失陷，固由於是。即大戰後自由陣線之失算於蘇聯，亦莫不如是也。當大戰末期，羅斯福以待盡之年？神志衰謝。史太林老謀深算，甘言密餌，著著佔先。雖邱吉爾之精英，亦被排除於門外，更無視於中國。如是而善後種種，大錯已成。羅氏既歿，繼之以無知之杜魯門，佐之以驕愎之馬歇爾。先歐後亞，輕東重西，致貽今日無窮之禍。可慨也已！

假令聯軍於大戰末期，能早注視德國問題，先蘇聯而全部佔領之。即使未能，而對蘇聯囊東歐之議，堅持以匈、捷，或其他為交換東德條件，使蘇方無選擇之餘地，則東西德之分立可免也。此其一。假令能透視日本以強弩之末，未必毀國以死守其本土，不必要求蘇軍之東進。則中國之東北，不致招其劫掠，中共亦不致輕易得東北以窺中原，而南北韓之分立更可免也。此其二。爾後北韓南侵，麥克阿瑟擁聯合國軍之虛名，偏師往救。假使用麥氏之策，北炸鴨綠江橋，南用臺澎軍隊。則抗美援朝之局面可變，而中國海岸之形勢已非。此其三。越南問題，當法軍在奠邊府危急之時，假令美國以數隊空軍，加以援手。則法國不致撤退，便可徐褪其殖民地之色彩，以阿爾及利亞獨立之形式行之。則南北越之分立可免也。此其四。既分立矣，以吳廷琰之文德，佐之以吳廷瑈之毅勇，則苟安之局，漸趨穩定。何必侈言民主，輕予政變，致成今日難了之局。去民主何價？在落後國家，只偽裝之形式耳。人才難得，民望難孚，更欲從新製造一吳廷琰，談何容易。今在越聯軍，疲於奔命。而南越政府，動如奕棋。縱建軍八十萬，將付託於何人？吾不禁為美人懼。此其五。偶憶往事，不覺囈語漣篇，姑妄言之耳。

巴黎和談，繼續僵持。越南戰局，似無了期。這就要講到用兵之道，非全恃政治所能解決的了。中國兵書，有《六韜》、《三略》、《孫子》、《吳子》、《司馬法》、《尉繚子》、《李衛公問對》，《宋神宗嘗》頒為七書。用兵者稱兵家，漢書分為權謀、形勢、陰陽、技巧四類。要之，不出今之政略、戰略、戰術之範圍。運用之妙，雖古今異宜，而技術進步，則今勝於古。自中共以游擊戰、人海戰逞於一時，而奄有大陸。野心家尤而效之，動以解放之名，行侵略之實，北越其著也。觀其大批滲入，分散行動，伏處於森林、沼澤、坑道、深谷、地穴、船艇；雜住於民眾，往來於都市，出擊飄忽，隱現無常。猶之螻螘萬千，分馳縫隙，而乃動用百萬大軍，欲求以堂堂之陣，對壘一戰，不可得也。故於廟算之始，必需以雷霆萬鈞之力，而掃其穴、犁其廷。今竟以「局部戰」、「不求勝」為廟算。曠日持久，致來蘇聯、中共對北越不斷之援助。其犯兵法之原則，為兵家之大忌者，雖見仁見智，各有不同。然就吾人之觀點，或有可言者在。今姑舉吾國《孫子》兵法引申言之。

夫兵，陰道也。即或以陽行之，而陽中有計，雖陽，亦陰也。《孫子》計篇曰：「兵者，詭道也。」軍爭篇曰：「兵以詐立。」詭與詐，告陰也。即今之所謂軍事祕密也。今之能行陰道者，英國為最，蘇聯則陰陽並用，而美國則為純陽。蘇聯於匈牙利之叛變，立以武力壓迫之。今之於捷克，初則陳兵演習以威脅之，繼則以華沙公約五國通牒以恫愒之，終則支持其自由化之政策，輕描淡寫以結納之。蓋一以維繫華沙公約之團結，一以免影響本年世界共黨會議之來臨。其陰道陽用，對於中共，美國莫不皆然。越南之役，一面隱主和議與中共分途，一面大量以武器物資供給北越以制美。其極端矛盾之處，正陰道陽用之謀。美國則不然，一切一切均本於公開，一似有意予敵方以準備之資料者然。莊子曰：「以陽充陽，孔陽。」謂陽之甚，則亢矣。此關於「陰陽運用」之可言者一。

以政統軍；軍制於政。在國內言，免軍閥之跋扈與政變之迭起，此良法也。但命將出師則不然。《孫子》軍爭篇曰：「凡用兵之法，將受命於君。出師聚眾。」此所指之出師聚眾，為將者必須受君命而行。蓋即今之宣戰動員出師之始也。九變篇開始，亦重言上之三句。但在所舉九變之後，則結之曰：「君命有所不受。」此蓋指出師之後，將在戰地，變化萬端。對於君命，則因實戰情形而異，有所受亦有所不受。九變僅舉例言之耳。古所謂「不為遙制」，及「閫以外將軍治之」均是道也。今觀南越美軍，既以「有限度戰爭」及「不求勝」為揭櫫，而又多方以限制而變易之。於是轟炸目標有指定、有變更。追擊限度有區域、有界限。作戰有升級、有降級。停炸區域有全面、有部分。溪山則或守或撤。圍牆則或築或輟。總統、國防部長、參謀總長、專使、議員、名流、記者，不絕於途。或視察，或訪問，或指示機宜。前方統帥已頭昏腦脹，應接不暇。而又須不時回國報告。更要到議院作證。試問這樣的一位前方統帥，如何應付？還有多少精力去作戰？這簡直是陳兵列陣，去開展覽會。如何是打仗呢？雖十易韋斯摩蘭，亦難以達成任務。此「軍統於政」之可言者二。

兵法曰：「兵貴勝，不貴久。」又曰：「兵聞拙速，未睹巧之久也。」夫越海遠征，曝師於外，自以速戰速決為宜。若頓兵過久，變化多端。耗軍費、墮士氣，敵方有外援之機，國交陷孤立之境，國內易啟厭戰之心聲，國外更來反戰之責難；皆「久」為之階也。繹兵法之義：有「拙速」必有「巧速」、有「巧久」必有「拙久」者矣，是有四階段也。吾意美方既久而不巧，必已介入既拙而久之第四級矣。此關於「久速巧拙」之可言者三。

謀攻篇曰：「凡用兵之法。全國為上，破國次之。全軍為上，破軍次之。」故以「不戰而屈人之兵」為上之上。今之作戰，似唯一以轟炸破壞為主，是反其道而行之也。試觀南北越戰場：城社丘墟、森林焦土，道路陷、橋樑折，山谷變遷、難民載道。是破國也。士兵傷亡、飛機折燬，輕重武器之損失殆不可數計。是破軍也。以南北越貧弱之區，目前既失其因利，爾後亦艱於復興。以大國無上之軍容，而摧喪於此區區之敵，亦殊不值。此「背於全、破」之道之可言者四。

今舉世交譎，莫不以反越戰為言。而絕無主張公道，指責北越之殘忍者；在美方自應視為不平。不知一般人情：每易淡忘於過去，而偏注於目前。故越戰之起因，不問也。誰為破壞日內瓦協定者，不問也。當年大量殘殺北越反共人士與今日越共在南越之慘毒暴行，不問也。對世界潮湧之反美示威，與無數不求甚解之青年民眾，又安得一一而辯之。獨惜如此核子大國，竟以顧及引起世界大戰問題，而不得發揮無上實力以剉敵。更不能以尋常武器與連續轟炸而獲致勝利。使自由陣線，對此世界憲兵國家。懷疑失望，交織於心。而不敢再存奢望，倚為泰山之靠。茲可感也！吾為此懼，故肆其放言。

三、無限滄桑話黌宮

現在的學校，因為科學的進步，教材的充足，物資的享用，政治的影響；與夫其他因素而日有變更。同時學生在入學期間所受教育與生活情況，亦大大不同。所以今日之昔，與昔日之昔；不用遠比半世紀以前，即五年十年間之變化，亦大相懸殊。我今要寫光緒三十年前後廢科舉、辦學堂（那時一律叫學堂，到民國後，我再用學校字樣，以存事實）時代的情形，豈非過於陳腐，但是我想到今日學校之堂皇，與當年學堂之簡陋。當年學生之苦況，與今日學生之幸福；已覺天地懸絕。而一般青年，其所修為與奮發，造詣與成就，專攻與旁騖，天性與思想；一似在覆育之下而不知所愛，在衽蓆之上而不知所安。必欲隨波逐流，翻江倒海，更新立異以為高，附和盲從以為是；方算是風頭十足，氣概萬千。此固風氣之所尚，或亦領導之非人。有感於是，因成此篇。

由童蒙到應考童子試

我在文學堂只有三年，在軍事學堂七年，當然不足以盡當年文學堂之全貌。但朋從往來，聽聞觀感，亦可略窺全豹。這是從六十三年前到五十四年前的事。在這以前，我還有私塾六年，也略略在此寫一些，以見距今七十二年前寒窗苦讀的況味。凡此種種，當然非盡人所同。而一己實錄，更是微不足道。拉雜寫來，以當現身說法，讀者諒之。

我是由先君一手教讀的。除以後學堂的先生外，並未從學過第二個老師。因為自幼頑皮，好捉昆蟲鳥獸。尤其在鄉間好爬高樹，覓取鳥卵。所以等到每年先母養蠶時去採桑葉，又是我的拿手好戲。在我們家鄉，沒有專門養蠶的矮桑，必需在幾丈高的野桑上摘取葉子，這是我在家庭中的獨一門，因此先母特別喜歡我。不料在七歲那年，有一天抱著我的小弟弟，一失手將他的頭打破了（這個弟弟曾到法國留學，現在大陸，也七十二歲了），我就被打了一頓，正式關進書房。

我在六歲以前，雖未正式開學。可是早在母親膝下逐日認識字方（那時印行的字方尚無圖畫），已認得好幾千字了。到此時開始讀書，自易琅琅成誦。最初先讀《四字鑑》——四字韻言中國歷史。《地球韻言》——中外地理四字韻言。《三才略》——文言。分章記天、地、人各事。繼按孟、論、學、庸次序讀四子書。此等皆需將每次所講授的行數熟讀，於次晨背誦。以後就讀古文、讀詩經、尚書、講左傳、看綱鑑——日點《王鳳洲綱鑑易知錄》十頁。以點、逗之錯誤與否，翌日送閱改正講解。昔日線裝書皆無標點，以此可測知領會程度也。孟子上、中兩冊與論語讀完後，皆要溫習熟讀，規定背誦「通本」一次。這以後兩三年間，就專門習楷書、作文——四書義、史論、時務策。跟著就準備進場屋，參加科舉的童子試了。因為科場試卷，係用連史紙印就，扁長方紅格，紙澀而墨易滲，格扁而字須正。故必精其墨瀋，善其楷書，而又正之以「字學舉隅」。以免譌字、俗筆、及避諱、抬頭之錯誤。更不時與鄰塾舉行會課、以練習揣摩。然後屆期去應試。

對於試卷的格式與寫法，在科舉時代，自屬煩文縟節。但是我在本港，曾忝任八校聯合招生國文科閱卷委員多次，所見書寫格式，種種不一：有在卷面寫起者，有先寫答案後寫作文者，有對問題之次序，或先後倒置、或錯落參差者，此在匆促時間，自所難免。惟閱卷者翻覆尋覓，諸多不便。至於添注塗改，更不必問。我想此間有教育司有教師聯合會，何不規定一簡單格式，以免雜亂無章呢！

我挨摩了六年。日則自晨至夕，除三餐絕無暇晷。夜則油燈伴讀（豆油燈。那時鄉間還沒有煤油燈。更談不到電燈），不三更不能成眠。而且除節期與過年，也沒有寒、暑假。是以當時青年學子之腦力精神，泰半消耗於經義文字，而實用應世之學，百無一是。其力學者：每多肺癆病、少白頭，形容枯槁、傴僂癡騃、勞形鬱折以死者，不知凡幾。以視今之學子，苦樂奚啻天淵。我父親是個窮秀才，我之生活，亦可想而知。

我曾參加了最後一次縣、府考及院考。縣、府考我都以幼童便宜，得到「後十」「終覆」。——發榜在前十名為「前十」，第十一至二十名為「後十」，縣考五場、府考四場皆不落第為「終覆」。凡前後十，則院考得儁之公算較多。——縣、府考以縣知事在縣城、知府在府城主之。院試則由欽派之提督學政（俗稱學臺）在每省之各府城主之院試第一場錄取為上小牌，第二場面試合格，即為秀才。那一次江蘇學政名唐景崇，係太史公。記得他下車伊始，先到孔廟明倫堂，席地坐紅毡毹上。由廩、附生員二三人，各講四書一節，唐席地而聽。時堂內外雜立考生多人，余以幼矮，先父抱而高舉以觀之。一幕既畢，唐乃蒞官廨，懸牌示考期。院試規定兩場，應試者未及終場，而光緒（德宗）停辦科舉之上諭已至。一眾人等，遂各回原籍，喪氣而歸。所以有人捧我是幼童秀才，實乃末第秀才也。後來在陸小畢業，清制亦為秀才，那又變成武秀才了。一笑！從此遂結束我六載寒窗與一代科舉之夢。此後再度那十年學校生活之過程。

在這裡先要談一些科舉初停時，文武學堂朋興龐亂名目繁多的情形：那時每縣設一勸學所，相當於今之教育科。每省設提學使司，相當於教育廳。縣有一高等小學，各鄉鎮有所謂「代用小學」，即舊日私塾之變相名詞，換湯不換藥也。府轄六、七縣不等，設一中學，各省會及大城市則無一定，只北京有一「京師大學堂」，即後之北京大學校。自餘各公私立大學，尚未之多見也。南京有「兩江優級師範」，即南京高等師範及中央大學之前身。又有江南高等學堂、簡字學堂。北京之「譯學館」，為培養譯書人才；「交通傳習所」，為後來鐵路學堂及交通大學之始基；這是兩個實用學府。湖北有文普通、武普通兩所，更是特殊名目。其餘各省，殆不可勝記。女學堂絕無僅有。只天津有一女子師範，上海、蘇州、杭州有幾所女學。我在南京五年，就沒有看見過一位女學生。直至辛亥革命，在上海才見一個「女子北伐隊」，僅二十餘人爾（同學杜某為該隊教練，故我亦習見之）。彼時女學生之希罕驕貴，概可想見。

由小學到淮安府中學

學堂初發達．題名種類多

再談到軍事學堂，比文學堂還要亂。因為滿清在歷次喪敗之餘，急思整軍經武。除每省設一陸軍小學，全國設四個陸軍中學，遞升到保定軍官（此軍官學堂，未及開辦而清亡）；為有系統之辦法外，在這裡但舉出若干名目，便可以概其餘。在北方：有天津武備（軍中稱老武備）、保定武備、開平武備、保定陸軍速成、協和陸軍速成、陸軍軍官學堂（這是陸軍預備大學之前身）、陸軍師範學堂；軍醫、獸醫、憲兵、巡警各學堂。在南京：有陸師學堂、水師學堂、講武堂、武備學堂、將弁、弁目、隨營各學堂。地方性的：還有江北陸軍速成學堂、蘇州速成學堂、福州馬尾水師學堂；以及其他各省類似之學堂，難以枚舉。試看清末辦學的一筆亂糟糟的流水賬，好不煩惱煞人也。

知縣辦小學．寺院作校址

我是江蘇鹽城縣人，縣知事（縣長）張組綸是進士出身，鄭重其事的開辦縣立高等小學堂，就將城西泰山寺改作校址。招考第一班學生時，我就前往投考。其時也無堂長監學的名義，這位縣大老爺就親臨監試。他來時，旗傘小隊，鳴鑼開道，四人官轎，翎頂輝煌。全縣預考者，不足五十名，多有

二、三十歲的不第秀才。其時風氣初開，當然談不到學齡問題。我是在科舉縣考提堂面試過，所以他還記得，發榜時，取了個第三名；由此就成為最早的小學堂的學生。鄉下人稱你為「學堂生」，好似很光榮的。

佛地失莊嚴・學生伴偶像

這學堂初由寺院改辦，還有許多佛像，未及移去。學生是住宿齋內的（宿舍叫書齊、校役叫齋伕），年輕人剛剛打破迷信，又無宗教思想。於是指點塗抹，肆意詼諧。或敲韋駝金剛杵，問他能驅幾許邪魔？或摸彌勒大肚皮，笑說能有多少善念！或夜半醒來，神思恍惚，窗昏月闇，鬼影幢幢！又疑白天罪過，報應在眼前也。不久，佛像盡遷，齋舍寂淨，始不再鬧疑鬼疑神的笑話。

漢文最吃香・科學師資少

這裡有一位國文先生沈亭吾，是舉人出身，張知縣的老友。他擔任國文、修身、歷史、地理，雖然有這幾樣課目，其實還不出漢文一種。我們時常由沈先生命題作文。月終的卷子，好一點的還由沈先生評定甲乙，送上張知事，有些膏火獎金可拿，這還是從前的書院作風。科學只有一門算學，其餘更談不上。蓋當時科學師資，甚感缺乏，濱海縣份，真不易請到也。我感覺如此下去，沒有什麼意思，因此就去考進府中學堂。

翰林為總理．書院改學堂

前清地方行政區域，是分省、府、縣三級制的。淮安府（今廢）舊轄山陽（今廢，改淮安）、鹽城、阜甯、清河（今廢，改淮陰）、安東（今改泗陽）、桃源（今改漣水）。淮安府中學堂即收此六縣的學生。這是由從前「麗正書院」改的，毗連西翼有一祠堂（似是崇祀曾忠襄國荃或左文襄宗棠的），亦併入為宿舍，後來即是有名的「九中」（江蘇第九中學）。這裡主持人稱「總理」，名周鈞，字衡甫，是位老翰林。下有一監督，叫夏揖顏，南京人，日本留學生。他已剪了辮子，頗有朝氣。知府似對學堂事，概不過問。國文老師是位孝廉公童振藻。物理、化學由夏監督兼授。另有英文、博物、唱歌、圖畫、算學各門，似乎稍具規模。我是被錄取做正課生，正課不要學費，供膳宿；那時雖說物價低，也算很優待了。我們的總理，他是注重國文的。他以翰苑老儒眼光，給分很是嚴格。有幾位老學生，專喜假造西哲譯文，故弄狡滑，也就「不知為知之」，多給分數了。我們大家閒磕牙：就稱周總理為「翰林學究」。夏監督為「斷後先鋒」。有兩三位著西裝的先生，呼為「西裝秀士」。同學中有一位老學長劉雲漢、一位秀才杭永門，還有不少三十以上的，稱他們為「老大帝國」。有時候全校教職員集合，周總理坐了綠呢大轎，朝衣朝冠，施施而來。夏監督偕同幾位「西裝秀士」，短衣革履，洋氣十足。再佩上我們這一隊「長衫隊」、「辮子兵」（大家皆穿長袍拖辮子），老少雜遝，參差排列；真可謂領袖中西，冠冕滿漢，奇形異狀，光怪陸離。及今思之，豈不要「笑殺人也麼哥」！

神臺作儲藏・雞蛋滿地滾

那時在交通閉塞的地方，牛奶、罐頭，還不多見。餅乾麵包，更是少有。學堂雖說供飯，有時腹飢，不免哄齋伕出去買些「草鞋底」、「牛舌頭」（皆淮城名產之燒餅一類，是清初漕運總督駐節此處享盛名之小吃品）或湯包之類。但是鄉下人，初聽到蛋白質富於營養，我家就讓佃戶送來幾百隻雞蛋（那時每一銀元可買八、九十只）。我便把它放在床腳下，而鼠子常來破壞。只好再把它改放在祠堂神臺龕子裡。可是雞蛋太多了，吃厭了，有的臭了；同學有搗亂的，就用棍子跟它一掃，於是由神臺上紛紛滾落地下，搞得一榻糊塗。他們還笑說，這一幕叫「滾蛋」。果然不久我考進陸軍，真個滾蛋了。我現在又想，要給那些示威者去摔反對黨，也是很好的工具呢！

鞦韆脫肩臂・仵作做醫生

我們宿舍門外，有一秋千架，很高，我常喜歡這一運動。一天，我與同學周龍甲對打，正在打平時，一失手摔了下來，當時是右肩著地，實際上肩與右臂已脫臼了。學堂裡既無醫生，淮安全城亦無醫院。同學年輕，多無經驗。當時痲木，又不覺疼的厲害，就那樣馬馬虎虎塗點藥水，睡了三天，這可發作嚴重了，實在也受不了了。這才由本地同學，說：「有一位『老仵作子』，專門替命案驗屍的，他對人體的骨節最清楚。」於是在無法可想之下，就請他來。他一摸，就說：「躭擱的時間太久了，血凝結了。要醫固甚困難，而傷者亦恐受不了那一種痛苦。」此時在同學熟商之下，決定死馬當活馬醫。這就把我絆在一張紅木太師椅子上，使全身在任何痛楚時不得動彈，只留一隻右臂在外。這時那位「仵作」，就將我的右臂提起，左右旋轉數十周，直等凝固之血液融化，然後對準窩臼，向上一湊，貼上一張大膏藥，用布纏緊。他說：「不用動他，再靜養一個月，或者可以復原了。」我早已痛得死去活來，以後就終日昏睡，以待康復。這情形讓現在的學生想想，那時我是何等的苦惱，而他們更是何等的福氣呀！

投考江蘇陸軍小學

陸小招青年監督禁投考

晚清末年，正是尚武時代。鄭而重之的在每省開辦一陸軍小學堂，作有系統軍事升學的預備。這年適逢江蘇陸小派了一班招考委員，到淮安來招考，我就不聲不響的去報了名。頭場檢驗身體：凡身長、體重、肺量、目力、聽力、握力、有無暗疾、並口試問答；我因手臂初癒，最慮握力，幸皆及格。二場試國文、算學、即定去取。不意頭場考過，監督知道了。他一查年輕的通報了名，那以後餘下來的學生，不皆是老大帝國了麼？他就下令到二場考期，封了校門，還派人看守。他們有知道的，頭一晚就溜出去了。我茫然不知，到時無法可想！就夾了一本《正則英文讀本》上課去了。我想這一生不能當軍人！就認命吧！

跳牆頭補考被錄取從軍

英文課堂，隔座有一位大學長周炎（伯英），他看見了，甚為詫異！極力主張我去考。他就送我到後院，有一處破牆頭，墊上些磚頭，扶我爬上去；外面又離地太高，他拉住我慢慢放下。我一落地面，就飛奔而去。到試場已過時了。幸委員准我補考，就這樣我就被錄取為本縣正取。那時規定：每縣正取一名，備取一名；首縣（府治縣）正取兩名，備取兩名。正取缺席，以備取補。我們六縣預考者有七百餘人，一時甚為高興。就這樣我就命定終身！回想起來，這位周伯英先生，與我煞是有緣。在距此十數年後，我在武漢做了不大不小的軍官。他當金城銀行分行長遇到我。那時正是容共時代，我為他們了卻不少問題。因此也就同四行頭腦：如周作民、胡筆江、談丹崖、朱虞生、許漢卿、吳達銓、岳乾齋、王紹賢、吳蘊齋這些人常有往來。伯英更與我始終無間。可惜在抗日期間，打防疫針暴疾而亡。我覺得在學校中如此遇合，也算很不平常了。

軍服輝煌居然一群小將

江蘇陸小總辦（校長）先後是杜淮川、沈尚濂，皆留日士官，協都統（少將）級。監督（教育長）陳蔚士官正參領（上校）級。以次提調、區隊長皆軍官出身。我們同期三百餘人，皆按軍隊部勒，以身裁高矮，分為一、二、三區隊。寢室、講堂、自習室皆按此區分，排定位置。私戴書物零件，全部繳存庫房。每人照身裁大小，頒發衣物用具。計自：鞋、襪、內衣褲、常軍服、外出軍服，均按冬夏各兩份。被、褥、軍氈、被單、手巾、毛刷、針線包、無所不備。毛筆、鉛筆（那時還沒有自來水筆）、黑墨、硯池、墨水、筆記簿、課本（有印就的發書，無則用油印）鉅細靡遺。我們一身，由內到外，完全換了個新人。尤其外出制服：冬用黑呢，夏用白咔嘰布，上身領袖及邊緣，皆纏以紅色，盤成雲朵；褲外中縫，分加一指闊之紅緞三條。年輕人著起來，精神抖抖，再加上腰繫短劍，手攬手衣，赫赫羽林，居然一軍小將。

豚尾搖曳演成剪辮風波

照上項那樣的服裝，如果這幾百人，每人後面拖著一條辮子，搖搖擺擺，在今日想像之下，試問成何怪像？所以有一部分同學計議舉行剪辮運動：願剪者自動剪去。不願者於黑夜單人散步時，突出強制剪之。或於其睡熟時以利剪輕輕剪去之。這辦法實行以後，不數日間，鬧得全校騷然。有的怕官長罰辦，有的怕家庭責備，還有愛惜他的「劉海箍」，秀長髮辮，同時有笑的、有哭的、有叫罵的、有糾纏扭打的、有報告長官的，這一來事情鬧大了。因為「薙頭辮髮」——薙去一圈之頭髮，留長中間之髮編成辮子，原是遼、金制度。清初入關下「薙髮令」強迫漢人剃髮命剃頭匠——那時無理髮店，只一剃頭擔子，一頭置臉盆鏡子，一頭剃刀雜具懸一竹桿，相傳不服剃髮者髮匠即可斬其頭掛於桿上。所謂「留頭不留髮；留髮不留頭。」故髮匠又稱為「待詔」。這一舉動，其嚴重可想！當時官長知道了，他們全是漢人，雖然同情，但事關清朝國法，要是將軍（江甯將軍鐵良是監察漢人的官）聞風，這責任也揹不起。於是急謀補救掩飾之法，命校中理髮匠做「假辮子」，全頭帶髮箍覆於頭上者，每條銀元三枚，無髮箍釘於軍帽後沿者，每條二元；這一場風波，總算敷衍過去，不過垂垂豚尾，真真假假，依然搖曳生姿。見怪不怪，也就視為當然了。

陸小頗具規模科學為重

原來清制，陸小與陸中，為軍官之兩級預備。軍事，只注重鍛練身體，徒手、器械體操。場操每人發步槍一枝，教一些制式動作，與一般隊形之變化。軍事學只基本之典、範、令（步兵操典、戰術教範、野外要務令）。而最重要者，為國文、修身、與各門科學。必需在這小學三年中，完成普通初、高中的學業。而在爾後陸中之二年中，完成大學教育。故除國文、修身為廣泛之國學基本及品行操行之修養外，其餘如：數學、代數、幾何、平弧三角、解析幾何、力學、重學、微積分、中外歷史、中外地理、兵要地理、辨學（即今之理則學）、物理、化學、生理、衛生、中外禮節……等逐次教授，必於此一年內完成（包括陸中不另述）。故三年有五年、二年有三年之進度。功課繁重緊迫，每日自晨五時起身於晚九時熄燈，點名、操練、上課、吃飯、自習（自習要一律到自習室不得偷懶），幾無暇晷。每星期六還要擦槍，檢查內務。若較之今日上、下午與夜校，則一年當有三年之用也。

軍規大似國法禁閉難堪

學堂規律甚嚴。輕者罰立正，記小過，小過三次作一大過，大過三次開革。還有扣品行分數、罰禁足（星期不准外出），最重者「坐營倉」，即禁閉於一小室中，軍中之監房也。某年寒假，我們有二十幾人未回鄉渡歲，閒來無事，偶在自習室中打麻將，不意總辦沈小溪來堂巡視，我們就一轟而散。但總辦不肯放過，將留堂者集合，叫打牌的出來，我們四個人牌主被開革，其餘三人各記大過一次。在放假期間，還要如此，誰還敢不兢兢自守呢？後來這位同學，投考他省陸小，做客籍學生，終在保校畢業，也算「有志事竟成」了。

夜起合併燈油潛心補習

自習室通在樓下，每一室共有煤氣撲燈八盞。到熄燈後，餘油有限。每逢習題太多，或遇繁難問題時，我就將舖蓋裝成埋頭熟睡的樣子（因為區隊長常常提一諸葛燈到各室檢查），輕輕下樓，將那七盞所賸些許煤油餘瀝，合併到一盞燈裡，這就大開其夜車，還提心吊膽的怕隊長下樓來查。所以說在嚴格管理之下，就是誠心用功，也不那麼便當呢！那有什麼「維他命」、「補腦汁」吃啦？

避人偷看禁書嚮往新潮

自習室的抽屜、衣櫃、與舖蓋下面，是常被檢查的。私帶書報、小說皆不准看。尤其禁書如：《《黃帝魂》》、《《民報》》、《《新民叢報》》、《民權報》（被封後改為《民呼》、《民吁》）更不能看。私帶書籍與小說，查到就被沒收。如係禁書，受警告後，還要受罰。那時最吃香的是林琴南譯的赫胥黎《天演論》。再則那些禁書，根本就買不到。如果在兩江優師範或江南高等那一班大學生的地方借到一本，就如獲至寶，日夜抽閒偷看。上廁所看，睡時埋頭被窩裡用小電筒看；月夜爬上天橋看，星期不出街躲在堂內看；好似如癡如迷，不忍釋手。這恰比現在的黃色書報、武俠小說、電影雜誌迷人多了。或者是時代不同嚮往異趣吧！

半山寺談革命竹刻蟲文

在南京朝陽門內（今中山門）沿城牆迤北，有一小叢林，名半山寺。僻處城隅，人跡罕到。而清泉一縷，疏竹千竿，風景宜人，大是息遊勝境。我們同學中具有排滿革命思想的，每逢星期假日，就到這裡來清談密議。那許多森翠參天臨風招展的漪漪叢竹上，也就刻上些蟲行螘走的文字：什麼：滿江紅呀、念奴嬌呀、詞呀、詩呀；岳武穆的、陳同甫的、辛棄疾、陸放翁的；舊人的、新作的，一切含有革命性的；都在這些竹竿上發洩無餘。等到竹子一天一天長成，這些字跡也一天一天明顯。好似想要如豐碑屹立，不可磨滅的樣子。便宜的是，那時清廷還不懂得組識特工，所以大家也就肆行無忌了。這半山寺：在建都後，已完全剷平，大概是位置在軍委會前面的關係，所以後來我在南京，也未能重臨憑弔呢！

最優等三元二大吃特吃

那時陸軍學堂以二十分為滿分。平均在十八分以上者為最優等，以次優等、中等、下等。最優等每月有三元二角津貼，優等一元二，我是常享這三元二權利的。在六十年以前，不要小覷這三元二，它可大派用傷呢！禮拜天同學鬧我請客，我就做了小主人。花牌樓的三江得意樓，大行宮的三江如意樓，督轅西街的雨花臺；乾絲、湯麵、餃子、鍋貼，居然大快朵頤。要知道這些食物，多是三、五文制錢一件。一個銅元換制錢十文，一角錢換二十個銅板，銀元要換一千七百文，最多時換過三百個銅元。生活之低，可以想見。我在暑假回家，這幾個錢，就可以做件長衫，還帶路費在內呢！真是羲皇盛世，回想起來，好不羨煞人也！

孟浪兒雙掛膀碰斷門牙

我的膽量雖大，但是臂力較差。我看他們盤槓子、捺大頂、不勝艷羨，抽空就去練習。一次玩雙掛膀，仰面向前，衝力過猛，就將我左邊門牙，碰斷半截。南京是沒有牙醫的，學堂醫官只看普通病，就到夫子廟找了一位江湖郎中。他用石膏把那斷口封起來，再套上半截套子。回堂後嘴全腫了，口不能開，茶飯不入。只有請校醫將套子去掉，封口敲開，用點消腫藥，暫時將就。就這樣過了三年多，直至我在進保定以前做北京參謀本部的革命官，才由天津一位留美牙科博士徐景文將那大半截門牙拔掉，重新鑲上。可是這次鑲牙，還有點小插曲，不妨隨筆寫上，以當一笑。這徐景文同上海的徐景明，確是清末最早的牙醫博士。他對我說：「門牙最長也最難拔。」我問他「連拔帶鑲，要多少錢？」他說「二十元。」我那時月薪是一百零五元，我知道當時的錄事，月薪十七元，就可以養家，我認為價錢太貴。他說我們是按鑲牙的人地位身分定價的。他就拿帳簿給我看，指那時現任駐法國特命全權公使（其時還沒有大使）胡維德鑲牙一只，價五百元。那意思：「你先生的身分，只配二十元！」我總算受他奚落一場，忍住氣讓他鑲了。可是他鑲的這一只門牙，至今將六十年，毫無痛苦，也不動搖，似乎比天生的牙還要好，真不愧為名手。但是我總懷疑，醫生要價，是按病人的身分嗎？昔我親見，不知今日如何？

帝后賓天哭臨難禁匿笑

當慈禧太后與光緒帝先後一日賓天之際，遺詔在我校大門外圍牆上也貼上。並奉令要集合學生哭臨舉哀。這一儀式，大眾很覺得新鮮。那時雖說是國喪，在一般青年的腦海裡，終不能引起多大的感動，及任何哀思。就在屆期扮演時，官長在講臺上頒頭乾嚎，學生在下面掩袖匿笑。就是旗籍學生，也沒有掉眼淚的。這一幕滑稽劇，也就應付過去了。不過遺詔上說「喪服二十七日而除」。在這四個星期中，不准演戲，不准宴會，官民任何喜慶事，必須避過這期間。所以那時的秦淮河，不免是管絃輟響，花事闌珊，倒受了好大影響。我想虞書上說：「堯崩。百姓如喪考妣。四海遏密八音。」這可見德澤所被，深入人心，才能動之於中，形之於外呢！

王爺駕到接差幾釀風雲

當端午橋總督兩江時，最喜這一班陸小學生。有時星期日在小火車上碰到（從前南京城內有一條鐵路由下關通到中正街，我們叫它為小火車），很親切的讓到一道坐，請吃點心。所以他對北京的貴賓，常常同他們來陸小參觀，時或在堂內宴會。有一次，他又陪同某親王蒞臨。照例我們學生是要在大門內排隊接差表示歡迎的。而這些親貴，又每喜表示親切慰勉，說幾句冠冕好聽的門面話。如「朝廷希望你們將來保衛國家呀！」「你們全是將來的王侯將相呀！」這一次由端午帥以下督練公所各長官及第九鎮統制徐紹楨（固卿）暨沈總辦等陪同到門口下了馬車。一群人翎頂袍套，官步珊珊，順著隊伍從排頭向裡面走，大家在立正舉槍轉目迎送的時候，卻在排尾方面，發生很大騷動。只見一枝步槍連同刺刀正對親王倒在地面，親王嚇得面如土色，端午帥及隨從人員驚惶失措，戈什哈（滿洲語馬弁之類）們更各出武器如臨大敵；皆以為學生中有人行刺也。此時徐統制看清倒下之步槍，乃排尾一學生所有。此人非他，正其幼子徐承燮也。原來承燮在班中為最幼最矮，臂力不足。舉槍行禮，只能靠左手擎槍直立，右手但輕扶，完成姿勢，力小久舉，便力不能勝。這天全隊六百多人——這年已有後期學生新招入堂，雙行橫隊，便要伸展到四百餘步。這些大人先生一步三搖，蹬行緩趨，待走到排尾，實在支持不住，所以演成這驚險趣劇。事由徐統制一經證明，不覺哈哈一笑，也就算了。

張制軍發文憑靴抱破爛

我們修業三年，到畢業時，端方已調為北洋大臣。由豐潤張人駿（安圃）任兩江總督、南洋通商大臣。這位先生要矯端方之弊，力崇節儉，公服靴袍，概須陳舊，於是官傷中無論現任候補，一律捨新求舊，南京估衣廊，破舊袍套，為之一空。我們畢業禮由張制軍（總督稱制軍、俗稱制臺）來發文憑。他帶了提學使左孝同（左宗棠之子）及一班文官，原來他腦筋裡看我們是文學堂，張左的靴子全破了，袍套亦陳舊不堪，他們全是最後清廷的官吏，再過兩年清朝就亡了。所以這一群真像腐化亡國官僚，頗似有預兆的樣子。可是我們的畢業文憑，又大又好看。橫寬約有三尺，上下亦二尺零，中間上面印的開辦學堂的上諭，周圍二龍搶珠，下面填就姓名等第；鈐蓋兵部與總督印，印為滿、漢文，胭脂色。學堂的關防是紅色印。我保有這一紙清時文憑，可惜存港在日本佔領時失落了（陸軍中學畢業已是辛亥革命時了）。

畢了業算秀才就地升中——陸軍第四中學是在南京明故宮新建築的，這就是後來中央軍校所用校址。我們很便利的就在本地升入中學了。至於照例的秀才名日，大家也不以為意了。

清末軍學制度，規定全國設立四個陸軍中學堂，作為各省陸軍小學畢業生升學之用。第一中學在北京清河。直隸（今河北）、山東、山西、察哈爾、熱河、奉天（今遼寧）、吉林、黑龍江各省屬之。第二中學在西安。河南、陝西、甘肅、新疆、綏遠各省屬之。第三中學在武昌。四川、湖北、湖南、雲南、貴州、廣西屬之。第四中學在南京。江蘇、浙江、廣東、福建、江西、安徽屬之。我們屬第四中學，所以不須遠行，就在南京本城很便利的升學了。

升入陸軍第四中學

初建堂皇校舍設備維新

新建校舍位置在南京城東北角明故宮北部朝陽門大街（今中山路）之北。全部二層樓房，南向坐。前為校本部。中間被倚為大禮堂。東西對稱；各排列南北向直線延伸之獨立樓房共十六座，樓上半為宿舍，半為自習室，下為講堂。每二座上層有天橋通焉。正中長方形大院為操場，禮堂後為器械操場及簡單校園，東南角為醫院，診療室在焉。餘如盥洗室、浴室、儲藏室、廁所、洗衣房、廚房等等，均在各樓後方，適當分配，以不礙觀瞻為主。所有樓宇，一律紅磚紅瓦，四周用古城磚築成堡壘式之圍牆。在六十年前，尚稱宏偉，此即國府建都南京後中央軍校所用之舊址。其東北隅，另建大樓數幢，東向闢大門，軍委會所在也。

有朋自遠方來一堂歡聚

原訂之蘇皖贛浙閩粵東南六省陸小畢業生升入四中。但以四川學生應升之武昌第三中學，建築尚未完成，故一併入本校。千餘同學，濟濟一堂。青年人初次遠遊，倍覺新鮮有趣。我們蘇省同學，以主人地位，更覺「有朋自遠方來」，接觸頻煩，往來不斷，歡娛親熱，高興非常。惟在言語方面，以各省方言不同，尤其閩、粵、及贛南，浙之溫、處、臺一帶同學，完全無法接談。而在少年心理，對愈難懂者，愈求深入，故多以筆談為簡便之譯人。偶有奇聞異俗及粵省許多地方特有文字，並皆一一記錄；相與歡笑，資為美談。同學中之擅長言語科者，初則如兒童之牙牙學語，繼亦有惟妙惟肖者。在休息散步時，到處聽到學習方言之聲，其勤學遠甚於讀外國語文。偶或彼此接談，則似是而非，笑話百出，煞是有趣。至言語相通省分，以言語接近，反以易親而見疏，則好奇之習性然也。獨惜我對於粵語至今仍為聾啞為憾耳。

師資課本教材統籌一貫

四中總辦（校長）萬廷獻（仲篪）湖北人，孝廉公，留日士官學校第一期畢業，副都統（中將），似是一位徇徇儒者。學生概按原籍取分班制，以軍官部勒管理之，兼管軍事操練。至器械操，則由南洋第九鎮挑選頭目（班長）中之擅長器械操者，以助教名義充任（曾任軍長總指揮等職之徐源泉即是我班的助教）。學科方面：國文已不注重，因在陸小已甚認真。數理各科，及中外史地、兵要地理、測繪、軍用地圖，均照原訂課目，完成深造。外國語文，仍按原來分班之英、法、德、日、俄五種繼續。每日上下課，自習、操練、乃至月考、期考，一切如常，循序漸進。尤其所有課本，皆由軍學編譯局聘任專家分門編訂，印刷一律，裝訂整齊，全份由部頒發。師資方面：除史地聘請名人講授，其他數理各科，皆由陸軍師範學堂掄選專才，由部統籌分發任教。所以這兩年，大家兢兢業業、安安靜靜的切實求學。也可以說是在學歷中途要緊關頭，紮下了一點良好根基。

學術刊物朋興以文會友

此一時期，大家多已屆弱冠之年。對於學術見解方面，多少有許多體會與研究。加以各省相形之下，無形中也不免有些競爭。所以從第二學年起，就出了不少學術性的刊物。如：辨學在戰國、歷史與兵要地理、力學與重學關於軍學之研究、土字音義、學燈、風俗通、難題問答……等等；名目煩多，爭相發揮，頗極一時之勝。但以清廷禁網關係，政治性刊物，則付闕如。

彗星碰地球看世界末日

宣統二年，有一天路透社電：「某月日時（記不清）彗星將與地球遇，世界末日即將來臨。」我們同學對於歐西天文學家這一算法，將信將疑。屆期，大家徹夜不眠，眼望那浩浩長空，天朗氣清，橫行天際的彗星（俗稱掃帚星），拖著披離夭矯的尾巴，光芒四射，真像一個橫衝直撞的蓋世霸王。我們同學三人一小組，十人一大組，或在操場，或在校園，或在房間，或在橋樓，或坐或臥，或行或止，或縱飲微吟，或清談玄想，天南地北，發為妙論。我們想：如果將地球碰得四分五裂，化為野馬塵埃，不必談了。若是能保留得一部碎粒，成為一小行星，那我們就將它建立一個獨立王國。如果將我們帶上別的行星如火星、木星，那我們就不必再等那些大科學家發明種種去作太空旅行，也就做了個天然探險家。再不然，把我們帶上彗星本體，那我們更可以一切主動，將那些有害或無用的行星與人與物，一掃而光，來個大鬧天宮，豈不痛快！萬一整個化為烏有，那又省卻人世間無窮煩惱；舉凡那些爭帝爭王、大戰小戰、乃至千秋萬世的未來種種，也大可不必了。我們如此恭候它的大駕光臨，預備訇然一聲，發現奇境；可惜他們算錯了！留了我到今日還要來香港做難民。

畢業屆期喜逢辛亥革命

本來那時的革命潮流，在陸軍小學，業已深入人心。無論加入同盟會與未加入，都是不言而喻，莫逆於心。在校內也並無職業學生，也沒有宣傳機構，可算是人同此心，心同此理。到了陸中，大家皆已成年，這種革命思想，更是瀰漫全校。到了宣統三年辛亥下半年，正是我們畢業之期。在中秋剛過，驀地傳來武漢革命成功，這時候，我們的心情愉快，躍躍欲試，也顧不得等那一張畢業文憑了！

從緩升學亟赴武漢參軍

駐紮南京的南洋第九鎮一萬二千餘人，其中革命同志最多，可算是長江革命中心，較之湖北第八鎮潛勢力大多了。再加上我們陸中將近二千人，皆可用之士，當然應該在南京發動，響應湖北。可是第九師統制（師長）徐紹楨（孝廉）同我們總辦萬廷獻這兩位孝廉軍人遲疑一步。第九鎮的子彈，同我們的槍，通被江寧將軍鐵良繳去了。所以南京方面，坐失時機，不能舉事。後來打了許久，才能克復，那是後話。我們在南京既不能活動，一時又不願升學，自然去加入武漢方面。其他各省同學，多半回到本省去參加革命。我就聯同一小組投奔武昌，做了幾天敢死隊，又做了臨時指揮官與督戰官。等到漢陽失陷，南京光復，又做了參謀本部的參謀。等到南京政府改為留守府，又歸併到北京參謀本部，後此才升入保定軍校。這一年本在入伍學年之中，也可算實習入伍，我就命之為「閨學年」。在閨學年一年中，真是五光十色，熱鬧非凡。

當辛亥革命之初，正陸中畢業之際。天意亡秦，勢不容升學；人心思漢，義自合於參軍。以此閏餘之歲月，為涉身國事之梯階；是見習亦是實習。作「閏學年紀歷實錄」。

閏學年經歷實錄

赴武昌都督訓話・敢死隊星夜渡江

所有在南京陸中同學，既因本地不能一時發難，遂多各回原籍，各謀進取。我們另有一批不謀而合的同志約數十人，就記憶所及，有：廣東同學何犖、王應榆、李章達、陳銘樞等；四川同學呂超、向傳義等；江西同學彭武揚、張國權、賴世璜等；福建同學李拯中、張襄、劉垚等；浙江同學王卓、詹猛、杜偉、張燮等；江蘇同學任鋮、沈晁鑫、施自鳴、杳春浩、黃國祥、虞典書、翟紹祖、喬士釗、孟廣泰、劉彝及余等；各以已經加盟同盟會及未加盟之同志身分，在先後數日之間，陸續到武昌都督府（在舊省議會）報到。此時清軍統帥馮國璋，已進軍漢口劉家廟，情形甚為吃緊。我們同人及其他本地小組奉湖北軍政府命，編為「學生敢死隊」，為守禦漢口之中央隊；另以第八鎮之一部為左右翼，星夜渡江。出發前，並由都督黎元洪及新蒞武昌之革命領袖黃興、胡瑛分別訓話，申以激厲青年效命敢死之大義。

守漢口陣亡同學・入敵陣搶得機槍

我們隨即領了武器彈藥。因為沒有軍衣，就將長袍脫去，或將長衫向上結束（因離南京時已脫去軍衣），把皮帶子彈盒束在腰間，揹上步槍，就這樣由漢陽門碼頭過江，到被花樓那邊登岸。這時漢口方面除英、法、日租界外，所有前後花樓和歆生路一帶，已無居民，街面還有死屍。真是滿目淒涼，一片戰時景象。我們初出校門，頭一次參加打仗，大家都是十七、八至二十歲的青年，也不管司令官是誰，也沒有接到什麼命令，也不知陣線何在？就那麼糊裡糊塗、橫衝直撞，分別散開，揀那些空闊高樓，利用樓窗，對北軍陣地整日整夜胡亂的間歇的開起冷槍來。可是我們一開槍，那邊的機關槍大砲就還擊一陣。好似相對保有距離，禮貌的往來一樣。有些小同學，還沒有打過靶，頭一槍放出去，忘記了有後坐力，馬上怪叫起來，說他的右肩帶了花了（軍事謂中了彈為帶花），真是可笑亦復可憐！

我們這樣的烏合之眾，而北軍卻是堂堂之陣。我們的步槍，零零碎碎的射擊，北軍的機關槍就斷斷續續的回敬。有時敵人派一小隊要衝進市區，我們就拼命射擊。到了晚上，我們離開屋宇，向敵陣擾亂，惹得他們槍砲齊鳴，如臨大敵，我們引為無上愉快！

又一次黑夜，風高月暗，同學黃國祥（即黃伯樵，後來任兩路局長，今已物故）一時興起，約同幾個膽大身強的同學，徒手偷襲，去搶敵人的機關槍，居然搶得一挺以歸。我們就用紅綠綢將他與槍彩排起來，高高抬起，踴躍歡呼，視為無上光榮！這些事回想起來，真叫做「初生之犢不怕虎」。敵人也估不透我們有多少人，也不敢向街市前進，多少也有點顧慮到租界問題。於是就派了多人，帶了火種，到處放火，這一下漢口頓成火海。北軍更乘勢進攻，一時房屋的爆炸聲，槍砲的轟擊聲，敵我的喊殺聲，流痞的搶劫呼嘯聲；交織成一片。我們的根據地——大樓起了火，我們的後方也沒有援兵也沒有接濟來，也沒有命令要我們退卻；我們再看看左右翼的隊伍也不見了，我們也就自動退回武昌去了。

我們退卻時，要經過歆生路一段開闊地，面對敵方，北軍不斷射擊，浙江的一位小同學王卓、就在此一役中彈陣亡（過幾天還有一位詹猛同學，是在漢陽當「督戰官」陣亡的，寫在後面）。我們全部就此撤回武昌，進入漢陽門，向軍政府報告。這是初出茅廬第一章，大家就以球賽歸來的心情，輕鬆舒散一下。敢死隊一幕，前後五天，總算告一段落。

黃鶴樓頭觀奇景．武昌城內獲小休

我們自漢口撤回，得到黎都督及軍務司孫武之嘉獎。並給予我們每人一個「臨時指揮官」的名義，以待隨時調用，讓我們在武昌休息一下。我們暫時既無兵指揮，這幾天我們的職務，就在真空中；因此不免到處蹓躂蹓躂。某夜，偕數同學登黃鶴樓。正當清秋氣爽，月色橫空。這時北軍已完全佔領漢口，隔江相持，砲聲不絕。我們看到漢口火勢，已由小而大，由散而聚，由平衍而衝霄。火頭之大者，計有十三個高峯，最大者為下游之煤油棧。風助火勢，火映江紅；硝煙與菌燄齊飛，戰血共火光一色；此一景也。北軍砲彈，本可越江而過；然以項城故留地步，藉以周旋民黨，挾持清室；故每發均落江心。彈入水中，立成深穴；水來補穴，激而上衝；瞬息之間，湧成水柱；水柱下散，回沫四飛；在月光掩映之下，瑩澈照人，綺媚萬狀；激而上者，如玉柱之擎天；散而下者，如葳蕤之冒地；萬流奔壑，一盤滾珠，彷彿似之。此又一景也。數十年來，予每登黃鶴樓，同時感到興亡得失之間，殆有兒戲出之而不可思議者，不禁感慨嘆之！

都督府登臺拜帥・總司令弭節漢陽

漢口既失，漢陽亦危。於是首義諸公，咸推革命領袖黃興為漢陽總司令，以圖恢復漢口，保守漢陽，特隆重其事，依古時登臺拜將之禮，敦請黃公任其事。特在都督府大門前搭一帥臺，中陳「漢陽總司令印信」，由都督黎元洪授印黃公，並致頌辭，黃亦謙答如儀，簡單肅穆，旋告禮成。我等亦得列席觀禮，引為榮幸。黃公受命後，即移節漢陽，設總司令部於歸元寺，以李書城筱園為參謀長。先是黃公由湖南請來援軍王隆中一師，置於節制之下。另由日本顧問在漢水上架橋，準備運兵反攻漢口。不料費時一月，橋成即圮。黃公且冒危難幾遭滅頂，此議遂輟。同時馮國璋又繞由襄水上游蔡甸方面側攻漢陽。我方兵力薄弱，彈藥缺乏，在轉移正面，交戰數日之後，湘軍士氣，漸感不振，而鄂省亦無增援。以是逐漸背進，一日數里以為常。我等同學在此短促時期，雖負臨時指揮之名，亦無兵員可資任使。到了天天背進之時，就改任我們為「督戰官」，在陣線之後，制止軍隊之退卻。這一職務，既要吃敵人的子彈，又要吃本軍的子彈，可算是雙重危險。就在這一階段中，犧牲了不少位，我們的浙江同學詹猛，也是這樣子陣亡的。他同旁邊的戰友一句話還沒有說完，子彈從腦殼進去，已經嗚呼了（按：在杭州西湖，後來同學曾立了一柱形三合土的紀念碑書「烈士王卓詹猛之碑」）。我這一次雖然苟免，多混了幾十年，多做些跑龍套，多受了許多罪，回想起來，真是於國於家無補！能無慨然！

馬刀斬奸頭難斷．銅錢作記罪何憑

當我軍漸漸退到歸元寺，發現奸細很多，據說每人身上有一枚青銅錢為記，於是在荒亂之中，捉到有暗記銅錢者就殺。但是子彈精貴，就用馬刀斬。當兵的只會槍斃人，馬刀太輕，不得力，一時斬不斷人頭，甚至要斬許多刀，頸骨碎屑亂飛，真是太慘。究竟是否奸細，也很難說。我剛到漢陽，住在府衙內，一天看見一位老劊子手，方面紅臉，臂闊腰圓，用一大方朴刀，在犯人頸後以右肘彎將刀一推，人頭落地，頸腔血柱沖出，隨即就地捧喝數口，神色不變。較之馬刀殺人，其技術何啻天淵，所以被殺的人也要碰運氣。在打仗尤其打敗仗時不可亂殺人。我寫這雖不倫不類，因為我想起那時的事，不願忘懷，就插上這一段，再續寫退出漢陽的一幕。

爭撤退舟中指掬．蘆中人為我渡江

我軍快退到漢陽西門了，北軍仍在緊追，總部乃下令撤回武昌。要知道這坐漢陽城，北對龜山，因為風水的關係，沒有北門，只有東、西、南三門，而城門又已關閉。於是西來的退軍，均繞南城而東至江邊。輪渡又少，退兵又多，前臨大江，後有追兵，燈籠火把，哄嘯震天，萬人爭渡，秩序大亂；船既不敢靠岸，人又爭欲先登；有泅水者，有跳船者，有滅頂者，有望洋興嘆罵不絕口者；「舟中之指可掬」之情況，蓋不過此。

我與另兩同學，自分萬難登輪。遂於黑夜中向九狀洲方面西行，幸於蘆葦中見一漁舟，頗意其為

「蘆中人」也！得其同意，載我等超溯上游渡江，再沿江南岸東行至漢陽門，正自私幸為無恙歸來，不意守兵謂非都督護照，不准登岸。出示以黃總司令護照，亦拒而不納。甚矣！患難之難共也！此可謂六親不認矣！

予等遂商請一紅十字會船送至漢口，始知黎都督已躲到武昌下游青山，黃公亦東下，吾人痛念到敵前退歸臨門被拒之無情教訓，至此亦不得不決心作東歸計矣。

坐煤艙臺票五串・回上海蝨子一攤

漢陽撤退之時，武昌方面不知北軍意向如何？所以對一部分員兵拒絕入城，且對黃公（克強）似有微辭。其實黃公以不足一師之數千湘軍，面對北軍之大敵，孤軍奮鬥，迄無增援，僅本其革命精神，盡其在我，力戰而退，實無足怪。若遽分畛域，臨危不納，殊足令人氣短。我們得紅十字會之助，渡江入漢口租界，急求東下。但此時鄂省難民，亦紛紛逃滬，輪船價昂，固無力購票，且人多亦難購得，幸由紅會設法，在太古輪以每人三元，坐煤艙，作為黃魚身分登船，此時我們罄其所有，只臺票——湖北發行之銅元票五串，連票價亦由紅會補助，就這樣回到上海。我們在湖北，因經費困難，是沒有餉銀的，故狼狽至此。現在到滬，就有人招呼。寓三馬路同安里仁和公。第一件事，是理髮、沐浴、換衣服，那知道衣服一脫，蝨子盈千累萬，黑壓壓爬出座上，如出樊籠，紛紛活動。旁觀者詫為奇景，嚇了一跳，趕快拿全身服裝，付之一炬。我們就笑稱沐浴為「掃清戰場」，解除內外披掛與理葬蝨子為「解甲歸田」。雖無捫蝨而談之雅興，卻有脫出紅塵之心情；豈不快哉！

再參軍亟赴金陵・謁黃公喜蒙嘉勉

我們這次回來的，全是江蘇同學，其餘名省的，多半各回原籍工作去了。招待處的人，因為我們曾在漢口、漢陽追隨黃公，就帶同我們去謁見，同去的有黃國祥、杜偉、沈晃鑫、翟紹祖、及我。我們簡單報告一些退出情形，及各人志願在南京參加服役。黃公當即加以慰勉。並謂組織政府時，當予錄用。此時可住招待所，或自由參加各部分軍隊服務等語。後來黃國祥為黃公副官，翟在陸軍部，我與沈在參謀本部，杜任北伐隊教練官；並皆各有效力機會，以此知黃公之用人，雖小嘍囉如我等，亦不忘其微勞也。

第九鎮同師反攻・各路軍連營克敵

現在南京克復，已近尾聲。我不免扼要敘述一些，以清眉目。雖其間與我或有關或無關，在記事體裁上，似難避免，非冗文也。

當武漢起義之初，第九鎮旗差一著，致被將軍鐵良繳去子彈，——只要每槍五發，退至秣陵關——距城約四十里。後來袞袞諸公計議：以武昌一隅，不足以抗衡北廷。必須佔領南京，方可與項城對等和議。故亟亟籌備，令第九鎮反攻，同時各路北伐軍——浙軍、滬軍、蘇軍，女子北伐隊、中國學生軍、中國紅十字會軍及各種名目之支隊、縱隊等等，風起雲湧，聲勢浩大，旗幟鮮明，各向南京進發。儘可武器有限，人數不多，而形勢逼人，足寒敵膽。南京城內，此時開到張勳的巡防營很多。但此種辮子兵，搶掠有餘，士氣不足，故在聯軍合圍之下，瞬告克復。我們陸小有一位湖南教員凌敏剛，他本是老會員，此時已一躍而為師長，我就在他那裡當了幾天小參謀，也算是掛名參與這一役行列了。

史久光陷敵遊說．感大義統領歸降

這一役有一奇跡！聯軍參謀長史久光，是留日士官及砲工專門學校畢業。為人學術豐富，氣度溫文（他後來是我第一任長官，至於黃公位望太高，我不敢高攀）。此次因巡視陣地，誤入敵陣，為張勳部某統領（想不起名字）所俘。史先生就在被羈留時乘機告以形勢，曉以大義，示以人心，動以利害，予以保障；就憑這三寸之舌，居然就使得他歸降了。按巡防營的編制，每一路統領轄三營，有一千餘人。在前線作戰時，有此變動，影響可就大了！這真值得大書特書！他們兩家因此結成兒女親家，此是後話。

佔皇城旗營鼠竄．殺同學旗生遭殃

清朝入關，在各省兵要地區，皆設有駐防將軍，次者為都統。我們江蘇省，在南京有江甯將軍，鎮江有京口都統，原是防漢人造反的。江甯將軍駐南京皇城，即明故宮，今之飛機場。有土城，旗營均駐其內，不與漢人雜居。到了晚清末年，他們早已變質，餉銀不多，遊手好閒！或抽鴉片，或捧雀籠，駐防二字，早已名存實亡。但因平日欺凌漢人，積怨所在，有觸即發。況在推倒清室之時，義軍入城及含怨之百姓與乘火打劫之流痞，自然前往報復。所以到處隱藏，分頭鼠竄。可是作刀頭之鬼者，已不乏人。最可憐：是我們陸小中每期的旗籍學生十餘名，他們在校成績最差，但是每禮拜日，往往到將軍府報告一下。其實他們也夠不上特工，還是令人歧視防備。到現在，他們的末日到了，就有些過激者執而殺之，這就有點過分了。後來我在上海看見同班旗籍學生：有做巡捕的，有流浪在馬路上作乞丐的，也有同我們一齊進保定畢業的；不過名字上皆加了漢姓，真是有幸有不幸了。

建首都國父就職・組政府重寄黃興

克復南京之後，十七省代表，成立臨時參議會，公舉國父孫中山為中華民國第一任大總統。同時組織政府，以黃興為陸軍總長兼參謀總長。其餘各部茲從省略，因為全局未定，軍事最要，故以黃公兼任軍令、軍政兩部也。陸軍部分司，參部分局，各司、局長官，皆一時之選，茲不備述。前記之史久光任參謀本部局長，我即派在該局為參謀，這一不期而遇之因緣，竊喜得賢長官也。

慶統一政府合併・黃克強留守南京

南北和局既成，首都仍定北京（中間經過一概從略）。國父宣布，讓大總統位於袁世凱。南京設留守府，以黃興為南京留守（後以二次革命失敗取消，那是後話）。所有南京政府已組織成立之各部，一律與北京各部合併編組。這是開國之始首要各節之大概也。

參謀本部小科員・保定軍官重入學

這裡單講參謀本部的合併。北京方面前清所設之軍諮府——不同名稱之參謀本部，原來軍諮使為貝勒載濤，光緒帝之弟兄行也。現在南京參謀本部與北京軍諮府合併。以副總統黎元洪遙領參謀總長，陳宧（二厂）為次長代部，我們史久光局長，調任北京參謀本部第五局局長。我受委為三等科員，上尉級，派在局長室辦公。本部設在西華門大街一座大樓上，軍諮府原址也。我的職務是：公文摘由、會議記錄、摘報貼報、整理本局辦事細則、送普通公事及簿籍請次長劃行或呈閱，每一個月輪值做監印官，監本部大印一日夜，或者有臨時指派的事務等等。伙食由部供給，每席八元，在五十多年前，真是豐富。月薪一百零五元，按銀子折算的，每次只發銀票，要到「爐坊」兌現。——鑄元寶、銀元的舖子，那時還沒有許多銀行。我包了個死膠皮車（那時還沒有打氣的膠輪，也沒有汽車，大總統及各國公使只有馬車），按日接送，每月三元。我租了四間房子住，每月四元。我那時不嫖不賭，也沒有結婚，下公時只在屋裡看看書。這樣的生活，似乎很不差。過了三個月，部中舉行甄別考試，一等科員到三等科員皆要考。我記得題目是：「研究戰史之方法及其要件如何？」。呀！我還沒有學過戰史呢，如何答解？我就胡亂照我讀書的見解，寫了許多方法和許多條件，也不管他是與否。到了講評的時候，我聽到說：「某科員——指我，雖然不夠完全軍官出身（陸小陸中是軍官預備教育，一定要軍官學校畢業才算是軍官，他這話說的並不錯），可是他的答案，要算是第一！」我聽了有多麼嘔氣。既然答案好，何以不夠軍官呢？我這一股子氣，就憋在肚子裡繼續幹下去。再過幾個月，陸軍總長段祺瑞就宣布開辦保定陸軍軍官學校，召集全國已畢業的陸軍中學生入校就學。我立即呈請局長辭職入保定續學。局長不肯替我轉呈次長，他對我說：「你到保定，這裡就要開缺了，軍校每月只有二元津貼，這多麼受苦不划算呀！」我說：「我要在一個系統之下，做完全軍官！」局長笑著又說：「我想法送你到陸軍預備大學——陸大之前身。那裡可帶原薪七折，你每月還有七十三元半可拿，這多麼好！」我堅執不肯，我要完成我的學歷系統。局長無法，就代我請假。我入保定後還照支四個月薪俸，才替我呈請辭職。仍在呈文尾上，聲請「畢業後仍回原職」。我這第一位長官，待我如是之厚，我真沒齒難忘！至此，我就給束我這「閏學年」中的「革命實習」與「革命官」，去做保定軍官第一期的學生了！

保定軍官學校第一期

舊校舍具歷史性・同期生備全國人

遜清自甲午戰後，始由榮祿保袁世凱在天津小站訓練新軍——新建陸軍、定武軍、武衛軍，故有天津武備學堂（軍中稱老武備）之設。及庚子後，各省皆練新軍，劃軍區為三十六鎮（師），所用軍官益多，故在保定設有：北洋武備學堂、北洋陸軍速成學堂、協和速成學堂、陸軍軍官學堂（陸軍預備大學之前身）。是知小站為訓練軍隊之基地，而保定則訓練軍官之基地也。

現在保定陸軍軍官學校之校址，即上述各學堂之舊址，在保定東關外，為舊式建築之灰磚平房——前面正中有高大之廳堂式大廈一座名「尚武堂」。中懸匾額，署名袁世凱書，即校本部與禮堂之所也。左右每間數丈一式橫排橫長形之房屋共約四十棟，講堂、宿舍、自習室在焉。最北面南向亦橫排成一線房屋，全部恰成南北延伸之長方形。中間為廣場，廣場中央有並立直上高聳數丈之古松一對，兩松之間，懸中型警鐘一口，為集合、寢、興、上下課號令之用。東、西、北三面正房之後，各有群房多間；四周則有城堡式之圍牆。形式雖舊，尚具規模。此其大概也。校右與保定東城之間，為大閱兵場。可容數萬人，完整一師之校閱，綽有餘裕，本校各兵科之操場亦在焉。南為陸軍第二師（師長王占元）全部營房。校中之馬廄、礮房、工兵、輜重器材，俱在校外東北隅。此實為一軍事訓練場所，置身其間，自有刁斗森嚴之感。

我們第一期最初入學的，共約一千六百餘人（後來畢業的實數一千一百餘人，那是因二次革命及其他原因離校的，以後再交代），因為清廷定章，陸小招考，是按每省每縣額定錄取的，所以在全國每一個角落，幾乎無處沒有同學；這種分配，真是最普遍最公平不過。因此大家覺得這一個大家庭，等於全國各縣代表的一個組織。隨便碰到誰，都可以得到一些異聞新知，他鄉風味。恍如瞬息間友天下士，遊徧全國。較之在陸中時僅隘於五、六省，又廣大多了。況且還有兩年同窗時間，更多交換切磋的機會。其精神振奮，心情愉快，實有「莫之為而為、莫之致而致」者。

五種兵科聽志願．四大教程是主門

陸軍軍校，是按軍隊的兵種，分為步、騎、砲、工、輜五種兵科。入學之始，由校發下志願表，令各人填寫第一、第二兩個志願，再繳上去分別核定。我是填的第一志願砲兵科，第二志願工兵科，結果規定了我學工兵科。課程，是以四大教程——戰術學、兵器學、築城學、交通學為主要課門。典、範、令照舊補習。外國語文仍接中、小學原來學習之一種，繼續深造。國文及各門科學，以陸中、陸小所已學習者，應用之於軍事學，不再攻讀。操練，除場操及小型野外，為日常課目外；至於各科作業、實習及圖上戰術、野外演習、實彈射擊……等等，將分期逐步行之。共二年畢業，再派至軍隊見習半年，然後任官授職，官自少尉始，職自排長始，這算是一位正規軍官之過程。然以國亂軍龐，道揆法守，皆不足據；只有立其始基，以待未來之際遇耳。

分隊分科同就列．吃米吃麵各相宜

全校計分步兵五個連，騎兵兩連，砲兵兩連，工兵一連，輜重兵一連。講堂、宿舍、自習室、飯廳，均按此編制排列位置。連有學生連長，學生排長，科有科長；步、砲、工稱科長，教務長；騎、輜稱教務長。學科有教官（教授稱教官也。最高為校長、教育長。校長趙理泰、教育長毛繼承，我們還沒有見到，也不知道他們的出身。至於連排長科長教官中，似多陸軍速成畢業者。我們領了課本，換了軍裝；所有分發衣物等等，大約與中、小學相同。惟吃飯問題，則大有顧慮。因為南人吃米飯，北人吃麵飯，習慣不同；長期在一個飯廳，共桌而食，實多不便。故結果規定，每人每頓分配四只饅頭，每只二兩，飯則隨意，這樣子也就很好了。菜四色，四人一桌，最好的要數大白菜湯。北方的白菜，有十幾觔一顆的。大廚房用高數尺之木圈圍在大鍋上，中實以白菜與水；燉好了，一桶一桶抬到飯廳，任便添吃；清香濃厚，美味非常。自出校以來，未嘗有此美湯也。

上課出操仍舊貫・新交訪問最開心

從開課後，所有上課出操，一如軍隊生活。多年以來，早經習慣，都無所謂。最開心的——是每日休息時，去到各宿舍訪問新交，有同周遊列國。從各人經歷、鄉土風情，以及官長態度，各隊新聞，無所不談。間或圍棋一局，固甚樂也。但是大家不約而同的，有一種暗示：似乎各連官長，無形中吹毛求疵；尤其對於南方參加辛亥革命的同學，多所嫉忌，而擅作威福。這隱隱的有點不祥之兆！因此大家於不滿之中，又發生後面一個問題。

官長資歷成疑問・同學信念有躊躇

原來在前清，設立陸小、陸中、兵官學堂——清朝原訂名軍官學校為兵官學堂（未及開辦而清室已屋）一系列學堂之始，規定：「所有陸軍速成學堂畢業生在軍隊服務三年以上成績優良者，待至兵官學堂開辦時，准許與陸軍中學堂畢業生一同入學肄業。」按照這一規定，他們中之優秀者，只能隨同入學，如何能做我們的官長呢？既做了官長，姑不論其程度如何，自不應有敵視之意；這一點就不能不加意警惕了。大凡天下事，有惡因即有惡果。發端甚微，而貽患實大。果然於不知不覺間，發生以下之事變。

五分鐘借故開除．一剎那風潮突起

大約上課不到兩個月，有一位步科同學，在星期日下午回校時，遲了五分鐘（規定是五點鐘以前），這或者因為鐘錶不準，或者臨時稍有差池，本來算不了一回事；但是他的連長，毫不客氣。就報告校長，馬上掛牌，將這位同學開除了。要知道軍官學生，不是臨時招考來的，他還有以前五年兩次畢業的資格呢！就是犯了大規，也要從寬懲戒，絕不能隨便除名；這大家就認為有意借故壓迫同學。於是群起要求校長，立予收回成命。不意校長堅不允許，因此大動公憤。所有麕集的同學不約而同的齊聲同呼：「罷課！罷課！向陸軍部段總長祺瑞呼籲！如不得請，罷課到底！」於是軒然大波，震動南北。破天荒之軍事學校大風潮以起！尋至重兵包圍，全體解散，幾於到了不可收拾的地步；寧不重可痛耶！

大講堂開會議決．舉代表分組鬥爭

因為許多同學，已經感情衝動，喊出了罷課的口號，風潮的緒幕，就這樣展開了。但全校這一千多人，可能各有主張。既非煽動可轉移，亦非盲從而起鬨。自然有激烈、溫和、兩邊倒，與看風頭的人。如果要鬧開來，必須詢謀僉同，團結一致，方可以應付那些落伍頑固與夜郎自大的軍閥，而達成保障同學改進校務之使命。於是在東西大講堂先後開全體會議。其時發言的人很多——或堅主罷課，或討論辯難，或顧慮後果，或以一面上課一面要求為緩進之法；歸總起來，大約有四個問題：（一）罷課問題——如要有結果，並使軍部鄭重解決，一定要罷課到底。（二）數量問題——一定要全體罷。如果有罷有不罷，可能犧牲一部分同學。（三）條件問題——第一是保障學籍。如果犯規該受處分，一定要公平合法。至此次被除名的同學，當然要收回成命。第二是改良校務。校長、教育長、隊長，措置乖方，引起公憤，應有合理的調整。其餘各級官長教官，應對資歷不合，及意存偏見——歧視參加革命及妄分軍事學派者，宜實行取締。（四）軍事學派問題——此節關係最大，辯論最多，誠恐影響軍隊之統一，與將來服務之困難。他們儘可有此意見，我們不可有此存心。應該極力避免！只論學術，不問出身。這樣子經兩次大會長時間之討論，結果全體通過，按照上述四者意義施行。接著就分頭舉行辦事各手續：（一）推舉代表。計每連二人，每省二人；因為連係校中的編制，容易傳達。省有同鄉的關係，容易疏通。全體代表計共六十餘人。互選總代表四人，負請願接洽領導之責。（二）分組工作。計分請願、文書、宣傳、經費、傳達各組。並約法，一律在校內自由休息，不外出、不嘩喧鼓噪、不破壞公私物品、不擾亂校內校外任何秩序；就這樣靜靜的罷課；聽候事態之發展，與請願之結果。這就是我們在那時最守秩序的罷課風潮！

請改良控訴學司・發通電報告各省

保定軍校一切章制與高級人事，是由陸軍部擬定，呈大總統公布施行。陸軍總長——部長段祺瑞是本校督辦。而一切控制我們的實權，則在軍部軍學司，即後來擴大之訓練總監。當時的軍學司長魏宗瀚，與後來督蘇的齊燮元沆瀣一氣，有壟斷軍事教育，冀為軍事學閥的企圖。所以在籌備建校期間，即布置爪牙，任用私人，排斥參加辛亥革命的優秀同學；我們早有所聞。此次以微過開革同學，足證其處心積慮，昭然若揭。暴風起於青蘋之末，履霜堅冰至，其所由來者久矣。所以我們並非小題大做，藉事生非。擒賊擒王，我們就先向段氏請願，控訴魏宗瀚。

段氏愛護部下，用人不疑，是其長處；而剛愎自用，絕少降心以從人者。故我們的請願與控訴，不獨得不郵要領；反發交魏氏全權處理。我們恰如箭在弦上，不甘屈伏。在各代表會議籌商之下，即次定通電各省軍事長官與革命領袖，以壯聲援。因為我們在這期年之間，也曾負弩前驅，喋血相從，當然不能忘懷，置我們於不顧。我們就回到保定，將通電發出，以待各省之反應！

王占元兩團圍校．陸軍部三次偵查

在我們靜待各省反應期間，忽然霹靂一聲，軍部竟用武力壓迫，令王占元（第二師師長、駐保定）就近派步兵兩團，將本校團團圍住。大門外架設機關槍兩挺，所有各宿舍、教室、飯廳的門口，每處均分布兵士把守，嚴重情形，如臨大敵！這樣更引起我們的反感。我們多數總還有點革命精神，這一點威脅，是受得了的。軍部看我們毫無動靜，安之若素，就先拘禁十三名代表，跟著以三部曲進行偵查，第一步由軍學司教育科長丁錦（後來的航空署長）帶了衛隊集合全體講話，說：「奉總長命令，這次罷課風潮，完全是那些代表們鼓動起來，自當一律嚴辦。你們大家，不可盲從，自明日起要照常上課！脅從罔治，次不追究。」他講完話，在校等了一天，看看還是沒有上課，就回北京報告去了。第二步大約隔了一星期，丁同魏一齊來校。先令各連分排集合，每一排前置公案一張，案上放一簽名簿，然後宣布說：你們上次既不聽命上課，大概仍受不良分子把持。現在你們或是全排或是個人，可當面表示意見，或口頭或簽名均可。但是結果仍無一人簽名。甚至有幾排高呼繼續罷課未受脅迫者。魏等看這一著又失敗，就說只有再回京報告總長。第三步又隔了幾天，部中除魏、丁兩人外，又加派了大批人馬，先將全體學生分為兩個單人長龍，環抱尚武堂左右兩面；使最前一人所遭遇的動作，緊接著後列的第二個人，也不知道。這是煞費心思，故意做成一種恐怖玄妙的姿態，令精神較為衰弱者，受到一種恐慌疑慮，以臨不測之威！如此一個一個乃至左右單行最後一人皆過去了。到這時候，大家才知道悶葫蘆裡弄的什麼玄虛。原來那是印就了的一張命令，內容大意如下：

【陸軍部令】

軍官學生，近有不服從命令者。本部茲規定：凡願留校升學者，在本人名下填一「留」字。不願者填一「退」字。此令！

〇〇〇願□校

陸軍總長　段祺瑞

〇〇年〇〇月〇〇日

這一辦法，似乎很高明。在無人牽制又非十目所視十手所指之時，自然可以獨行其志。那麼：如果有幾百人寫留字，便可將那些寫去字的踢除，照舊可以開辦！我們知道這一著很厲害，那就要看寫去字的究竟能有多少人了。在未有揭曉之前，自然無法揣測。

填退字千人一致．被解散全體晉京

在軍部奇特手法之下，以「二龍搶珠」的形式，執行段氏命令，個別填寫「退」、「留」二字。我們對於全體同學，雖明知沒有什麼首、從之分。但在軍隊林立、威勢逼人，環顧四周、蒼茫獨立之際，難免不有屈於現實，意志動搖者。我們盱衡默察，實在也沒有把握，也就聽其自然等候揭曉了。那知道在部員發表的結果：這一千六百餘人填「退」字的竟有一千四百多人的絕對多數，填「留」字只得百餘人，這就證明不是我們代表或其他好事者所鼓動的了。到這時他們只有回京報告，另訂辦法。第三天，丁錦就帶來段氏命令，宣布解散！

解散辦法，更於冷酷惡劣之中，隱寓懷柔招攜的意味。那是：（一）除領回私有行囊外，所有公家物品尤其槍械、器材、裝備，一律點繳清楚。（二）每人只准隨身著內衣褲——白單布一套，即日出校。（三）每五人照相一張，填明姓名，分寄各省區軍事機關，不准錄用。（四）每人發給遣散費大洋二元（照相後領）。（五）自即日起，限一星期內，准予回校填悔過書，不咎既往，准予續學。我們接受了以上辦法，全行離校，分往保定城內各旅館及會館暫住。

當晚集合全體代表，在浙江會館開會，討論幾個問題：（一）是否完全屈服，各自分散？（二）如繼續奮鬥，這一千多人，在北方天寒地凍的時候，如何安置？（三）有些同學便衣不多，憑這兩塊錢，怎能渡過一星期；勢必因走投無路，逼上梁山，而回校悔過去了。如此則軍部但能湊足數百人，連同「退」字號的同學，就可以繼續開辦；我們其餘大批人不是白白犧牲了麼？這些重要關鍵，即席就得到對策的決議：（一）決定鬥爭到底，不達改良復校目的不止。（二）即日分電各省都督，尤以辛亥起義各省。並登報宣傳。（三）將這一千多同學，全數運送北京，免蹈一星期悔過之陷阱。（四）到北京後，由同學總代表分謁名流當道及各省都督駐京代表。由同學省代表分謁各旅京同鄉會長及本省京官。

關於第（三）項之執行，有兩個煩難問題：（1）輸送這一千多人到京怎辦？因為我在參謀本部時，身邊還有三張軍用免票，出差時未曾用完；那時的免票，是臨時填寫，不限人數的；我就將一千四百餘人，分填三張，到車站交涉掛車；火車站人員，也同情我們，就順利辦妥。一面由省代表（此時連已打破，連代表作用較少）分頭集合本省同學，按時上車；這運輸問題，算解決了。（2）同學到北京的住宿吃飯問題，我知道北京方面，各省、府、州、縣，自明清以來，皆有會館。多半由同鄉京官及富商捐建，以備科舉時下北闈的寒士及坐館的、候補的寄住之用。——民國後許多讀大學的也享用過。自備伙食，概不收房租。我就請各同學，到京下車，可逕行搬入本籍會館；其房間住滿或房屋傾圮者，可併入不同邑里之會館，有炕睡炕，無炕則用稻草打地舖；伙食與被，則由省代表商請同鄉會長及同鄉京官幫忙。因此這（2）的問題也有預定的辦去了。

同鄉照顧富親情．各省電部多責難

上節我們所擬定的兩個入京的辦法，關於運輸的問題，卻是很順利的，大家就浩浩蕩蕩到了北京；也就同時自動不客氣的分頭住入許多會館。可是吃飯問題、被子問題，當時儘可那樣計劃；事到臨頭，還不是說說那樣容易的呢？好在當時大人先生，多半古道可風。經我們的省代表分往接洽，訴以實情，甚至還有好多同學與那些同鄉領袖有直接間接親屬關係的；又在事前看見報紙上經過情形，都不免有同情之感。於是很迅速的，替我們租被子、開大鍋飯。大家既然有了安頓，許多初次到京的，吃飽了就到各處瀏覽勝景，好像是一次旅遊。他們對於本問題就聽由各代表去呼嚎奔走了。

我們這次行動，雖然同作戰一樣；但是絕對以文鬥的手法——不遊行、不呼口號、不集合隊伍向任何方面請願；除報紙有記載外，恰是鴉鵲無聲，絕不影響社會秩序；也不用謾罵起鬨的態度，使當局過於難堪，引起反感。惟一目標，就是求得完整的軍事教育機構。所以自開始至解散，雖兵臨校舍，如臨大敵，始終僅止於罷課，而秩序井然。而軍部當局不從問題著眼，一味只用服從二字，實不足以服人。因此也就引起各方之非難。

這時候各省都督自湖北黎元洪、南京留守黃興、雲南蔡松坡、貴州唐繼堯、四川尹昌衡、江西李烈鈞、安徽柏文蔚、山西閻錫山……等，皆有電致段。或婉勸復校，或微譴學司，或勉勵學生，或藉題發揮，責難當局；要之，均以不能解散為辭。以此，我們既有多數同學為後盾，又得各省助聲威；隱然有因學潮而波及政爭的意味。自然我們在北京的活動也就無往不利了。

謁名流分頭訴願・認娘家特別關懷

在民國元年下季統一告成之後，袁世凱正以其總統權力，盡量布置北洋舊人於軍政各界。其最初之內閣，雖曾容納少數民黨人物，如宋教仁（遯初、漁父）為教育總長，陳其美（英士）為工商總長；並皆虛與委蛇，毫無誠意，故兩氏皆不就職，而宋尤以責任內閣堅持其主張，故為民黨以筆桿與槍桿相鬥爭的唯一人物。又各省都督，亦多派有代表駐京辦事。時宋寓前門外西河沿中西旅館，而都督代表之集中寓所為內城北之秦老胡同，我們學生代表們，就認定從這兩處分頭訴願。我們先謁見了宋教仁先生，這一位聲名鼎盛的大政治家，本其革命思想，根本就不直政府的作為，所以很親切的指導我們，並發表談話，要完成我們軍事教育。至於秦老胡同方面，有雲南呂志伊、廣東張我權、山西景耀月、湖北胡經武、還有記不清的多位；他們一口同聲說：「所有軍官學生，是由我們各省陸軍小學培植出來逐步升學的，而且是每一縣每一角落所平均散佈的人，我們各省就是娘家，不能由他們任意犧牲，我們要以娘舅的身分，出面為你們後臺！」這次談話，太澈底、太痛快了。我們就將所有意願和盤陳述，由他們去交涉。這一來很輕易的就達到圓滿的最終里程了！

換校長調整人事・慶回校共賦凱旋

風潮發展到現在的地步，似乎風平浪靜，已經由娘家人們出面進行和談了。在這幕後頻頻按觸中，也就漸露端倪。雖然說不上是條件，但是所有重要問題，統通解決了！那是：（一）全體回校。

這包括有取消解散令、恢復被除名的同學、釋放被扣的代表們。（二）更換校長。這包括有改進校務、調整人事、保證學籍等等。這兩個大前提有了眉目，其餘如回校手續、規定日期、專車回保、補發津貼、清理零賬等等，亦皆迎刃而解。最重要的，就是新校長問題。當時各都督代表們，皆屬意蔣方震（百里、澹寧）先生，段合肥也同意了；因為事先蔡松坡有意邀蔣為雲南省長，在往來電商之下，蔡亦認為軍校重於省長，也同意了。連同其餘各問題，歷經秦老胡同各位代表們熱心磋商，隨時與我們學校四個總代表——劉文島（前兩年歿於臺）、李拯中（早年在甘肅省秘書長任內被汽車摔死）、張森（畢業後即病故）與我接頭，我們就回到南半截胡同江蘇會館，召集全體代表開會報告，往返取得同意，其餘細節，大致就算決定了。

唱高調不諒人只．聽叫天且樂今宵

我們向都督代表與陸軍部表示接受一切。定某日（記不得）下午三時，在前門西車站集合，備有專車，逕回保定；並由軍部發給每人大洋十六元，以資津貼；所有以後的人事調整，及其他關於校務改進事宜，均由新任校長蔣百里負責；我們認為結果圓滿，不意同學省代表中有幾位激烈派，硬要將人事問題及釋放代表各節，皆須先行辦妥，始肯回校。他們不知道辦事困難，有些事不能過分要求，使當局難堪，很容易把事體弄僵了。況且大家在京，住會館、睡地舖、蓋租的被、吃人情飯、枕長木頭、受風雪嚴寒之苦，已經受夠了；這一部分人，不知體量多數心理，我們就說：「看看到時是否多數登車，如果你們不同意回校，那就請你們從新交涉，我們只有敬謝不敏了！」這一種決然的態度，迫得他們也軟化了。我個人這一天，覺得非常輕鬆，就到參謀本部我的老局長史先生那邊去辭行，告知經過一切，並請將科員一職辭去。先是史先生要我不用管這一次事，我以同學義氣所關，不能半途而廢，此時他也同意我辭職入學了。這天晚上，適值中和園演窩窩頭會戲，海報貼出小叫天譚鑫培的《打棍出箱》、劉鴻聲的《碰碑》、龔雲甫的《行路哭靈》，我覺得這樣好戲不易聽到，就花了三大元買池座享樂一晚，數月以來未之有也。

娘家人隨車送校．王占元開會歡迎

第二天預定啟程回校的時候，果然全體同學齊集車站，都是笑容滿面，共慶凱旋。而都督代表們，又公推代表二人——廣東張我權、湖北胡經武作為娘家人，隨車送校，算是將我們交還軍部。他們這一份殷勤，自然可感。而同學們，也覺得親切之情，異常興奮。我想這種結果，還是因為民國初定，民黨勢盛，同學多受了革命洗禮，所以能意志堅定。而段合肥以極端剛愎之人，亦不能不表示讓步。此非倖致也！

我們到了保定，駐軍第二師師長王占元，已在淮軍公所搭了彩棚，集合許多軍官，開會歡迎我們回校。他登臺演說：「人有人的前蹄，馬有馬的前蹄，你們是學界，我們是軍界，我們以軍學一家為前蹄，歡迎你們回校！」（前蹄的故事即出於此。）大家皆歡笑鼓掌。在軍樂悠揚聲中，又浩浩蕩蕩的回校了。

蔣百里矢言興校・修人事校政一新

我們的風潮既已告段落。由都督代表張我權……等以娘家人身分送我們回校。並經駐軍師長王占元（子春）歡迎之後，隨即整隊入校。仍依原來分科分隊及宿舍位置，安排就緒。跟著就在尚武堂後面本校院中排隊，由去職校長趙理泰致別辭，意甚頹喪。教育長毛繼承並未出面。此二公因辦理不善，終段之世，未見轉任何職，殆將沉淪以終耳。

袁總統已明令發表蔣方震為本校校長。不數日，新校長即蒞校就職。並以張承禮（耀庭）為教育長。皆留日士官第三期畢業者。蔣氏時年方三十歲，在就職訓話時，御少將服！披大紅緞裡黃呢外套，英氣勃勃，精神抖抖，以其海寧之普通話致訓。大意謂：「現在世界各國陸軍，比較上以德國與日本最強。我對這兩國的軍事學校與部隊，都曾學習、考察、研究過的。但是他們是人，我們也是人，何以我們不能趕上他或超過他呢？我現在奉命來長本校，當以最大的精誠與決心將本校辦到最完善的地步。並使你們學生子們成為我國最優秀的青年將校！如果我不能盡職，辦好了本校，當自戕以謝天下！」

他這一段講話，聲音激越，語氣昂揚，是有抱負而來，本著勇氣去做的。又因為他這一任命，實際上是由各省都督代表們商同各本省首長公舉出來的。所以最後有那「當自戕以謝天下」一句決絕語。果然在短短一學期間，就不幸而成為語讖了。（演辭本有印刷，早已無存，只得記其大意。）

蔣蒞任後，第一步調整人事。除步兵科長王興文、輜重科教務長趙協彰仍舊外，餘如前述之教育長張承禮出身士官，英年奮發（後隨蔡松坡於護國之役轉任黔軍總司令戴勘參謀長，殉職於四川麻店子）。礮兵科譚學夔，日士砲工專門畢業。學養深厚，志趣遠大，授課訓話，翕然從風（譚字典虞，譚學衡之弟，被死於海珠會議）。騎兵教務長臧式毅，日本騎兵專門學校畢業。精明幹練，熱心教育，最為認真（臧瀋陽人，在東北歷任奉天省長及議會議長，後展轉入「滿洲國」）。工兵科長虞克震，砲工專門畢業。學養湛深，具學究型而兼名士派。對於築城、架橋、爆破、電訊、道路等作業之實施，要言不煩，得其竅要。其餘各名教官，戰術有：楊言昌、楊邦藩、王若鈺、張翼鵬等；兵器有：馬林、成桄、譚學夔等；築城交通有：張楠、虞克震等，並皆積學之士。至於學生連、排長，亦逐漸調動整理。威儀整肅，井井有條。對於課堂、野外，校長亦不時考察講評。對於飲食起居，亦往往視察改進。如此安靜上學一學期，而無形醞釀之變端以起。我們第一期，真可謂災難重重矣。

陸軍部多方掣肘・蔣百里憤激自戕

在上次風潮輕易解決之後。軍部雖迫於形勢，委曲求全。段合肥能見其大，本無所謂。而在主事者，不免隱含猜忌失望之心，而有狹私為難之意。合肥性情，懶理細政，一切委之主管。這一原則，不能算錯。但是下面執行，便有偏差了。蔣百里意氣萬千，開始雖覺順手，漸漸的上行公事，凡所呈請當然事務，應批准的也駁回了。甚至對校內行政，已執行的事件，也批斥了。這與他對內的威信有關，當然我們學生不能全部明瞭。

而在蔣氏本人，已感覺到對方有意為難，萬分掣肘，自然事無可為了。可是就職對我們許下的宏誓大願，便無法交代。結果就實現那「自戕以謝天下」之言。

關於蔣氏自戕一事，當時曾轟動中外。我在〈保定軍官學校滄桑史〉記載甚詳，此處不再縷述。只記其自戕之前，對我們所講的要點如下：

（一）他並未明顯指謫任何人。

（二）他說中國人辦事多抱有「合則留！不合則去！」的錯誤信條。但是這裡不合，別處還是不合。我能去到外國麼？

（三）我應該對本職上將事情辦好。如辦不好，應絕對負責！

他此時站在尚武堂的臺階上面，對全體學生以懍然英烈的精神，高喝一聲「不動！」就在瞬息之間，拔出手槍，轟然一聲，對前胸發出。血流如注而倒下了。

當時我們非常感動。痛哭失聲者，大不乏人。隨即將他臨時包紮送回公館，並請醫生。我們雖對他的生死未定。但激於義憤，自然要有所行動。真所謂一波甫平一波又起了！

告御狀風波又起．各疆吏電報紛馳

因為百里先生之自戕，實際是受到軍部主事者之有意為難，致造成此次慘劇！我們就不能向段祺瑞控訴了。故經校中教職員及學生代表們幾度熟商之後，決定向袁世凱總統告發。呈詞並附有蔣百里先生自戕時演辭之印刷品，靜候袁氏如何發落。這時中外各報，多已顯著登載。而日本駐華公使（那時還沒有大使制度）林權助，就鄭重其事的派來一位醫生隨同一位看護——這位看護後來就是百里先生的夫人，生有五女。——常川醫治調理。事後蔣先生得以不死，亦其一因。

至於南方各省，正值癸丑二次革命初期。南京方面，業已失敗，由馮國璋以宣武上將軍名義進駐。其他各省更反應熱烈；最著者如雲南蔡鍔、貴州唐繼堯、四川尹昌衡與熊克武、湖北黎元洪、安徽柏文蔚、江西李烈鈞等，或巡電袁總統，或電責段氏；最特別的，南京馮國璋亦有一電。這就隱示皖直分家，早已肇端於此。段氏雖倔強，亦不能不忍受各方之指謫。我們以原告苦主身分，更是振振有詞了。

袁總統明令查辦．蔭午樓煞費周章

袁總統接到我們的呈詞並各方電報，又當二次革命打得吃緊之時，就不能不慎重處理，因此下一道明令，派侍從武官長——相當於今之參軍長陸軍上將蔭昌（午樓）、參謀長陳宧（二厂）查辦。蔭午樓本旗籍，係留德學生，清末已居高位，賦性和平，從不開罪當道。陳宧以湖北人為黎氏代部，——時黎元洪以副總統遙領參謀總長，初得袁氏信任，亦屬巧官之流。故二人皆不願得罪段祺瑞。只有在官官相衛之原則下，實行拖字訣。故明令雖頒，仍似石沉大海。以時正值暑假，南方同學多半回南參加革命，而蔣百里先生仍在醫治期間，生死未卜之時。以故這一槍，無形中已不似當時那樣緊張了。

二次革命成借口・一紙查復了無痕

果然，過了不久，二次革命在南方已完全失敗了。北京方面對於民黨中人以及所有參加癸丑之嫌疑人，一律稱為「亂黨」。並任陸建章為軍政執法處長，專抓這一班人，予以槍斃極刑。這時北方已成恐怖世界，北京天橋更是鬼影憧憧。而同時自戕的蔣百里，業已脫離危險，無生命之虞了。蔭、陳二人就抓住這個機會，呈復袁氏。說是：「軍校學生，利用暑假，紛紛南下，參加二次革命；蔣百里故作不知，准假多人，故自戕以塞責。現在南方亂事將平，蔣之槍傷亦將治癒。關於軍部業務上之衝突，查無實據。擬請一概免究」云云。就這樣輕描淡寫了事。蔣既未死，學生方面，既慮「亂黨」嫌疑，又值放假時期，人心渙散，自無置喙餘地，也就不了而了。一天風雲，又度一關。

在這兩次風浪中，保定第一期固是災難重重。但辛亥與癸丑兩次革命，無不與此息息相關。這一點，足以證明保定同學，自始的革命精神。而另一點，蔣百里的自戕，又足啟發同學畢業後任事軍中的責任感。以一種絕對負責精神，而不存有逃避責任投機取巧之私心。這兩點，余意在保定同學絕對多數上說，可以當之無愧！至於百里師本人，雖終生僕僕奔走，役役不得志；然保定前後各期，無論親炙與否，固無不對之特別尊崇，隨時請益，迥非其他師長所可同日語也。憶硤石之門庭，視羹牆而如見；想宜山之奄忽，心悵惘而淒其！前塵如昨，往矣何堪！追念當年，擲筆三嘆！

吳淞鎮革命失敗・嶺南樓同學懷歸

上期寫蔭昌他們呈復袁總統，說這些學生利用暑假到南方去參加二次革命，實在並不冤枉。因為二次革命正在暑假剛屆時發生的，開始有一部分同學，與發難之長江三省有關係的，就紛紛請假前往。蔣百里就職未久，且暑期即到，所以一律批准。等到他自槍以後，已到放假期間，北京既不認真查辦，南方又打得如火如荼，同學中本多革命同志，且多參加過辛亥之役，於是大批南下，以求加入一試身手，此當時之實在情形也。後來南軍節節失敗，最後只剩一個吳淞鎮，由紐永建（惕生）死守。明知無益，只故示頑強，遷延時日，為撤退計耳。此時所有大人物，如黃興、陳其美等，皆已東渡日本。其餘亦匿租界中，無從見面。而我們這一班自動參加的同學，頓成無告之民。大概流亡在滬者，還有二百人之譜。大家商量在四馬路嶺南樓集議辦法，到者有八十餘人，一致主張回校。因為這時暑假快滿，假滿回校，並無嫌疑。但是同學有身無分文者，旅費大成問題。預算乘海輪統艙到津，每人約三元餘，再加火車及食用至少每人需十元，合算起來，即需乙千多元。因為我做過幾天小京官，就要我赴京想辦法，我當然是義不容辭。但回頭一想，這一來一往，已趕不上開學之期了。結果決定各人自行設法，盡量典當借貸，以有餘補不足，每人先湊三元餘，買船票赴津。我先北上，弄一點錢，到天津接應，就這樣多數趕到保定。這一窮算盤，總算不容易了。孰知我們的新校長，還有出乎意想之外的辦法呢？

蔣百里傷愈調職・曲同豐長校稱尊

百里先生的槍傷，僥倖醫好了。袁總統為安慰人心，並避免段氏之磨擦，就任命他為總統府統率辦事處八參議之一。這樣安排，也就不用說了。老段已經保了他的親信曲同豐為我們校長。曲也是留日士官畢業，清末偕靳雲鵬在雲南督練公所任職，辛亥雲南起義，被迫逃回北方，所以對南方素有反感，且具有反對革命黨思想。此次來長軍校，實存有兩重陰影：一是盡量取締參加革命的嫌疑人，設法使其銷除學籍，不得入校；一是對在校同學，多方壓迫，為軍部主管人報仇。因此大家對他，不無戒心，一切嚴肅一些罷了！

手法枉施挈瓶智・忍心竟使閉門羹

曲校長既存心對付暑假離校的學生，他就臨時宣布：「定於民國二年七月一日開學。」既未登報通告，也沒有附帶條文。但到七月一日早晨七點鐘，他先命將校門關鎖，一面集合在校學生點名。這時又宣布：「在此刻（即七月一日早七點）以前到校應點者，算是軍官學生。如此刻不到點者，一律取銷其學籍。」可憐此時已先一日到保在城內未入校者，麕者集大門外有七十餘人，一律不準入校。其他由滬津趕來者，更不必說。這種欺騙手段，既不合法，亦非人情。就這樣陸續摧殘，第一期入校時，原係一千七百多人，後來只有一千一百多人，可見曲手段之毒辣而卑鄙。所以我們就稱他為「屈死鬼」。屈與曲諧音也。

天下事每有出人意外者，在民國七、八年間，西南軍政府取銷時，七總裁主席岑春煊以南北議和，將大批軍校未畢業同學，公函北京政府，送入保校第六、七期，繼續畢業。其有始終未入保校之四校同學，甚至飛皇騰達、功業彪炳者，不乏其人，此豈曲氏所計及耶？

送紀念賓主含垢・扣伙食米麵分餐

蔣百里既為我們打了一槍，我們送他一點紀念品，是由良心發出的，並不為過，曲校長乃集合講話，不准致送。其實不過倩人繡了一張像，並非藏私厚禮。當時有同學甚為憤激，竟出隊責問曲曰：「假定將來曲校長調職他去，我們送點紀念品給你，那位後任校長禁止奉送，請問曲校長感想如何？」曲竟瞠口結舌，不能置答。此真可謂庸人自擾矣。

又蔣任校長時，對校生伙食，甚為注意。饅頭二兩一隻，每人頓飯四隻，往往親自到飯廳稱分量。且因南北兩方，飲食習慣不同，故規定米、麵同時隨意用餐。迨曲氏到校，改合為分。即一頓麵、一頓飯，不管南人北人，於是亦隱多反感。然而「兩次風潮俱往矣，一心向學慰來茲。」更不必計較短長矣。

大演習唐湖列陣・同憑弔易水徘徊

在平時各兵種自行演習或二、三兵種聯合演習，那是不時舉行的。但是在畢業之前大考以後的最後期間，還要來一次聯合大演習；然後才發給文憑，分發見習，方算一名正式軍官。我們大演習的地點，選擇在保定西方相距一百餘里的唐湖鎮。鎮屬易州，易水之所出也。其地山嶺叢雜，村居錯落，有岡阜可作礮兵陣地，有峻嶺可被礮轟靶場，有水可以架橋，步、騎、輜重到處可以活動；山林起伏，防禦攻擊，皆可利用；確是聯合演習一個好戰場。我們在此紮下帳棚，預期一個月，這中間皆屬戰略、戰術、地形、繪圖、工事作業各種範圍之內，茲不具述。

演習完畢之後，更分成兩大支隊，作為一個退卻，一個追擊，向本校行動，最後目的地，究可以不用行軍方式到達校中了。這計畫大致完美，所以這一個月期間，大家異常興奮，完成任務。因為易水是當年白衣冠送荊軻的去處，又有「風蕭蕭兮易水寒」之名句，於是在演習休息時間，許多同學徘徊易水之濱，流連忘返。更有作稚子態，脫去皮鞋入水，試其寒度者。其實北方的水，每屆秋冬何水不寒？好在易水清淺，沙細岸斜，自可作歷史情感上之紀念耳！

將屆畢業遽畢命・不裹馬革裹毛氈

要當一名軍官，身體最要緊。不用說一生的工作責任，需要強健的身體去擔當。就是這三級學校七、八年的陶鎔，也要體魄健全，才受得了。軍校規定，要參加這一次演習後，方得畢業。但是有幾位同學，平時因身體積弱，勉強應付，到了唐湖，住帳棚、浸風雨，參加演習，或閒或輸，校醫簡陋，設備不周，於是在極端希望之中，終於不支，飲恨而逝。這樣遭遇的人，共有三位，姓名我已記不清了。

在唐湖這個小地方，尤其在北方鄉村中，不獨棺木一時無從購買，即一切衣衾鞋帽也無法裝殮，那只有運回保定。可是這時還沒有汽車，軍中運輸，也只能利用騾馬，駕駛大車，就不免將他們遺體用軍毯裹起，外加出發時其自用之棉被，這頗似軍中臨時倒斃了幾匹馬，傷哉！馬革裹屍，侈為美談，今不及戰陣，而遽賫志以歿。八年學業——陸小三年、陸中二年、入伍一年、保定二年，一旦成空。畢業即在目前，身後暫依毛毯。死非其地更非其時，豈不哀哉！

品行分平均一半．倒第一厥有三難

在蔣百里去職之後，軍部認為這班學生，難於控制。於是改訂考試章程，規定為百分制（在前清是以二十分為足分）。品行一門，為學、術科各門總平均二分之一，並准以學術科抵補品行一分。這就是說：你的成績優劣，完全操在官長手中。他們要扣你品行分數，是以好惡情感為主，漫無標準的。比方：你的學術科本來的總平均是一百分，但是品行分數扣光了，那你的總平均，只有五十分，不及格了。假如你的品行只有五十八分，而你的學術科有六十二分，還是不及格；因為你學術科雖多兩分，可以補足品行，成為六十分；但是只准你抵補一分，還是不及格。再如你有一百分品行，總平均已有五十分了，那你的學術科只要有百分之十（即十分）的最下成績，也就及格了。我想這種不公平的辦法，是中外學校所無吧？而香港學生，對於會考成績，仍有許多挑剔，要是看到我這一段的故事，應該恍然於軍閥們管制學生的手段吧！

我們第一期畢業共得一千一百一十四名，我是倒第一。在舉行典禮的前一日，教育長、科長、隊長請我去談話。見面時相對無言，似訥訥不能出諸口者。尋而科長虞克震對我說：「這次的畢業成績，你不介意吧？」我笑答：「我早知道了，我是倒第一。」這在他人或不好意思。而在我，則認為光榮。第一，我在陸小、陸中是常考第一的，這回考槓榜，不算丟人。第二，我的學術程度，勉可在水準以內。明天行禮時，總統代表及中央貴賓有認識我的，以為我不過是倒第一，其他同學成績之美，可想而知。這不是大家的光榮麼？第三，凡是考試，第一最容易。你只要努力修為，向前邁進就得了。若倒第一，則甚難。因為多一點分數，就是倒第二。少一點分數，就名落孫山了。所以我很高興、很滿意。他們幾位聽了，不由鼓掌大笑。我又問不會不讓我畢業麼？他們說全體畢業。對中央很有面子，我更明白了。第二天領了文憑，事後又請我大吃一頓，替我送行，總算盡歡而散。

畢業宴會演鬧劇．總統代表作調人

軍事機關任何典禮，簡單隆重，所以我們全體，仍在原來飯廳加菜歡敘。惟不能飲酒，且無謝師科錢之說。在尚武堂，有十幾桌酒席，那是謙請總統代表蔭午樓及其他北京各貴賓的。由校長及全體教官與高級官長作陪，中央一席，當然為總統及段總長代表與重要陪客。移時，忽有某教官（姑隱其名）自稱代表全體官長奉觴敬酒。依次由蔭午樓及座上嘉賓並主人曲（同豐）氏，而獨遺段氏代表某（姑隱）不敬。主人執杯曰：「我為你敬某公。」這就引起某教官大發狂言，說他在辛亥革命應補少將，而某公向索三千金不遂，結果按軍校教官階級補了中校，所以他不配受敬酒。醜詆之言，不堪入耳。蔭午樓以總統代表身分，不能置若罔聞。因謂之曰：「某教官！你吃醉了！」他更進一步說：「我酒醉心明白！」至此，某公只有逃席。而蔭氏即答某教官曰：「你講的事，很有關係，等我回京再說。」此一幕趣劇，同學認為煞風景，某教官與校長似有陰謀也。後來此公被調為殺虎口關監督，無任官大權矣。

聽分發入隊見習・署排長候補無期

畢業後各人取得軍部分發文書，我與三名工兵分發到南京宣武上將軍署，見到了馮國璋及其參謀長師景雲，最後把我們分到蘇州第二師工兵營作「見習軍官」，規定六個月見習期滿，作為「署理排長」。我們每月得餉銀二十四元八角八分。該營駐紮楓橋，風景宜人，也只能到寒山寺下盤圍棋瀏覽一番。至於排長，則絕對候補不上。因第一期時代，北洋軍隊皆排斥學生也。

參謀本部難回職・高等師範當教員

我在營中無所事事，迨見習期滿就離了蘇州，逕赴北京。因為我入軍校時，局長史壽白曾為我安排一份公事：「畢業後仍回原職。」但是原來的參謀次長陳宧已出任四川成武將軍。而現任次長唐在禮，似乎知道我在校行動。他批評我「學生氣太重」，那自然不能回部了。可巧，當時教育總長張仲仁先生，是我們老鄉長。我們鬧風潮時，也曾得他照顧過。他老先生就把我介紹到北京廠甸高等師範（即後來的師範大學）當地理教員。我那時才二十三歲，學生都比我大，也只好硬著頭皮幹，總比排長沒有署理，好得多了。

八十元軍羨優職・一二五任打飯圈

當時高等師範的校長陳寶泉、地史部科長王桐齡，皆老教育家，積學之士。對我這初出茅廬的陸軍學生，很有照顧，每月給我八十元薪酬。雖然比不上參謀本部的百零五元，但比署理排長高明多了。我就借住在順治門大街南昌會館，與江西同學戴實甫同住（戴在張定璠任上海市長時曾任上海公安局長，已故）。因為淮安府會館，房屋太壞，江蘇會館，又離校太遠也。這時我們同期同學，分發在北京南苑北苑軍隊中做候補排長者，還有多人。他們認為我是一份優差，每禮拜進城，很多到我處吃飯。要知道那時生活真便宜，每一客飯，兩菜一湯，米飯任吃，只得一角二分五。包飯的人，每開一客飯，就用竹筆管在帳簿上打一個紅圈圈，我們叫他做打飯圈。這樣一來，每逢星期，高朋滿座，我就成為打飯圈的小孟嘗了。

兩首新詞文結束・一宗舊賬事滄桑

我想我是一個剛畢業的青年將校，終不應這樣子教書去渾。幹了八個月，我就決心辭職。從此天南地北，在軍職上又剔歷三十多年，一面做了亂國孤臣，一面又在這海邦執教。可算是以教書始。以教書終。其命也夫！

現在賦兩闋小詞，以結束本文。

〈望海潮〉（其一）黌宮今昔

寒窗呵欠，科名繮鎖，幾回呻畢咿啞。多士菁菁，黌宮草草，年時歷亂如麻。回首夢痕賒。看人間麟鳳，聖道龍蛇。學涉中西，制隆今古又何加。儒冠漫引清笳。甚詩云子曰，韜略兵家。換羽移宮，偃文修武，覺來似入流沙。垂老不勝嗟。孰慰蒼生望，孰負朝霞？說與當前學子，珍重惜芳華！

〈望海潮〉（其二）自嘲平生

博游挾筴，揚鞭倚馬，少年事事曾誇。淮左勝情，江東逸興，風流捲入煙霞。城社葬蟲沙。有當塗狐鼠，大澤龍蛇。夢繞青山，醉凝白眼，夕陽斜。戎衣誤我清華。甚從流飛蓋，眩俗高牙。燕子樓空，綠楊城蕪，賞心道是誰家。遁跡喜如蝸。莫與茱萸會，莫話桑麻。贏得青毡白髮，一笑老天涯。

輯三　春秋今繁露

一、憶述昔年的書院與私塾

昔漢董仲舒撰《春秋繁露》；宋程大昌亦有《春秋演繁露》之作。繁露者，冕之繅旒也；綴珠下垂，繁重如露也。春秋時代，凡二百四十二年，事之鉅細，棼如繁露，出入經義，發為奧言，昔之作者，其意在斯乎！

《春秋》雜誌之發行，已屆三百六十期，凡歷十有五年，專篇之作，不乏其人。今之春秋，是裨乘之流傳；今之繁露，亦春秋之訂餖。不佞生歷春秋之世，亦既三之一矣。用敢拾其舊聞，撮之篇末，命名曰「春秋今繁露」。老來失憶，恨無斷簡之遺；頭腦冬烘，不作新潮之想。竊有憾焉！其或有：明日黃花，事同朝露；逢時黑殺，湛湛露斯。緬文物於舊京，通天承露；嗣金閶之逸響，玉露臨風。品花嘯月，春露盎然；苦詣寒窗，霜露乃爾！凜鶴鳴於戒露，則警世之堪資；涵甘露以楊枝，亦貽謀之足範。今之露，異古之露；今之繁，同古之繁也。衰老聲嘶，筆禿意遠，惟讀者教之！

時代不同、名稱偶合

自大陸易手，教育界人士，多集中於香港，繼續興學。因為香港不能創設私立大學，於是書院舉目皆是，蓋實際之大中學校，而變象之私立大學也。昔之書院，異於今之書院；時代不同，名稱偶合，實無足怪。今且一談昔日之書院。

書院之設，肇自唐宋。有清一代，文風丕盛，宏獎士子，淬勵人才。雖在科舉之時，仍寓深造之道，故每於都會名山設立書院。其著者如：南京之鍾山書院；江陰之南菁書院；杭州之詁經書院；淮安之麗正書院；廣州粵秀山之學海堂；江西廬山之白鹿書院；長沙嶽麓山之嶽麓書院；成都尊經書院；保定連池書院等等，其他不勝枚舉；類有達官為之唱，而宿儒為之長；王壬秋、姚姬傳、王船山……等皆曾為山長（昔年書院不稱院長，概稱山長，以院址多設於名山，而老儒悉為高士也）。學本自修，而師承有自；士多俊彥，而研鑽多方；以文會友，講學得琢磨之益；廣庇寒士，月課有膏火之資。是又高級之學塾，而研究院之先聲也。

說者多謂科舉制度，梏於功名，囿於思想，所以埋沒人才，斲喪意志。可是學問之道，存乎其人，為學之始，不過植其初基，只要不溺志於利祿，陶醉於科名；任何制度，不足為病。碩學通儒，何代蔑有？猶之今之學校出身者，雖一般只學得各科系廣泛之原則，而專家發明，大有人在。事業輝煌，學術彪炳，固在彼不在此。若必以畢業考試，取得文憑，留學論文，快心學位；則學士、碩士、博士與秀才、舉人、進士，又何以異。自不必矯枉遺世，高調獨彈。吾為此說，特為變相之科舉進一解，而為主持教育者下一鍼砭耳。

有清一代、文風甚盛

有清二百六十年來，雖有政體箝制之威，仍無礙於漢學昌明之運。顧亭林、黃梨洲當絕續之交，成不刊之學；戴東原、紀曉嵐纂訂《四庫全書》；阮元、王先謙之《正續皇清經解》，校勘補輯，博引旁徵，不獨為希世之盛業，實足為載道之鴻編。他如：毛大可之考偽；王船山之論史；顏習齋之力倡習行；方望溪、劉海峯、姚姬傳開桐城派之先河；畢沅、曾國藩輩，不獨著作等身，又以達官地位，宏獎士類，故積學之士，翕然從風；文人之盛，洋溢當代。惟康有為、梁啟超師弟，通經達權，擷新啟後，起凋敝之人心，開時代之轉捩；此實足為五百年名世者流，非所語於並世寵兒，支離滅裂，勦襲豆丁，矯糅新潮，沽名惑世者比也。至於雕鐫駢儷，潤飾詞章，如：吳兆騫、蔣心餘、洪北江、孫星衍、袁子才等；吟壇祭酒，擅長詩歌，如：錢牧齋、吳梅村、朱竹垞、王漁洋及其他詩人等；亦足激揚世運，迴盪心絃。若乃致力於考據、訓詁諸家，雖聚訟紛紜，各宗一是；而鉤稽析辨，考文知音，亦非博涉者不辦。凡此，皆因歷代文風之傳統，以致舉世沉湎於漢學；若早改途易轍，兼尚科學，相信實用學術之進展，絕不讓歐美獨步於前；而諾貝爾之獎金，早已為吾國學子所分潤矣。

新舊教育、互有利弊

三代學制，略具雛形。孟子：「夏曰校、殷曰序，周曰庠」，皆鄉學也。禮：「國有學」，即後世「國子監」及國立大學之濫觴；周時雖有此制，而未具備也。自孔子杏壇設教，門人子夏、子張等繼之，百年後孟子又繼之，實已開私塾之先河。三千年來，講學之風不絕。自唐、宋、元、明、清以科舉取士，千有餘年，其志學始基，蓋未有不出於私塾者。在今日學校林立，教育普及，而猶高談私塾，未免思想陳腐，冒天下之大不韙；然而利之所在，弊即隨之，驅億萬青年而為學生，智愚不等，身分提高，欲望愈大，求職愈艱；是亂之階也。崇樓巨廈，校舍堂皇，林木蔭森，校園幽雅；是奢之漸也。學費重於束脩，智育超於德育；學校與家庭隔瘼，子弟與父母乖離；此風氣之不變，而時代之隱憂也。古者鄉校之制，實無異為官民合辦之集體私塾。所謂「謹庠序之教，申之以孝悌之義。」旨在曉禮讓、序長幼，小子灑掃應對進退；蓋所以端童蒙立身之本，建社會秩序之基。今者時遷勢異，自不能故步自封；然可以變通辦理，補敝救偏；安得具有大智慧、大魄力者，渙汗大號，改絃而更張之！

昔年私塾、概分三種

今且寫一些七十年前私塾情形：

私塾之種類——私塾通稱書館、書房。禮：「家有塾」，家學曰塾也。設館授徒者，謂之塾師。以塾師之學望地位，與學生之程度年齡，而分為經書館、四書館、童蒙館。

經書館學生年齡較長，多係準備應縣、府考及院試作求取功名之初步者。所研習誦讀者，為四書、五經、古文、詩賦、選學（文選）、時文（在考八股文時，讀八股文，有大題三萬選、十萬選等書；後改策論，則讀闈墨——中式舉人闈場之墨卷），看「綱鑑」、讀「讀通鑑論」、並涉獵部分子書及名家文集。更須按期課試作文。尤要者為練習楷書小字（多半寫靈飛經帖），蓋入考場謄寫試卷之必要條件也。此等塾師，必為名秀才、老貢生、副榜舉人及不求進取之孝廉公、與飽學之老師宿儒為之。大抵每遇一次考場，某書館之學生有發述者，則先生之聲譽雀起，門牆桃李，生意興隆；否則，日趨黯淡，無人聘請矣。

四書館之塾師，多半為窮秀才或不第秀才。學生以能粗通文字、撐持家門為主。講授「二十四孝」、「龍文鞭影」等，進而讀學、庸、論、孟，寫書簡、草租契，在地方上充一位文人，做一個鄉董足矣。也可應應考場，不求科名進取也。

蒙童館則三家村落魄文人所設。鄉童以略識之無為主。開頭讀三字經、百家姓、千字文、寫寫仿影、背背書，學生則活猢猻，先生則猢猻王也。

神牌一座、紅燭高燒

聘請私塾先生，須送聘書（俗稱關書）。開學之日，在書館行謁聖拜師禮。上供「至聖先師文宣王孔子之神位」，神牌一座，紅燭高燒，香煙繚繞，鞭炮齊鳴；東翁（家長）與西席，均著禮服，有科名者，則翎頂朝服，先拜孔子，然後東翁拜先生，先生答拜，皆一揖；學生則先向孔聖行三跪九叩禮，隨對先生行跪拜禮，先生坐而受之。東翁奉贄敬禮（紅封。銀數不等、非束脩也），張筵就席，揖讓而終；入學禮至此告成。此後，每日早晚必揖先師，每月朔必香燭拜先師；而對先生，除束脩外，每節必有節敬，新年有春讌，座必先生居首；蓋培植子弟尊師重道則然也。

小學生之私塾，有各種體罰，主要者為「戒尺」，又稱「戒方」，以栗木或榆棗木之質堅者為之，多用以打手心，亦有用「竹披」鞭笞臀部者，所謂「朴作教刑」也。至於罰站（時無「立正」語詞）、罰跪、面壁，尤屬家常便飯，家屬不得責難。若在今日，不幾犯官非耶。

塾師際遇、各有不同

塾師之際遇——塾師就館之性質，有獨包者，有合聘者，有供膳宿者，有挈眷移家者，有送外課者（不就讀只送窗課求改）。其在東家和塾師賓主之間，亦有不同之階層與類別；有禮數周備的，有行為慳吝的，有詩禮世家雙方相得的，有目不識丁富而無文的；而塾師亦有名儒碩學隱居不仕的，屢試不第困守青氈的，寒士老儒藉館營生的，半通不通誤人子弟的；如是，在學生成績、束脩多寡，人事接觸上，不免發生種種情形，鬧出許多枝節；這比之今之學校教師，複雜多了。

塾師際遇之最高尚者——以在詩禮素豐之家，教授一二子弟，或在達官大吏衙署中，以師爺書啟身分，兼執教鞭，不獨起居飲食，招待殷勤，即年脩亦比較豐富；時來運轉，且可於大保案中，混得一官半職。其次則富商大賈，土豪劣紳，或頤指氣使，或銅臭逼人；地方有事，則以先生為軍師；訟案牽連，則以先生為訟棍；往來則司筆札，置產又做中人；其或子弟冥頑，父母溺愛，則又視同褓姆，責備多端；蓋市儈之習未除，薰猶之器難共也。最平淡者，則中產之家，及寒門苦讀者，數家合聘，狂簡同科；朗朗書聲，雝雝講座；雖束脩較薄，而禮遇彌周；此蓋得中庸之道者。想當年後漢馬融坐高堂、施絳紗，帳前授生徒，帳後列女樂；如此排場，真堪獨步千古。若在今日，不幾喧騰遐邇，貽譏士林，鳴鼓而攻之耶！一般窮書生，儘可望塵莫及，依然好為人師，求有如宋儒張載之勇撤皋比者，蓋寡矣。

習字磨墨、都有規矩

習字與磨墨——在書塾攻讀，為求科名之發達，必須寫好楷書；而用筆與磨墨，自為連帶之要舉。古者書用竹簡，故以刀錐為筆。自秦蒙恬用鹿羊毛穎製筆，而毛筆之用遂廣。蓋方圓頓挫，豐纖鉤芒；非毛筆無以顯漢字之美，非毛筆無以致鉤勒之用。二千年來，毛筆之製作，已竟大成。在私塾方面，賣筆有行商，雖窮鄉僻壤，亦可坐致，不必遠求於城市也。今之學子，多數用慣鋼筆、鉛筆、原子筆，以其堅硬迅速，取用便利；遂致肘腕無運筆之方，舉筆患柔韌之苦；甚致效西字蟹行，連屬之間，怪象百出；違下行之順勢，失漢字之精神；實已數典忘祖矣。

習字，首在觀摩，次調筆墨，次平氣息，次舒手腕；臨帖必多讀帖，目運指畫，心領神會，所謂意在筆先也。寫行楷，要在規矩中，不失其神韻；若處女之幽靜，而具婀娜。寫草書，又要於飛舞中，不離規矩；若劍士之周旋，而自循法度。吾國之論書法、擅書法者多矣，學生固不必求為書家，而規模整飭，門面大方；亦自有其必要。

墨汁今已盛行，但色滯多滓，科場試卷，決不能用。故在私塾中，墨必自磨，有時還要替先生磨墨。看來雖是末事，卻屬寒窗課字重要工作之一。因為墨須細磨、須緩磨，用力則墨粗，求速則墨潑，故必平心靜氣，具涵養工夫。或一面看書，或瞑目靜坐。潔其硯，澄其水，植其墨，正其身；手運輪囷，池暈漣漪；目注文瀾，耳鳴清瀨；鼻觸芬芳，心隨濃淡；或文思綺發，妙想陸離；或古豔繽紛，神移默誦。黃粱入夢，則潑墨淋漓；紫燕投懷，則童心初蕩。此如短短一時會，自有其小小一乾坤；雖小道亦有可觀者焉。至於書畫名家，婢僮素手，磨墨索費，拂硯生姿，此又名士襟懷，別開生面之流；非理首呫嗶，兀兀窮年者所可語也。

半生場屋、一席青氈

帝制時代，取愚民政策，及以科名誘惑智識分子；對於一般教育，概以放任為主。故私塾之就讀子弟，純由於家長之願否培植，與子弟之是否好學。其時讀書種子，不外以下幾種：世家子弟，求取科名，維持其書香門第者；寒士苦讀，希望奮步青雲，改換門庭者；列籍士林，以士大夫地位，雄視鄉里，或虎而冠者；屈志酸丁，退求教讀以歿世者；中產以上之家，讀一點書，捐納功名，撐持門戶者（清末開捐納之例，士子可捐監生）；農工商賈，為便利其職業，淺嘗即止者；凡此，皆須由私塾之陶鎔。最多院考得售，補入縣、府學生員（即秀才），博了一領青衫，即為肄業之最終階段。求其志在經世，而學為儒宗者；則鳳毛麟角，尠不可得。

一般讀書之學程，無形中既有最高之限度。則其他為讀書而讀書，而著書立說，寖成大儒者；與夫為科名而讀書，而力爭上游者；何自而鑽研深造耶？曰：不出兩途，一則皓首窮經，於故紙堆中討生活；一則博訪名師，坐書院、下苦功也。不過昔之以漢學各科名家者，如：訓詁、考據、音韻、圖識、天算、史地、理學、古文、駢文、詩賦、詞曲、札記、小說等等，代不乏人；類皆用志不棼，由博而約；故能藏之名山，傳諸其人；雖屬苦心孤詣，亦只囿於經史詞章，究少實用耳。

如上所述，昔之青年學子，腦力精神，泰半消耗於經義文字，而實用應世之學，百無一是。家庭無適當之生活，國家無保育之良規；於是力學者，每多少白頭、肺癆病、貧血、近視，腦昏、體弱，以致形容枯槁，傴僂顳頊，勞形鬱折以死者，不知凡幾。即有少數，補得博士弟子（秀才），半生場屋，一席青氈；謹愿者碌碌以終，狡黠者營營苟活而已。至於乙科中式，甲榜題名；或潦倒仕途，或窮愁翰苑；或為書院之山長，或為當道所禮羅；亦不過掛名士招牌，居縉紳之列；飛黃騰達者，能有幾人。蓋上之所以勵下者，旨在以虛名籠絡多士；而下之所以求上者，志在得科名以獵一官。既無社會事業，安排出路；又無特殊技能，謀求溫飽。只有在唯一狹窄的小路上謀生活、碰運氣；蓋即飛上枝頭，亦未必能作鳳凰也。

昔主於靜、今尚於動

昔之學者主於靜。今之學子主於動。讀書、作文、習字、磨墨、焚膏、漂麥、囊螢、映雪、惜寸陰、破萬卷、丙舍書聲，無間寒暑；此皆靜的工夫也。蹋球、賽跑、游泳、拔河、秋千、戲劇、軍訓、旅行，甚至遊行集會、演講募捐、觀劇跳舞，此皆偏於動者。因之今之青年，體育發達，動作活潑，常識豐富，接近社會，優點甚多。較之在昔，奚啻霄壤。夫靜、死象也。動，亂象也。暴君專政，則士無生氣。國勢式微，則死氣沉沉。昔之格於時代，囿於知識，醉心於科舉，泥首於書帷；固屬頹墮人心，桎梏思想；然如了無意義，藉事生端；遊行叫囂，荒廢學業；作政治之工具，久假而不歸者；亦非青年立身之道也。

今之青年，享受時代之賜亦多矣。故在求學期間，必須以學業為重；進而作國家社會之楨幹，以造福於未來。切不可沾染惡風，競求時髦。對於學業，亦宜摒除外務，勉成國器。夫動的時間多，則學的工夫少。加以星期有假，寒暑有假，節日有假，事與病有假；蓋一年之中，荒於假者三之一；荒於動者五之一；荒於嬉者十之一；更有半日讀者；有雖坐教室而心不在焉者，辜負時代，虛擲光陰，滋可惜也！

二、回憶七十年前的童年生活

我生於寒士之家。父親是秀才，祖父是貢生。曾祖父於前清咸豐年間，以鄉紳身分遂為捻匪所殺傷，死已兩日，僵臥於戶外。縣知事（縣長）雲南人梅公，下鄉驗屍以為未死，乃就致命傷口處敷以隨身擔帶之藥（想是雲南白藥），並殺活雞一隻覆於傷處，囑人守而聽之，謂如腹中有響聲，即追其回驗，言罷即行。曾祖母守候於旁，俯而聽之，至夜半曾祖父腹內果微有聲，時梅知事坐船已去遠，卒追之返，又敷藥，曾祖父因以復活。垂十五年，始生予祖父弟兄五人，予祖父又生予父弟兄五人，三傳乃至予輩；皆復活後之胤遺也。梅知事翰苑出身，時無法醫，縣城距予家老宅約七十餘里，民船來往需時，乃竟有此奇蹟！足見昔時親民之官，於離亂之世，猶能慎重民命至此。少時習聞予父言，謹首記於此，以備家乘，以勵官箴，非費辭也。

牆傾屋覆、逃過大難

先君自入泮後，即受聘於東海濱「陳家洋」地方顏氏家。東主為卸任之雲南知府，包教其二子宜鎔、宜鑄兩人，宜鎔後亦入泮，我即在顏氏館舍中誕生，東海之人也。五十年後，我在蘇北行營主任任內，出巡至此，宜鎔猶健在，特於戎馬倥惚之際，領予至出生之室，衣胞猶在，人事已非，皆垂垂老矣，不禁感慨係之！

我六歲時，隨父母由陳家洋移館至阜寧縣西南鄉之陳橋鎮，尚未入塾，仍鄉村之野孩子也。地多富戶，集館延師，以一磚砌之老屋，為吾家寓所；是年夏，風雨特多，一日下午，我以一扇門板，擱置東牆簷下，臥而承涼於其上，泠然善也；俄而牆傾屋覆，東面牆整個倒向我所臥之門板上，將門板劈碎一半，我被掀入地下，竟無損傷；三弟聞響聲，急奔出門，突有一瓦片自頸後飛插而下，立成血路一條。時家父與大兄皆在書館，聞訊急回，始知家母與褓抱之四弟猶困在已倒坍之屋中，料已遇難；鄰人相偕撥去磚瓦，掘路救人，我等亦同聲哭叫，以為家難已臨；孰知在殘磚碎瓦中，撥出一路，見一橫樑，一頭架於案上之孔聖牌頂，一頭擱在我母座後之椅背，中留一大空穴，我母猶手抱幼弟，弟在母懷，猶作嬰兒笑也。此一奇蹟，先君曾作「倒屋吟」以記其事。是知人生禍福，不能不委之於命。如今香港半山之高樓大廈亦有水火山坭風雨之阨；幼而壯、壯而老，事變之來，每無端而至，安之若素，順其自然，可矣。

露珠濕衣、微霜在額

翌年，我抱四弟遊戲，失手跌於地下，被母親打了一頓，命入書房上學；此為我七歲開蒙今始。我小時了了，記憶力強，因為方塊字已早受母教，認識很多。開學後，便讀《四字鑑》、《三才略》、《地球韻言》、《古今一覽》（這一部書是我父所著，述古今事物之源流，亦韻言）。半年後，即讀四子書、古文，有同時並讀數種者，每日皆須背誦。四書每讀完一本，尤須通本背誦一次。我與大哥白天聽講、復講、習字不計外，每晚必讀晚書，在豆油燈下（其時尚無火油燈），張口誦，瞑目背，必須讀熟，預備明早背書，每至三更（大概為深夜一點多），方敢就寢；冬天夜短，為刺激腦筋，時至戶外，迎風默背；甚至露珠濕衣，微霜在額，不之顧也。我來得快，讀得多，每晨還喜搶頭書背；背了書，才回家吃早飯；那是稀飯兩碗，麵餅或蒸膏兩塊。蘇北人家，習慣每天早晚兩餐是稀飯，中午乾飯，夜晚並無宵夜，我們讀書時亦然。以視香港今日學生，洋樓電燈，明窗淨几，還要牛奶、魚肝油、補腦汁、鷄精等等，甚至半日讀而已。更有種種娛樂，種種享受，難道我們前一輩的人，是天生苦命麼？要知道，天地之間，取予有份；故享受多者，勞力亦應多。人生之間，老少亦有份；故少年努力者，晚年必有成就。中國有句簡單格言曰：「惜福」。吾願如今港地之青少年，能多多惜福也。

十歲參加、會課演習

我讀書的進度甚快，到了八歲的下半年，就開始點《綱鑑易知錄》，每日限點十頁，不懂的、點不下句子的，就做了記號，隨時發問。九歲，開始作文，先作一小段，逐漸增加，以至於完篇。十歲就參加鹽、阜兩邑鄰近各書館的會課。所以如此急進者，為的是準備下一年的縣考，以幼童參加考試，可佔許多便宜也。

所謂會課，實即試場演習，會課時全是大學生（十六歲乃至二十歲），以我為最小，所有試題，為四書義一篇，史論一篇，時間、卷子等一切格式，皆與試場無異，卷子由各書館先生聯合評閱，以定能否參加試場，甚嚴肅也。

凡到另一書館會課，不論遠近，皆須步行，以覘各人之體力，並調劑平日坐讀之板滯。於此，我對香港青少年學生有一建議：港地交通發達，學生上下課，多半利用巴士、小巴，絕少步行；我意徒步為最良好的運動，可使全身得自然活潑之妙，除校址距離過遠必待乘車外，餘皆應一律步行，以養成青少年勤勞健步之習慣。我們有一位同事老教授衛先生，他寓居港島半山般咸道附近，每次到九龍塘上課，來去皆步行；年已七十，老而不衰，殊可法也。

縣考放榜、名列十八

我十一歲參加縣考的幼童考試。我們縣裡，文風甚盛，頭場有三千多人。夜半起身，吃進場飯（海參煨豬蹄湯，這算是難得的補品了）。五鼓點名，領試卷，由送考人（父親及廩保先生）帶領至點名燈排下（為維持試場秩序，由官府預製高腳燈排數十座，每座皆寫上與考童生姓名五十人，編列號碼，隨燈前進），領卷入試場後，按照彌封號數，認清座位，時天尚未明也。

座位為橫排長條桌，長板櫈，無燈火，以日出日入為限，不得繼燭；兩篇文各三百字，天亮時，題紙下，我記得頭題為「邦有道危言危行，邦無道危行言遜義」。二題為「漢文帝拊髀思頗牧論」。完卷後，還要默聖諭一段（康熙帝所頒訓諭，照例抄「聖諭廣訓」）；作了頭一段，要到大堂口給佐試官蓋戳；我以幼童身分，隨被提堂（花廳）面試，以此討得便宜，被取列第十八名（俗稱後十，殊榮也）。場中廣場一角，為臨時廁所，並無遮蓋，臭氣薰人，可見昔日官場之腐敗。

點名完，即封門，繳卷隨啟隨封，皆升砲、粘封條，發榜以五十名為一圖，排寫成一圓圈；共試五場，最後一榜，三千人只剩四五圖，二百名而已。得終場者，謂之「終覆」，有盛筵一席，以示鼓勵。我與家兄同試，同得終覆，同坐一席，童年時甚引為樂也。

考了一半、科舉被廢

後來又參加過一次府試、一次院試。府、院試要到淮安府城，距我家約二百餘里，乘民船，中經射陽湖，入澗河，過車橋鎮，這是我第一次遠行。蘇北大部無山，得見湖泊之盛，已是大觀。時淮安府城尚無客棧之設，覓寓多在居民家中，其間主人臥室、少女香閨、甚至新娘洞房，皆闢室租賃營利之所也。府考以四場終覆，為淮安府所屬：山陽（民國改淮安）、鹽城、阜甯、清江（民改淮陰）、安東（改漣水）、桃源（改泗陽）六縣童生（不論老少，皆稱童生）所集會，清時地方制度為三級（省、府、縣）故也。

院考則為決定秀才去取之考試。由清廷欽派學政大員，分蒞府城主持之；分試兩場，相當隆重；我那次參加之院試，主考為江蘇學政（俗稱學臺）唐景崇，只考了頭場，即奉光緒帝諭旨，廢科舉、辦學堂，未發榜而罷。蓋自唐以來千有餘年，科舉制度告終之日也。

憶當學政大員蒞臨之始，扈從如雲，先到孔廟謁聖，朝衣朝冠，席地而坐，另由幾位前輩廩膳生（秀才補廩）、附生（秀才）各講論語一章，學臺坐而聽之，謂之「觀風」。我父當時將我抱起觀之，各皆肅穆；此一最後之科場典禮，亦歷史陳迹之一也。此後即轉入文、武學校，茲不贅及。

祖父逝世、喪儀頗隆

我十歲時，祖父逝世，全家自館地回范公堤臧村老宅奔喪。茲記開弔、題紅（即點主）各節，亦以見今昔喪禮繁簡之不同；而慎終之道，隆殺自異也。

我家老宅在范堤上，為大小院落兩進之平房。前望平疇，後倚海河（串場河），地甚寬敞，祖居於此。家君居長，弟兄五人，四家叔亦秀才，故在鄉里間，喪儀較為隆重。大院落全部搭蓋紅白相間之布棚，靈堂對正屋設在院中，四周懸滿輓聯；靈堂前地上，鋪設丈餘長之大紅厚拜毡，為弔客跪拜之用。拜單兩端，各設跪墊，為兒孫輩輪流陪跪之用。我們孫輩從兄弟二十二人，我亦常川陪跪之一，因弔客皆行跪拜禮也。

昔時弔儀，除文人用輓聯、至親送祭幛外，餘皆送紙錢、錫箔、或現金。紙錢係以長方二尺之毛邊紙，錘上圓圈，中心有眼孔，象徵制錢為之。每百張為一刀，普通送禮三至五刀，最大禮十刀一份。臨時將紙一張一張捲起來，作為燒給死者陰間之用；錫箔則疊成元寶形，有金銀兩式，同時並燒；現金普通是有孔銅錢二百，以繩穿成兩串；同時在靈堂左近，擇空地架爐灶，為焚燒紙箔之處。一時紙箔堆積如小山，捲紙及燒紙工作，由親戚子弟及孫男輩任之。疊元寶則由親戚女眷及孫女仟之。開弔期間，日夜不息也。七七及周忌皆然；此舊俗迷信之遺，尚無送花圈風氣。

題紅點主、冠帶臨場

「題紅」為一時盛典。主祭、襄祭及陪祭者，必須有科名出身，冠帶臨場；故遠近延請，張羅非易。那一次先祖父題紅時，點主官為後樂堂主孝廉公陳惕厂先生（著有《後樂堂文集》），襄祭官為浙江餘杭縣知事舉人孫海南先生；其餘陪祭諸公皆本邑貢生、秀才，約十餘人。臨祭之先，孝子出幃叩謝，然後由司儀唱秩序：升砲、奏樂、獻香、獻爵、獻帛、讀祝文，點主官用硃筆向東方噓生氣，用墨筆吹生氣，先後點於木主之王字上（製木主神牌時，將主字上之一點缺寫，僅一王字，由點主官用硃筆鄭重補一紅點，作為靈魂寄託之所在，為子孫供奉之神位；雖屬迷信，意至深長）；至此，孝子再叩謝，升砲禮成。凡來弔者，皆有酒席；題紅者則另備盛筵款待，並特備舟車分送回府，禮貌之至。今廢久矣，不惜憶述而記之。

故宅後有大桃樹一株，垂蔭半畝，秋間結實，大如兒拳，色白，甜如蜜；書齋窗前有香櫞樹，每年結實一，大如小碗，皆百年物也。大門外有皂角林，皂樹逾百，林隙平潔，他處未之見也。兒時最愛之，附記於此。

豆棚瓜架、樂在其中

予幼時隨母時間最多，母亦最愛予。母顧氏，系出本邑耕讀人家，曾就讀於家塾，故予未上學前，識字已多，皆出於母教。母工刺繡，喜蠶桑，耕織蔬樹之事，無一不能。每年春蠶時，早露未晞，即須採桑，我背完頭書，隨母外出，母携桑籃，我帶竹鈎。因為蘇北皆野桑，樹高數丈，枝葉在上，絕無如蘇州、無錫一帶專供養蠶之矮桑。我幼而好弄，專喜爬高樹及風車，故採桑時，我攀上樹幹，以竹鈎鈎取遠枝下垂，我母接而採葉，瞬間可畢；待蠶將上山，又以蘆竿紮成柴山多座，俟蠶之透明吐絲者，移置山上；晌而成繭，晌而鏁絲，一樂也。

我母最喜種植蔬菜瓜果，家中終年所需，不外求也。凡青菜、倭瓜、冬瓜、絲瓜、茄子、青椒、扁豆、豇豆、莞豆、向日葵等等，無不按季栽種，棚架排列，横豎成行。夕陽西下，我與大哥抬水潑菜，拌糞施肥；每晨套瓜花（以牡花套於牝花；方易結瓜，人工助長也）、捉豆蚜（害蟲），迨收成時，冬瓜臥地大如「白豕」，絲瓜垂架有如「兒臂」，倭瓜如「亂石紛列」，葵餅如「盤髻臨風」；隨吃隨採，應有盡有；又一樂也。

在上岡南沙地方，我家有沙田幾畝，有一次，我同往去翻花生和山芋，花生在沙土中，藤蔓纍纍如串珠，愈扒愈出，瞬即盈筐；山芋則大小長短，形狀不一，收成之富，色然以喜；然後知土地之足貴也。

雞犬桑麻、徒結夢想

最得意的一次，則某年秋我九歲時，隨母到田上「看收」。我家祖產不多，均在本邑北鄉，另在西鄉典有稻田，為業幾年，交由佃農耕種，收成平分，所以要去「看收」，直到分場為止。這是我鄉農人另一種風俗。我母子到了田上，佃戶為我們在場圃中搭一個篷帳，放眼就望見所有田疇，時屆秋初，收成在即，只見密密行行，整齊排列，金黃稻穗，低首微垂，稻香撲鼻，牛鳴入耳；此田原之領域，農村之殊景！風物優美，環境自然，不覺有雞犬桑麻之想。入晚，月明如水，場平如鏡，蟲聲唧唧，水聲潺潺，幕天席地，與村童在場地舞彈子，捉油叫雞，編麥稈籠，拍螢火蟲，囊螢為戲；看農人張枒子、捉黃鱔、放水塘、取魚藕，無在不引以為樂也。

繼而看割稻，一捆一捆挑到場上，堆集如小山。隨著一天天看灑稻、打稻、颺稻、圈積穀粒，蓋石灰印，以至分場，滿載而歸。手續經過，亦至煩雜。然後知粒粒辛苦之不虛也。港地多有將剩飯倒棄者，不獨暴殄天物，亦未知物力艱難也。我在兒時，對此影響最深，數十年時懷歸田之想，然今生無望矣！

三、刺宋案誤了民國誤了袁世凱

辛亥革命，發源於粵，啟機於川，而成功於武漢。辛亥三月廿九日血戰廣州之役，駢葬黃花岡者七十二人，全國震動，已達民黨革命行動之飽和點；而四川鐵路風潮繼之以起。時趙爾豐以尸居餘氣，困守成都，端方啣清廷之命，入川鎮壓，被殺於敘府；川人不於北時起義，而武昌乘之，以成開國之大業，輝煌之歷史。故廣州之慘敗，絀於力也；川人之遲疑，失於機也；武昌之成功，得其時也！

首義人物皆未得大用

當武昌起義之初，清廷兩湖總督瑞徵，第八鎮統制（師長）張彪，皆輕易出走。起義諸公，乃共推混成協統領（旅長）黎元洪為湖北都督，以資號召。黎氏本庸人，既無野心，又懼失敗，遂強行翊戴，群雄虎視，瞬即成立八個師，並皆有名無實。而彼等對黎元洪又時加淩辱，百般喪失其自尊心，其中以張振武、黎天才等為尤甚，致逼使黎氏投袁。袁世凱乃乘機利用，任命黎氏遙領參謀總長，並以陳宧（二厂、與黎氏皆鄂人）為次長，陰為結納，遂紿張振武入京殺之。未幾，又以癸丑二次革命失敗之影響，北軍南下，段祺瑞、王占元先後督鄂，而革命始基，完全剷盡！孫武等首義人物，皆未得其用。終民國在大陸垂四十年，首義之武漢，未能為國家中流之砥柱，實緣成功太易，而首義之輩又不能與黎氏合作，厚培實力；致失卻開國之良機也。

始亂在川後亡亦在川

四川本有首義之機，而遲疑未發。迨響應獨立，又由蒲殿俊、胡景伊、尹昌衡等先後出任川督；尹氏甚至不惜重用袍哥（四川之幫會），烏煙瘴氣，大會於成都。遂未能利賴天府，有所建樹。嗣後川省之周道剛、周駿、熊克武、劉存厚、鄧錫侯、孫震、呂超、向傳義，乃至劉湘、劉文輝叔侄、王陵基、潘文華輩，中經川、滇、黔多年之糾紛，徘徊南北之携貳，不過爭持地盤，竊據一方；雖以熊克武之久鎮川東，富革命性，亦未能統一川局，終致鼓煽餘孽，拱手投人。故辛亥首義之前，四川先鬧鐵路風潮，始亂在川也；最後始向中共靠攏，後亡亦在川也；語云：「天下未亂蜀先亂，天下已治蜀未治。」我將易之曰：「天下未亂蜀先亂，大陸已亡蜀後亡。」不其然歟！

徐紹楨未能當機立斷

武昌起義之際，最可惜的是南京方面毫無作為，當時駐屯南京之南洋第九鎮（師），原為全國最有紀律、最富革命性之師。由第九鎮統制徐紹楨（固卿）統率有年；加以陸軍第四中學學生近三千人，陸軍小學學生亦有三百餘人，其他武備學堂、隨營學堂、講武堂等等，亦不下千餘人，皆有槍枝，躍躍欲試，而陸軍中學總辦（校長）萬廷獻與徐紹楨統制（等於師長），瞻顧徜張，坐失機宜；致為清廷之江甯將軍鐵良所威脅，強使第九鎮各士兵只帶五粒子彈，開出秣陵關；而陸中與陸小學生中有志之士，亦紛紛自動投奔武漢；失去南京首義之大好良機。當時江寧將軍鐵良不過擁有巡防營數千人，得以先機閉城固守。迨至浙滬聯軍奪取天寶城，圍攻金陵，第九鎮回師反攻，久之乃下。其難易不啻霄壤。事後南京政府成立，孫中山先生就任臨時大總統，徐紹楨僅以「南京總督」職銜，徒擁虛名；萬廷獻總辦則西上武漢，作黎元洪之顧問。民國成立，徐紹楨乃困居滬上，窮促以終；萬廷獻掛名軍事參議院，勉資糊口。假使徐紹楨能首先在南京發難，以第九鎮之雄師，再加以陸中陸小之大量學生軍，聲勢之盛，絕非其他省區所可比儗，則副總統之地位，當捨徐氏莫屬。萬廷獻先生每與予論及此，未嘗不太息於當機立斷之不易也。徐萬兩人皆孝廉公，文人行徑，何其審慎乃爾！

二次革命犯六項不利

癸丑二次革命，實為辛亥一班人物消沉之樞紐。茲分述其利害關係，連帶及於民黨人物之升沉，予以為癸丑二次革命，實犯下列六項之不利：

（一）以宋教仁一人之被刺，而以國命作孤注一擲。

（二）給袁世凱以派兵南下之藉口。

（三）喪失十餘省之地盤，將辛亥立國之根基，消滅殆盡。

（四）國會亦因之被迫解散。

（五）袁世凱設軍政執法處，以參加二次革命者為「亂黨」，搜殺多人。

（六）黃興之「南京留守」，連帶去職。不久，在日本病故；失去擎天一柱。

宋教仁堅持責任內閣制

茲就上列各項逐一述之：

（一）宋教仁被刺，為二次革命之導火線線——宋教仁以民黨傑出人才，長於政治；當袁政府組織內閣時，以宋為教育總長，辭不就；宋與袁方爭執之點有二：一、責任內閣。二、宋為內閣總理。時袁氏欲以總統制控制內閣，與宋之主張內閣制，大相齟齬，自然不為所納；而以宋為內閣總理，又慮大權旁落，多方掣肘；以此竟成僵局。袁氏乃密令爪牙，購兇刺宋於上海北火車站。民黨搜得袁氏「毀宋酬勳位」之密電，認為袁氏殺宋，手段卑汙，群情憤激，尤以滬軍都督陳其美（英士）最為激烈；遂由長江三督——滬軍陳其美、贛督李烈鈞、皖督柏文蔚通電討袁；此即二次革命（癸丑）發難經過之概略也。

李烈鈞柏文蔚失敗出走

（二）袁世凱藉口出兵討逆——袁氏嫉忌民黨，正苦無從啟釁，遂乘此機會出兵，實行討伐。以張勳之一部，及馮國璋之禁衛軍（晚清舊稱），由津浦鐵路大舉南下；時南方僅有洪承點之第七師、陳之驥之第八師、徐州冷遹（禦秋）之第九師、蘇州之第二師、上海之第十師（滬軍參謀長黃郛兼師長，蔣總統時為該師團長之一），以及江西、安徽初成立之部隊，乃至鎮江都督林述慶、揚州軍政分府徐寶山、淮安軍政分府臧在興等，多起義後新編隊伍，槍枝不足，戰力薄弱，驟遇北軍，直如摧枯拉朽，不旋踵間，三省已失；紐永建（惕生）雖死守吳淞，無補大局。袁世凱既獲全勝，初以張勳督蘇，以其行為荒謬，貽羞中外，改任馮國璋為宣武上將軍督蘇，李純督贛，倪嗣沖督皖，鄭汝成為淞滬護軍使，至此全局失敗；李烈鈞、柏文蔚相繼出走，陳英士避入上海租界，爾後終於被刺身死，鄭汝成尋亦為民黨刺死，成互相報復之勢，無裨益大局也。

起義省分幾於全部喪失

（三）辛亥革命所得之起義省分，幾於喪失殆盡——自辛亥武漢起義，各省響應，不數月間，幾於奄有全國三分之二；除前述之長江三省外，餘如廣東胡漢民、廣西王人文、雲南蔡鍔、貴州唐繼堯、四川蒲殿俊、湖南譚延闓、浙江湯壽潛、福建孫道仁、山西閻錫山、陝西張鳳翽、新疆楊增新、山東煙臺藍天蔚等省區，皆繼湖北而獨立；雖各省首任都督，歷有更替，而歸入民黨版圖則一；所以中山先生在南京就職大總統，得十七省代表之推戴；誠盛事也。乃以二次革命失敗之故，大部為袁氏所征服易帥，少數則以地險僻遠而倖存。更調者：如陳宧督四川、張敬堯督湖南、王占元督湖北。蔡鍔內調，以唐繼堯督雲南、劉顯世補督貴州、陸建章督陝西、李厚基督福建、盧永祥督浙江，皆成袁氏之心腹。成敗之間，皆緣癸丑不自量力，授人以隙，而所有人事，因以變更，國事之重，可不慎哉！

解散國會捕殺民黨分子

（四）國會被解散——開國之始，國會中民黨分子較多；至此，袁氏乃將國會解散，藉以排除異己，另組新的御用國會；於是民黨議員，或入地下，或謀逃走，一時風聲鶴唳，北京方面，頓成恐怖世界；此中不知折辱幾許民黨人才，皆急進派小不忍，有以致之也。

（五）北京政府軍政執法處——袁世凱又於二次革命期間，在北京設軍政執法處，以殺人屠戶陸建章為處長，專以搜捕「亂黨」為務；凡認為與民黨有嫌疑者，經逮捕之後，尤其爪牙訊問，開單呈報，陸氏輒於紙尾以紅筆一鉤，批上「一律槍斃」四字；如此，不知冤殺多少人；後來陸氏雖為徐樹錚在天津槍斃，實不足以償其辜也。

黃興主張宋案政治解決

（六）黃克強之處境——辛亥南北統一之局既成。民黨以袁氏在北京，密令曹錕製造兵變，表示不能南來就職，勉允其暫在北京，袁乃設「南京留守府」，隱以南京為陪都；特任黃興為「南京留守」，甚隆重也。迨宋案發生，黃興本主張尋法律解決，以與袁周旋；不必輕動干戈，授人以柄，議甚正當。但為激烈派陳其美等所不滿，甚至有諷黃氏戀戀於「留守」崇高之職位者；其實黃氏光明磊落，膽識超人，豈攖心祿位之流；予嘗於漢陽之役，從其作戰，充敢死隊、督戰官、臨時指揮官；又於南京參謀本部，任作戰局參謀；習見其威儀卓犖，氣概豪雄，傾身革命，奮不顧身，全國人士，識與不識，舉認為實行革命第一偉人。凡偶以介士追隨，得承顏色，每引為畢生榮遇；乃竟以大計不合，避走東瀛，又值中華革命黨之組織，微有意見，竟抑鬱而死於日本。國失楨幹，人同痛悼，歸櫬之日，在滬市出喪，萬人空巷，予亦參加殯列，可哀也已。假使無癸丑之喪亡，黃氏以陪都之重，挾十餘省之勢，整軍經武，鞏固南方泰半江山，則袁世凱不敢有非分帝制之思，北洋軍閥不致有擾攘中原之患；民國歷史，當另有輝煌一頁之成就。「人之云亡，邦國殄瘁！」不其然歟！

民黨不幸亦袁氏不幸

予於一九五九年曾以「蟄仙」筆名寫《黃克強外傳》，中有一段論黃氏有關二次革命之文，似較委婉透闢；茲錄於此，以足予文：

克強先生以萬人之敵，兼具匹夫之勇；繫心國族，矢志革命；廣州之役，奮不顧身；漢陽之役，臨危拜命；雖一再挫敗，終不滅其英名。至於癸丑二次革命，是非得失，聚訟紛紜；宋案發生，固不必謂小題大做，亦不能謂師出無名；主張速戰者，正義也，就是非言之也。克強先生主循法律，形勢也，就得失言之也。黃氏一生冒險，不計成敗，何獨於此時遽言畏怯，史實具在，自不必待千秋之月旦。夫千金之子，坐不垂堂；以其有基業也。斬木裂裳，前仆後繼，以其無憑籍也。今期月之間，奄有江南，觀兵淮泗，北庭歸命，南服無虞；此不世之勳，而難堪之業也。若復以一人之死，而以半壁江山為之博；其為注不亦太鉅耶？黃氏深慮創業之艱難，在當年千百人死，而不能取一城一邑；自不能以千百城，而爭一人一事之屈伸。吾意宜非其怯也！且兵兇戰危，自宜詢謀僉同；當時且有靜山（孫道仁）觀望，組安（譚延闓）反覆，介人（朱瑞）掣肘之說，是三湘閩浙皆不從同。即親如粵之胡漢民亦不欲奉命。自餘如：鄂之黎（元洪）、滇之蔡（鍔）、川之尹（昌衡）、黔之唐（繼堯），皆無響應者；似不能獨歸咎於黃。尚書有從、逆之占，今『汝則從，卿士逆』，宜有所警矣。假定癸丑能不輕於發難，以南方十二省財富之區，生聚教訓，立於不敗之地，則袁氏無從藉口以圖南，更不容其爾後之發動帝制；故癸丑之役，不特民黨之不幸，亦袁氏之不幸也。

蔡鍔唐繼堯不朽之功

予於二次革命之感想，已言盡於此。茲再分論所憶及民初人物不同之際會與各別之升沉。二次革命後各省都督之倖得保存者，厥有數人；最長久者，為閻錫山、唐繼堯，餘則僅數月耳。茲分述之：

雲南都督蔡鍔——袁早認蔡為特殊英才，特內調為經界局（地政局）督辦，以羈靡之，並令其子克定師事之，其人其事，彰彰在人耳目，茲不具述。

貴州都督唐繼堯——唐與蔡為留日士官同學，蔡內調時，力保唐氏繼任雲南都督；後來因帝制問題，護國討袁，終與蔡合作，成不朽之功。唐以蔡氏餘蔭，及地處偏僻，雖曾以內部關係，一度出走港粵；終能久於其任，畢生在滇，享受榮華，驕奢逾度；庸中之翹楚，亂世之福人，我曾寫過他的外傳，歷史具在，茲不詳及。

四川都督尹昌衡——袁氏本無愛於尹，徒以地處重要，慎選重臣，為爾後實行帝制，控制西南之用。故聽其守位待機，及心腹陳宧為其結納黎元洪迎黎入都後，遂鄭重任陳為成武將軍，督理四川；頻行通令京中職官及其子克定全體到西車站送行，寄託之重，可謂盛矣。孰知帝制發動，蔡鍔入川，陳竟投機負袁，電請退位，袁氏錯愕，不知所措；此「二陳湯」之一也。後來陳氏寓京，終其生不理於北洋舊侶，潦倒以歿，因其負袁太過，無義無品也。至尹昌衡入京後，寓北城，讀書吝佛，亦抑鬱以終。

並世無匹奸雄閻錫山

山西都督閻錫山——我也寫過他的外傳，茲略述之。盡人皆知閻氏為著名的不倒翁，而不知其為並世無匹之奸雄也。山西獨立之始，他本與巡撫陸鍾琦及陸之子（與閻同為士官留學，名偶忘）約同舉義，臨期，閻乃槍擊鍾琦，其子殉父，遂駢死於撫署大堂下；而閻乃自為都督。其背信一也。癸丑革命，閻縱不同意亦不應率先投袁，以求自保；其邀寵二也。北政府派系紛爭，政局屢變，他於督軍、督理、將軍、省長、巡按使種種名目，好官自為，左右逢源；其模稜三也。帝制時，西南護國，舉世沸騰，閻熟視無睹，不為聲討；其不義四也。軍閥失勢，北伐軍興，閻乃急轉投南，取得第三集團軍總司令高位，仍兼山西主席及綏靖主任各職；又於革命軍北伐即將統一時，就近搶得平津、河北、察綏各地盤，其投機取巧五也。南方諸將，歷次反蔣，閻皆置身事外；等到蔣先生應付頻煩，馮玉祥敗竄投晉，桂系窮促於老巢；而又紿唐生智以南取武漢，故使其敗；至此，以為天下英雄入我轂中；乃遂迎汪北上，遙聯廣西，近控馮氏，組織政府，大舉反蔣；以「禮讓為國」之烟幕，為中原大戰之先聲；此其陰謀險詐者六也。勝利後剿共之役，閻氏固守晉陽，為時獨久，亦嘗謬許其能；閻氏心知城必終破，乃製成毒藥，分給將士，示人以必死；一面將全家預先運送安全地，本身亦頻頻飛京，請求給濟，最後一次，則飛機不能下降矣，自然全身而回；此種巧為安排，非燃犀之照，不及察也。果然五百從亡，而田横不死；還要在臺灣立碑以章之；此實無恥之尤，而作偽不仁之至者；其七也。大陸變色，敗象已成，閻仍就任無人敢承之行政院長。由廣州而重慶、而成都，我在成都省議會院址內，看到大堂地上，行李狼籍，職員慌張，正遷入臺灣時也。此公做一世大官，而仍欲以院長度其殘年；意者或涉想在最後之大陸，有奇蹟耶！吾謂其為並世無匹之奸雄者以此；此其八也。我對閻頗有過從，故敢作誅心之論。老來無所忌諱，頗欲為中原大戰死難之將士、及五百從亡之義軍，一伸其冤憤耳！

四、清末民初的幾個特殊人物

辛亥初期，在清廷已有崇高軍權，位居險要，而初刺身死者，以吳祿貞最為可惜之一人。隻身從軍，百折不撓，活動於瀋陽、烟臺者，以藍天蔚最以為可佩之一人。掩蔽身分，歷任南北軍職，宣傳革命，在南方主持大計，橫遭挫敗，臨期憤鬱，賚志以終，不獲睹民國之成立者，以趙聲最為可念之一人。以北洋高級將領，聯銜通電，請清帝退位，三造共和，有功民國者，以段祺瑞最為可敬之一人。本篇特分述上列四人之概略，以供關心近代史者作參考。

吳祿貞

吳祿貞字綬卿，湖北雲夢縣人。十七歲捷鄉闈，張文襄（之洞）創湖北武備學堂，吳氏乃投筆從戎。旋被送往日本留學士官。公元一九〇〇年（光緒廿六年）八國聯軍之際，中山先生在日本鎌倉，召集革命同志會議，決定以吳氏與傅慈祥主持長江一帶之革命活動。

吳氏返國後，值張之洞實行徵兵，任為新軍教練官，旋調北京練兵處。時兵部尚書鐵良對吳頗存疑忌，乃自請派赴西北各省區：陜、甘、新疆、蒙古一帶考察邊務，途中屢為陜甘總督升允等所阻撓，幾於被害。光緒三十三年，徐世昌任東三省總督，調吳氏為軍事參議官，隨往東北；適值日人利用韓國邊地佔領我延吉地區，發生國境衝突問題，吳氏被派前往巡視調查，並准其在交涉中便宜行事。至此吳氏終得顯大身手，即中日外交史上有名之「延吉邊界案」也。

延吉邊區，山地縱橫，鬍匪（馬賊）出沒，有千年未開發之財源。時日人伊藤博文為朝鮮總督，利用韓人，計謀奪取，祿貞深悉邊情，設法溝通延邊馬賊路線，為了要結納延吉光濟峪、夾官溝之馬賊首領韓登峯，不惜輕車簡從，身入匪穴，曉以大義，經收編訓練後，韓勢頓壯，向日方隱示有備，以此折服日人，劃定邊界。吳氏以功陞任吉林邊務大臣，並實任協統（旅長），授為協都統（少將）。此乃吳氏大展雄圖之初步。

到了宣統二年，清廷徹消吉林邊署，調吳氏晉京，授以鑲紅旗蒙古副都統銜，特派為前往法德兩國觀操使。由歐返國後，即被命為新軍第六鎮統制。晚清成立之新軍，以「鎮」為最高單位；其時黎元洪、蔡鍔等亦只當到協統（旅長）而已。故吳之拜命統制，實為異數。是誠南方軍人在清廷惟一之傑出人物。亦革命黨在華北惟一之嶄新堡壘也。

辛亥八月十九日武昌起義，跟著山西獨立，巡撫陸鍾琦被戕，清廷命吳氏為山西巡撫，率第六鎮赴晉省平亂。吳氏鑒於時機已至，乃屯兵石家莊，與灤州第二十鎮統制張紹曾以及山西之閻錫山，一面聯電偽稱請清帝立憲，仍擁清廷；一面暗中相約，與諸軍向豐臺集中，進佔北京。不意是時袁世凱奉清廷命出為內閣總理大臣，深忌吳氏之已成勢力，不惜用陰謀手段，以兩萬元購買吳部管帶（營長）馬惠田及周符麟，實行暗殺吳氏。吳在石家莊下榻於正太鐵路車站之站房，素行慷爽，不設警衛。是年九月十六夜，吳氏正與幕僚處理公事，忽見馬惠田帶領隊官（連長）梁雲章、排長楊福奎及頭目（班長）二人，排闥而入，大呼：「奉命殺吳祿貞！他人無關！」即發槍擊中吳氏要害。吳自座上躍起，猶執馬刀連砍數賊。隨即流血不止，倒地而歿。幕僚中人計有參謀張世膺、中軍（副官長）周維楨，亦當場飲彈而死。馬惠田見目的已達，即割取吳氏首級，赴北京向袁世凱獻功。大盜竊國，殲此元戎。諸葛之師未捷，先軫之元不歸。亦足悲矣！

吳部另一參謀何遂（敘甫），閩侯人，有清才，在北京嘗為予言：「在馬惠田行刺之前一晚，馬某曾在營中祕密會商，該營司務長楊鎮海得聞其事，即暗派頭目趙振武往告二十三標（團）第一營前隊隊官馬玉峯，轉告吳祿貞之親信李真，密報吳氏。但吳氏認為無稽，不以為意，遂遭暗算。臨大事者，可不戒慎之哉！

又，友王彭年（又錢），時任吳氏之第六鎮之正軍需官（軍需處長），亦曾為予備述吳氏之事蹟甚詳，咸為之唏噓慨嘆！

祿貞死難時才三十二歲。有二子三女，幼女係遺腹生，夫人景氏，事姑至孝，遭變南歸時，船抵吳淞口，蹈海尋死，遇救得免。迨南京政府成立，為了追念殊勳，贈陸軍大將，公葬於石家莊。

藍天蔚

藍天蔚，字秀豪，湖北黃陂人，留日士官畢業。初與吳祿貞俱在東三省總督徐世昌幕下為軍事參議官。後以吳氏出任延吉邊務，調離瀋陽，但彼此始終保持聯絡。當辛亥之初，藍氏曾密謀在瀋陽發動獨立，未成出走。乃與居正（覺生）祕密僭入山東煙臺，集合同志，宣告獨立，藍氏被舉為煙臺都督。亟謀規復山東全境，惟以該省為袁世凱勢力範圍，北洋新軍之第五鎮駐紮全省各要地，控制全局，因而動彈不得。

迨癸丑二次革命失敗，孤立之煙臺，岌岌可危。雖有海路可通，亦難自保，終於在大廈傾頹之下，為覆巢之破卵，時也勢也。

直至民國八年，中山先生在粵設立軍政府時，藍氏亦追隨左右，旋奉中山之命，遠赴巴蜀，為四川宣慰使。此一代英豪，乃於不明不白中，喪命於僉壬之手！

原來四川軍閥，一向依附北洋政府。於粵府式微之時，更非空言宣慰所能歸附。當藍氏抵川之際，亦正劉湘等通款北廷之時，遂有陰謀戕殺藍氏示好北府之意。藍氏初未計及此也。某日，劉湘約同劉文輝、田頌堯等川軍將領飲宴藍氏。宴罷，送歸招待所。甫就寢而槍聲作，藍氏即告畢命。遺手槍一枝於枕旁，以示自殺。燭影斧聲，盜鈴掩耳，所謂自殺者，如是而已。

藍氏死無多日，而北洋政府任命劉湘為四川督理兼省長之命令亦到達。劉湘與高采烈，舉行就職典禮。詎知就職照片洗出時，劉之背後，赫然多出一人，蓋藍天蔚也！靈魂出現，疑假疑真！怪事傳聞，不脛而走。其伯有之驚乎！其冤禽之警乎！不可知矣！

藍氏之介弟文蔚，字漢凌，與予在保定軍校為同期同學。其任鄂西總指揮討逆失敗後，於民十七年任津浦鐵路貨捐總局長，寓南京舊中興門外。凡友好至其家者，均得一睹此英魂不死之照片，亦奇事也。予於民國卅八年過武昌時，復遇漢凌，皆垂垂老矣！低徊往事！感慨系之！

趙伯先

趙聲，字伯先，江蘇鎮江戴江鎮人，畢業日本士官學校。當光緒末年，伯先在中山先生之領導下，與黃興、陳天華、劉揆一、道一弟兄及胡漢民等，祕密結合，倡導革命；為最激烈、最勇毅、而又最有謀略之實行家。開始以革命分子，多在南方長江、珠江流域；而對黃、淮以北，尚少推動；遂決定親身北行，廣為聯絡。在北京與皖籍青年志士吳樾（孟俠）相策劃，伺機發動。趙氏乃另赴保定，任軍事學校教官，藉以傳播革命思想於軍官學生。時保定設有各種軍事學堂，實為軍官教育之重心所在。趙氏潛身教職，隱事鼓吹，感動了一般將校心理，影響清廷新軍之意志；收效之宏，關係至鉅。嗣聞吳樾在北京東車站行刺清廷出洋五大臣，炸彈爆發，自遭喪亡；為之哭泣哀傷，痛悼不已。遂南下金陵，投身新軍，以期另建革命之基礎。

南洋第九鎮，號稱徵兵。一時有志之士，文人秀才，投筆從戎者，不乏其人。統制徐紹楨愛護人才，有儒將風度。是以該鎮自將校以至士兵，無不朝氣蓬勃，冠冕東南。趙聲到南京，徐氏即派其赴江陰訓練新兵。未幾，任以第三十六標統帶（時稱標統即團長）。趙氏受命之後，悉心督導，俾成勁旅。蓋早已存心備為革命基幹之用。

趙氏任第九鎮三十六標統帶時，有一驚人之舉，膾炙人口，且為潛伏期間惟一感人之大膽壯烈作風；在革命史上有其輝煌之一頁，此乃趙氏率其全標官兵在明孝陵「哭陵」是也（按此非抗戰勝利後中山陵之「哭陵」）。茲記如下：

清宣統二年，某日，第九鎮三十六標統帶趙聲，以演習為名，率領所部全體官佐士兵，至南京朝陽門（今中山門）外謁明孝陵（明太祖朱元璋陵）。講述當年明太祖驅除元朝韃虜，恢復漢室山河，建立明朝的史實。繼乃述及滿清入關，下薙髮令，演成「揚州十日」、「嘉定三屠」各慘史。最後更講演太平天國洪秀全收復天下之半，被曾國藩等消滅，以致功敗垂成諸故事。趙氏講話時，怒髮衝冠，聲淚俱下。並勉所部凜然於危亡之禍患，惕然於民族之精神，曉然於革命之大義！義憤填膺，激昂慷慨，一時官佐士兵，皆為之泣不成聲，大有滅此朝食之勢。最後趙氏又溫語慰勉，囑大家冷靜待時。各乃抹乾眼淚，始整隊而歸。

此事當時傳入清廷兩江總督端方之耳，便欲嚴行追究。幸徐紹楨統制多方掩護，曲為解脫，因以得免。此一次精神感召之所及，成就不少義烈之士，如安慶起義之熊成基，廣州起義之倪映典等，並皆成仁取義，皆為趙氏之部屬也。

「哭陵」一舉，雖百般掩飾，終為當局所疑忌。環境險惡，不可終日。趙氏乃以郭人漳之推薦，得粵督張人駿（安圃）之器重，委以新軍第二標標統。不久，又以在廉州密護哥老會首領劉恩裕之故，事洩出走。自此，到處皆有「嚴拿趙聲」之密令。僕僕於滬港逃亡之途，乃與黃克強、胡漢民等決定佔領廣州，為第一步。成功後，即分東西兩路，進窺中原，及沿海省區。東路：由粵北入贛南、出湖口、東下江南；推趙聲為帥。西路：進廣西、入湖南、會師武漢；推黃興為帥。並在香港成立革命總機關，公推中山先生兼外務部總長，趙聲為內務部總長，分組辦事。並決定先行實現進攻廣州之舉，以求在大陸上先得一根據地。又預定「選鋒隊」十隊，尅期舉事，計劃周詳；不意因溫生才突然炸死廣州將軍孚琦，穗垣震動，宣告戒嚴，不得不提前行動，致有辛亥三月廿九日之失敗。趙氏回港，悲痛欲絕，舉槍自殺，為左右所救阻。最後在港，輒以酒澆愁，麻醉其神經。未及月，已不起。吐黑血而亡。死年才三十一。惜哉！

自孫、胡、黃興以降，雖殷憂於革命締造之艱難，尚能得見辛亥民國之成立。惟趙氏則奔走南北，密樹義聲。主持大計，出師未捷。賚志以歿，瞬息之間，未能目睹民國之觀成。抱恨無垠，慰情難再。此誠失敗之英雄，人天之遺憾也已！

段祺瑞

合肥段祺瑞，字芝泉，安徽合肥人。生平凝肅寡言，威而不猛，望之儼然，即之也溫。段氏本為晚清提督，又兼北洋舊侶。本無革命性！然富正義感。本係袁之部屬，而不逢君之惡。用能「三造共和」，有功民國。予故儕之於辛亥初期偉大而可敬的人物之列。北洋諸將，贊助民國，乘機竊位者；概不與焉。

段氏事蹟，自當著之國史，茲不詳及。惟於其三造共和之史實，略述於下，以結本文。

一、電請清帝退位——辛亥之初，段氏原任清廷之江北提督，駐節清江浦（淮陰）。清朝重文輕武，提督一職，多同虛設；惟江北提督兼管軍民，為晉陞總督之要缺，體制特異也。武漢事起，清廷初派廕昌率師平亂，繼派馮國璋火燒漢口，喋血漢陽。迨段氏奉命南下，乃頓兵漢皋，力主和平。霹靂一聲，對清廷發出四十二將領聯名電報，請清帝退位。此在當時，實具無限之威脅力。此不啻清室之催命符，而民黨之生力軍也。「一造共和」，此其一。

說者或謂：此袁世凱便利私圖嗾使之也。吾意則不謂然。段氏盱衡局勢，每能當機立斷。對袁世凱有反抗力，不為所左右。觀於爾後反對袁氏稱帝，及府院問題、重用徐樹錚問題，每每不惜與袁氏齟齬，可以證之。不然，袁氏何以不嗾使馮國璋為之耶！此以見段之魄力也。

二、反對帝制——當袁世凱利用「籌安會」製造帝制之初。袁以段氏為心腹之寄，必可俯首稱臣。不意段氏以浩然正氣，不肯以私害公。退而避居於京外大紅門，公然反對。以此影響北方軍人之觀望，漸生携貳之心。使護國軍事得以順利成功，袁氏亦憂懟而歿。「再造共和」，此其二。

三、馬廠誓師打倒復辟——當張勳率兵入京宣統復辟之時，北京城內烏烟瘴氣，督軍團響應於外，民國始基，危如纍卵。段氏隻身入馬廠軍中，誓師討逆，砲轟天安門，消滅復辟醜劇，使民國危而復安。「三造共和」此其三。

吾以為段氏雖非革命黨人，而其有助於開國之功，應與於首義諸偉人之列。蓋以此也。

五、北洋軍閥源流分析概論

世人動稱「北洋系」、「北洋軍閥」。究竟界說何在？源流何自？派系何分？衍變何若？似尚無具有系統之說明！茲此觀察所得，記憶所及，分析論列，以存事實。恨無箚記，自不免於支離；幸少健忘，尚勉資於臆述。闕漏之處，惟識者教之。

北洋名稱之由來

世稱黃海、渤海之區域為北洋。長江以及閩、浙、粵東為南洋。太平天國失敗後，清廷於咸豐十年，置北洋大臣，統治直（直隸、即今河北）、奉（奉天、即今遼寧）、山東各關政，並掌北洋洋務交涉，及海防事務；同時並置南洋大臣，專轄自上海上溯長江各口岸，兼閩浙粵三省中外交涉事宜；以直隸總督及兩江總督分任其職。自李鴻章繼湘軍之後建立淮軍，平定捻匪，以直督兼北洋大臣，駐節天津（時保定為直隸省會漸移天津）；甲午戰後，新建陸軍袁世凱繼起在小站練兵，成北洋六鎮；同時在天津辦武備學堂（軍中習稱老武備），在保定辦各種陸軍速成學堂，自此軍事重心，全移於北洋；而北洋之名始著。至南洋則僅有湖北之第八鎮，南京之第九鎮，辛亥而後，編散殆盡，不復振矣。

北洋軍閥之長成

自癸丑二次革命失敗以後，袁世凱乘機消滅革命勢力，佔領各省地盤；同時並擴充北洋軍隊，密佈爪牙，分駐長江南北；加以原有之黃河流域，及東北各省，幾於遍及全國百分之九十以上；直至袁氏帝制失敗，而北洋軍閥於以長成。自民二至民六，四年之間，其分布情形，略如下述：

第一師師長潘矩楹任綏遠都統。

第二師師長王占元（子春）原駐保定，民三移武昌，任湖北都督，兼兩湖巡閱使。

第三師師長曹錕（仲珊）原駐北京南苑，帝制時曾調四川，及吳佩孚（子玉）升任師長，調駐衡陽，撤防駐保定。

第四師師長陳樂山，駐松江、上海一帶，後敗於齊、盧之戰，是一位風流師長。

第五師師長張懷芝任山東都督。

第六師師長李純（秀山）先任江西都督，後繼馮國璋督蘇，兼蘇皖贛巡閱使。

第七師師長張敬堯，任湖南督軍，其弟敬湯，亦率軍駐湘。

第八師師長李長泰，駐馬廠小站一帶；即後來復辟之役，段合肥馬廠誓師之部。

第九師師長魏宗瀚（海樓）先赴東北延吉，後改為參戰軍第三師。

第十師師長盧永祥（子嘉）任浙江都督。

第十一師師長李魁元，駐上海南翔鎮，墜樓跌死。

第十二師師長陳光遠江西督軍。

（十一、十二兩師，係袁世凱訓練「模範團」幹部所新編。）

第十三師師長李厚基，任福建督軍。

第十四師師長杜持（志遠）任福建軍務幫辦。

（按：這位杜志遠將軍，就是保送陳誠入保定軍校第八期的原保人。他與陳係青田同鄉，其長公子偉，係保定一期砲科畢業。民四，志遠先生電請實行軍民分治，為袁總統明令申飭軍人不得干政，予以免職處分，為國會議員以終。）

第十五師師長劉洵（潤田），後來為段氏奔走三角同盟。

第十六、十七、十八各師未詳。

第十九師師長楊春普，駐宜昌，隸長江上游總司令吳光新部。

第二十師師長原駐奉天新民府，吳光新任師長；後由范國璋升任，調駐岳州，仍隸吳部。

第二十七師師長張作霖，第二十八師師長馮麟閣。這兩師是東北軍原始部隊，駐奉天。

禁衛軍軍統馮國璋（華甫），原駐北京西苑，民二，以宣武上將軍督蘇，該部亦移駐蘇省；但始終用前清編制，未改隊號。

定武軍張勳（紹軒、即辮子軍）駐徐州，領長江巡閱使銜。

安武軍倪嗣沖（丹忱）任安徽督軍駐蚌埠。

第二混成旅旅長劉躍龍，駐漢口，隸長江上游吳部。

第七混成旅旅長馮玉祥（煥章），原駐湖北武穴，兵變後隨陳宧入川；此為西北軍基本部隊。

第十三混成旅旅長李彪臣（炳之）隨陳宧入川，後調宜昌，隸長江上游吳部。

伍祥禎部（隊號不憶）隨陳宧入川。

暫編第一、二、三、四獨立旅，駐荊沙宜昌一帶，隸上游吳部。

以上就是二次革命以後，北洋部隊佈滿全國的情形。同時也是北洋軍閥在四年之間，逐漸長成，達到了飽和點。若不是袁氏死後，群龍無首，派系紛歧，互起內戰，自取滅亡；則不獨北洋武力統一之計劃，可以遂成；而國民革命軍之完成北伐，亦匪易易。成敗盛衰之局，雖曰天命，豈非人事哉！

北洋派系之分立

北洋軍隊，同出於一源。而時日推移，地位陟降，加以籍貫、隸屬、親情、意見、利害、發展之不同，自然發生恩怨、猜疑、挑撥、摩擦諸多陰影。醞釀既久，觸機爆發，小則各行其是，大則相見兵戎；此導亂之原，亦必至之勢；北洋派系之分立，有由來矣。

袁世凱所培植軍事大幹部之特出者，世有「北洋三傑——龍、虎、狗」之稱；即所謂，王士珍（聘卿）——龍；段祺瑞（芝泉）——虎；馮國璋（華甫）——狗是也。

原來王士珍澹於名利，不尚軍權，雖為袁氏所信賴，歷任參謀總長、陸軍總長及統率辦事處各要職；而不殖勢力，不統軍隊，不爭地盤，不樹黨派；溫厚澹泊，正色立朝；終於歸老牖下，福壽以終；故號之曰龍，名實相副。

段祺瑞賦性耿直，剛愎自雄，用人不疑，勇於決斷；故反對帝制，不屈不撓；征討復辟，當機立斷；聯諸將以迫請退位，排眾議以參加歐戰；號之以虎，亦可當之無愧。

至馮國璋，辛亥則火燒漢口，帝制則態度模稜，入民國猶私領禁衛軍之餉，代總統更出售中南海之魚；不明大勢，好貨自私，正義蕩然，體統何在；謚之為狗，誰曰不宜。

王士珍能以清高自矢，不入於派系之爭，無論矣。段祺瑞、安徽合肥人也，故其所部以皖系稱。馮國璋、直隸省（今河北）河間人也，故以直系稱。至張作霖本以鬍匪起家，並非北洋嫡系；然其勢已大，影響關內以至中原一帶多年；因發源於奉天（今遼寧），故稱奉系。其實皖系並非全係皖人，直系亦然；惟奉系則多係東北人（奉系之別支張宗昌則例外）。除此三大系外，尚有別派及後起各系；茲分述如左：

皖系的幾個重要人物

（甲）皖系

首領段祺瑞。無繼承者。或謂皖系承淮軍李鴻章之緒統，由袁世凱而及於段，此乃夸大之辭；

皖、直皆源於小站也。段氏久掌中央政權，地方實力不大，雖多為其部屬，然離合無常；自有直系，而叛者愈著。茲簡單論列其主要人物。

靳雲鵬（字翼卿），小站砲兵出身，段嘗以國士待之。曾任山東督軍，後內調繼段任國務總理、陸軍總長，前後達七年；後於徐世昌總統任內，終叛段。其弟雲鶚（字荐卿），任吳佩孚副總司令；失位後，任國府軍事參議院上將參議。

徐樹錚（字又錚），留日士官畢業，徐州銅山人。有才而多謀，性偏激而自專，著有《救國鈴真》，段氏最信任之。任陸軍次長。為袁所不喜，雖婉諷而段亦不令其去；任國務院秘書長，歷次製造府院衝突，非燮理人事之流也。民初，任蒙古籌邊使，輕騎入庫倫，懾服哲布尊丹，一時稱盛。皖直戰時，赴奉天游說張作霖，以奉軍副司令名義，成立四個旅，率領至津；計由東路直趨保定，惜京漢路以三個師未戰而敗，致徐氏功虧一簣，誠英才也。執政府時代，徐氏方自歐洲回，眼見段虛擁名位，密談之後，決南下說孫傳芳（孫時為五省聯軍總司令、在南京）以擁段，道出廊房，為馮部旅長張之江藉口陸建章之子承武為父報仇以殺之；惜哉！

吳光新（字自堂），徐州宿遷人，日本士官畢業。段氏原配夫人之弟，段氏長公子駿良（宏業）之母舅也。項城時即任第二十師師長，後段氏主政，任為長江上游總司令；轄有：第十九師、第二十師，第二、第十三兩個混成旅，四個獨立旅，還有砲工各獨立團隊，駐紮荊沙宜昌岳州一帶；乃竟輕身陷敵，為王占元所扣留，以致岳州不能阻吳佩孚之撤軍，保定不能為皖軍之呼應；皖直戰之失敗，能無遺憾！後來吳雖逃出，奔走三角同盟，參加二次直奉戰，在執政府任陸軍總長，其功業相去遠矣！時機一失，邈不可追；臨大事，決大難，可不慎旃！

段芝貴（字香巖）為段祺瑞之族叔。晚清時，早已聲名狼藉，而合肥用之為討曹吳之總司令。其司令部設於京漢路之火車上，配有前後車頭，可南可北，先已準備逃亡，焉得不敗。其所率之三個師，並皆參戰軍（一名邊防軍）精銳部隊。但第一師師長曲同豐（蔚卿）庸劣無能，鬧出「孟德獻刀」的醜劇；第二師師長陳文運（郁臣），素以「老太婆」見稱；第三師師長魏宗瀚（海樓），是大學派，書生也。以此作戰，不敗奚待！吾於此不能不太息於段祺瑞之用人，雖有信人不疑之長，卻犯感情用事之過。段氏之屢起屢仆，偉業不長，皆用人不慎失之也。

盧永祥（字子嘉）浙江督軍，久於其任，為東南物望所歸。主持三角同盟，尤為中流砥柱。但其所屬之第四師與第十師，久駐浙滬，養尊處優；尤其第十師師長陳樂山，為花花公子，與常州某巨室眷屬演出不少艷聞；淞滬護軍使何豐林，亦顢頇肉食者流；以致齊（燮元、蘇督）、盧之戰，一蹶不振。觀於此，知合肥對於國門內外，皆已付託無人矣。

陳樹藩任陝西督軍，僻在西陲，無助於皖系。

王永泉（字百川）任福建軍務督辦。臧致平（和齋）任廈門總司令。這兩位是段系用以聯洽潮汕粵東之用，亦無補於段之頹勢。

皖系之情形，概如上述；太半為予親身所見及，蓋實錄也。

直系的祖、父、孫三代

（乙）直系

首領馮國璋——曹錕——吳佩孚。自袁死後，北洋多統於段，並無皖、直之分。自馮氏不洽於段，多方煽動，始有地方性之畛域；故馮實為製造直系之領袖。未幾，馮死於津門。吳佩孚升任第三師師長未久，初露頭角，以威望不足，擁曹為傀儡，而自為實際之領袖；故世以曹吳並稱。以資歷論，蓋祖、父、孫三代也。

曹錕販賣大布出身，癖倖李彥青，毫無知識。醉心於總統之尊，不惜賄選以求之，吳遂故饜其欲，俾自身得活動於外，擴展地盤；其步驟如下：

一、利用和平之名，反對武力統一，挾曹以倒段。

二、結好粵方，以遂其衡陽撤兵之陰謀。

三、收買王占元，扣留吳光新，以開其撤兵北上之路。

四、捧曹任總統，予取予求；遂得攫取鄂、豫、陝三省地盤；而以閻相文督陝，蕭耀南督鄂（蕭自殺後，以陳嘉謨繼任），寇英傑督豫，並以王承賓督直。自為三省巡閱使。虎視洛陽。

五、以第一次直奉戰，擊敗張作霖。

至此，遂以為天下無敵。孰知不旋踵間，第二次直奉戰起，馮玉祥倒戈入京，囚曹錕於延慶樓；

吳氏大敗於山海關，出走託庇於岳陽；屢圖再起，終以汀泗橋之役，受挫於革命軍，鼠竄四川，而直系亡矣。

綜吳氏一生，誇大反覆，巧取浮名，其對待部下，尤其刻薄寡恩！逼死閻相文、蕭耀南，皆服毒自盡；氣死武昌守將劉玉春，疽發背而歿；劉於臨終時，曾痛切為余言之，非虛構也。

奉系及北洋大小各系

（丙）奉系

領袖張作霖，繼承人張學良。作霖以鬍匪起家，初由東三省總督趙爾巽收編為統領。入民國，袁氏備為己用，擴編為第二十七、二十八兩個師；作霖為二十七師師長，馮麟閣為二十八師師長，此其發軔之始也。十年之間，擴充至數十萬人。曾統制華北，躍馬長江，一任北京大元帥，結束北京十五年來之軍閥政府；退回東北時，被日人炸死於皇姑屯。其子學良繼之，演成怪特之西安事變。少年妄動，為禍國家，暴發戶之二世祖，國難時之掃帚星也。其父子事蹟及軍隊一切情形，應以專文述之；茲不備及。

（丁）奉軍支系

直魯聯軍—張宗昌（效坤）—褚玉璞（蘊山）。

（戊）西北軍系

馮玉祥。國民一、二、三軍——第一軍馮玉祥。第二軍孫岳。第三軍胡景翼。

馮為多變之人，世稱倒戈將軍，幾於無人不知。辛亥駐灤州，為張紹曾部。民四，以第六混成旅長調駐湖北武穴；即有名之武穴兵變，馮亦以此起家。雖投機加入革命，任為第二集團軍總司令；但其人反覆無常，且多年在北方活動，應仍儕於北洋軍閥之列。其部屬如鹿鍾麟（瑞伯）、李鳴鍾、張之江、孫良誠、宋哲元、韓復榘、孫連仲、劉汝明、門炳岳、門致中、鄭大章等，或投效國府，或參加和平，或以罪伏法；各奔山頭，不及備述。茲記其倒戈之可憶者：一、武穴兵變倒戈對段。二、成都對陳宧。三、二次直奉戰受奉張賄買，對曹吳倒戈。四、屢次反蔣。

（己）定武軍

即張勳所部辮子兵。

（庚）安武軍

倪嗣沖—張文生—馬聯甲。倪、張皆安徽督軍。倪較久，為督軍團領袖，又附和復辟。所統巡防營，駐皖最久，最腐化。馬為軍務幫辦。

（辛）五省聯軍

孫傳芳（馨遠）承第二師王占元之部，智取福建，逐王永泉。數月之間，奄有蘇、浙、閩、贛、皖五省，不啻江東孫郎。留日士官出身，頗富機智，終敗於國民革命軍。此後起之一系，若早十年，殊未可量。雖有龍潭之役，已為圖窮匕現之時。終以吝佛，在津死於女子之手。

以上北洋大小各派系，盡於此矣。短篇記述，拉雜無倫。惟各部分識者有以教之。

六、漫談民國的匪閥

軍有閥。凡擁兵自雄，號令自專，割據一方者屬之；唐藩鎮其最著也。「匪閥」一辭，雖未之前聞；而記載所及，則以春秋時代之「盜跖」，最為輝煌震鑠，而矯近於道。乃至當時懍其聲聞，諸家託以說教；噫！盜之流傳，亦云盛矣遠矣！

史記：「柳下季之弟盜路，日殺不辜，甘人之肉。」正義曰：「跖、黃帝時大盜之名，盜跖、天下大盜，仿古名之。」是黃帝時已有大盜，由來久矣。《莊子》盜跖篇：「柳下季之弟名盜跖。盜跖從卒九千人，橫行天下，侵暴諸侯，穴室樞戶，驅人牛馬；……所過之邑，大國守城，小國守保，萬民苦之。」又柳下季謂孔子曰：「跖之為人也：心如涌泉，意如飄風，強足以拒敵，辯足以飾非，順其心則喜，逆其心則怒，易辱人以言。」又胠篋篇曰：「跖之徒問於跖曰：盜亦有道乎？跖曰：何適而無有道邪！夫妄意室中之藏，聖也；入先，勇也；出後，義也；知可否，知也；分均，仁也；五者不備，而能成大盜者，天下未之有也。」

觀於此：盜跖足稱古今盜閥之祖。古謂之盜，今謂之匪，二而一也。是以秦漢而後，狡黠者流，或假藉名義，或創立邪教，或乘亂蠭起，或利用饑民，裹眾成軍，自立名號，成王敗寇，相習成風；

固草澤者所由生心，而野心家因以崛起也。

匪閥之興，何代蔑有。舉其著者，如：西漢樊崇之赤眉，東漢張角之黃巾，元末韓山童之紅巾；即明太祖之興，亦由郭子興、徐壽輝、陳友諒、張士誠、方玉珍等角逐而起；乃至明末清初之李自成、張献忠等，無不縱橫數省，擾攘多年。民國成立，其興也勃。因緣北洋已成之局，輕取滿清衰敝之基；未大戰而得天下，憑優待以易朝廷；振古以來，未之有也，如非求進過急，看事太輕；則帝制可不發生，北伐無庸大舉，軍閥不易養成，匪閥何由興起。民黨未必衰弱，共黨焉得寄生。到今日諸般神聖，同歸於盡；軍閥匪閥，一掃而光。只落得兩個正統，互詈「匪幫」。嗟何及矣，予欲無言。

為吃飯問題，不得不找一點題材。姑於上期軍閥之後，再在本期續寫幾位匪閥。追憶故實，慨念亂源；虛渡一生，飽看世變。歎犲狼之未已，安問狐狸；憫螻蟻之鞠凶，驚心虎兕。茲瑣述其事如後。

山寨式匪閥——王天縱

王天縱，河南人。在民初，即以嵩山為根據，立寨紮營，打家劫舍，完全是小說書上那一種寨主作風。豫西素稱貧瘠，而民風強悍，以是嘯聚萬人，遍佈登封、鞏、洛一帶；袁世凱於民二、三、四年間，曾派兵屢勦未平，為害中原，視為大患。後來以傳奇式故事結束，改編所部為「鎮嵩軍」。天縱不久歿，以劉鎮華（雪亞）繼統其軍。原來：劉為秀才出身，清慧多才，有戰國說士之風，天縱素親信之，不啻梁山之吳用也，劉亦以此發跡。國府時曾兩任省主席，民十七、八年，我在北平、鄭州，與之屢共晨夕，拳高量雅，豪爽可親。民二十四，鄂主席楊永泰（暢卿）被刺身死，劉赴漢弔唁，下機時一慟而蹶。回京寓陵園，始終人事不知，數月而歿。臥病中，予曾往視，已不能言，其弟侍側（保定九期、曾任皖主席，偶忘其名），終不識其病源之所在。予意楊為政學系，與劉關係不深，人生之別恨，有如是耶！

匪閥兼軍閥——張作霖

當年的東北，地曠人稀。自滿清入關，八旗子弟駐防各省，其貴冑皆圈有民田，坐享中原之富，對其祖地，早已樂不思蜀；故東北地益曠，人益稀，於是山東省人多越渤海而移殖遼東，世代相承，皆為遼人矣。邊遠荒僻，墾殖匪易，流而為賊，濟之以馬；此馬賊所由來也。賊必留鬚，以顯其威，故又名鬍匪。張作霖之出身鬍匪，固無庸諱言。而其勢力之雄，亦曾帶甲數十萬，盤據關內，躍馬長江，是匪閥而兼軍閥也。

作霖初起時，在清末，得力於歷任東三省總督趙爾巽、張錫鑾、錫良、徐世昌等之卵翼，而尤以趙爾巽之最初收編為巡防營統領，為發跡之始；故終生對趙，感激不忘。入民國，其勢漸大。又以東北軍力空虛，袁世凱以其粗直而忠，思利用之，遽擴編為廿七、廿八兩個師，自此而作霖之始基以固。迨袁氏稱帝，作霖已雄踞東北，坐領兼圻，榮受封爵；嗣是而政府更替，軍閥交訌，作霖更為各派爭取之主角。浸假而爭雄關內，問鼎中原矣；此張氏逐漸發展之經過；時也，勢也！逐之者授之以機，躭之者乘之以隙也。

作霖最初之老幹部，為馮麟閣、萬福麟、張作相、吳俊升等，並皆耀跡東北，專制一方。然積習未除，軍容不振，未旋踵敗於第一次直奉之戰。幸能亟起直追，折回東北，設陸軍整理處，以士官出生之姜登選、韓麟春，改良軍隊，重用保定學生；又以楊宇霆籌設大規模之東北兵工廠，以充軍實；利用三角同盟，藉孫、段以號召；賄買馮玉祥，倒吳佩孚之戈；於是再戰而有二次直奉戰之勝利，以雪前次喪敗之辱；其能翻然改圖，善於運用，誠不可謂非識時之健者。

作霖之極盛時代，為第二次直奉戰大勝之後。其時中山先生已病故於北平，段氏徒擁執政虛名，對於京漢路之雜牌軍，及如何應付西北軍，種種難題，張概不注意，惟一心擴充地盤，以其主力沿津浦路南下，直取金陵，成破竹之勢。於是以李景林督直（旋易褚玉璞）、張宗昌督魯、姜登選督皖、楊宇霆督蘇，此時奉軍兵勢，蓋已發揮至飽和點；洎合肥去位，張乃以大元帥名義主政。就作霖言，居然進窺中原，正位北府；可謂「孤始願不及此」矣。

盛極必衰，與其謂天道之循環，毋甯謂人事之反復。奉張於一戰之頃，擴地四、五省，增兵數十萬，有似蠻夷大長，不覺器小易盈；捉襟見肘，敗象立呈。有如，張宗昌、褚玉璞以獷悍下駟之材，濫竽方面，烏煙瘴氣，軍紀蕩然；李景林以失位而賈怨，姜登選以無備而見殺，楊宇霆言大而夸，拜督蘇之命，席未及煖；郭松林志大辜恩，以心腹之寄而倒戈；蕭牆之變，紛至沓來；此其內顧之憂也。至環伺於外者，則有，新仇宿怨伺機報復之馮玉祥，老謀深算沉機觀變之閻錫山，漢皋再起賈勇掙扎之吳佩孚，東南五省一枝獨秀之孫傳芳；尤其新潮澎湃，萬流朝宗，挾時代之聲威，有異常之趨勢之國民革命軍；更不容作霖長此沐猴而冠，主持殘局；至此乃不得不偃旗息鼓，捲甲東歸；而日人乘危暗殺，皇姑屯之難作矣。

綜作霖之一生，窮則草莽英雄；達則方面侯伯；用人則新舊並進，駕馭有方；整軍則大刀濶斧，決無猶疑；謀猷則接受同盟，洞明大勢；討逆則劍及履及，應變從容（指郭叛）；見機則敝屣高位，絕無留戀；對日則維護權益，不屈不撓。終致敵寇欲得而甘心，受粉身糜骨之慘；且對趙爾巽之招安，久要不忘，信義彌篤，尤見天性之淳厚；其死於日，足證其為國之忠，可念也已。惜其子學良繼統重兵，年少憤事；始則輕殺老臣（楊宇霆、常蔭槐），繼則劫持統帥，致未能發皇父業，羈滯終生，誤國殃民，愧對乃父矣。

予曾有小詩弔作霖云：

青林黑塞事悠悠，長白將軍未可儔。
逐鹿何須成敗論，小朝廷亦勝王侯。

*

簾捲西風夜未央，歌殘出塞總茫茫。
劇憐一掬皇姑淚，望斷宮車出瀋陽。

*
生子當如孫仲謀，阿瞞炯炯有雙眸。
將軍早意終傳子，為問弓裘紹也不。

*
畢生事業在遼東，咤叱堪為命世雄。
一死甯知身後事，遼東不問問關中。

第二流匪閥——張宗昌、褚玉璞

張宗昌，字效坤，山東掖縣人。身長體偉，虎背熊腰。日俄戰時，流落於東三省，略通俄語，時在軍中給事。蘇俄共產後，白俄多流亡於東北，以是結識較多，非道地之鬍匪，亦非張作霖之嫡系也。辛亥，四明李徵五組光復軍於上海閘北。時宗昌在大連，徵五素與海員及幫眾多聯絡，因招宗昌率其朋從徒眾來滬，位以光復軍團長；此其蒞滬參加軍隊之始也。二次革命失敗，馮國璋督蘇，收編光復軍，見其豪雄，任為南京軍士補助教育團團長，由是漸與北軍接觸；內戰繼起，魯人從軍者多，輾轉數年，鳩合部眾，以是得為奉軍之支系。二次直奉之役，張以驍勇，率部眾攻出長城冷口，直搗吳佩孚京奉線上主力軍之側翼；旋即長驅直魯，與褚玉璞部成立直魯聯軍，張為山東督辦，褚則取直督李景林（芳辰、時亦以軍長出冷口者）而代之；至此，宗昌已為奉軍之驍將，而以山東為其固有之地盤矣。

世人耳其名者，莫不以其為殺人不眨眼之魔王。實則其人賦性忠厚，舉止豪爽，待人接物，極富人情味；只以用人雜糅，治軍無方，甚至濫委軍號，官多於兵，因之聲名狼藉，遐邇皆知。世傳其有三不知：「不知兵之多少？錢之多少？妾之多少？皆過論也。」張妾之身分，多出於北里，興之所至，或由一時之眷顧，或由朋儔之湊趣，彼姝希寵，老鴇貪財，邂逅之頃，咄嗟可辦。在天津裕德里鳳第家，有一夕納二美者；既充下陳，原田自荒，其有出牆紅杏，偶　敗露，當事者正驚懼之不遑，而張則鞠其情實，每善遣之與所歡同去，並媵以數千金助其生活，其作風有出人意外者。至於後堂佳麗，來去無時，多寡莫定，較之阿剌伯及印度土酋後宮動輒數百人，奴侍終生，羈囚畢世，猶為此善於彼矣。

張之諸妾最邀寵信者，為雅仙。出身北京香廠之大生里，明眸皓齒，秀媚絕人。宗昌開府濟南時，雅仙權傾內外，有見之者，謂其一顰一笑，令人之意也消。張失敗後，雅仙曾於淪陷時一度至甯，有擇人而事之意。美人遲暮，錦帳依稀；榮瘁無時，憮然有間。

宗昌流寓遼海時，父歿，母改嫁一吹鼓手，及貴，求母終養，母仍與後父同居，不以為辱也。其對李徵五招安之德，歷久不忘。李居津時，住王承賓大樓，月供萬金不輟，予與李為忘年交，以此知張甚稔；其被槍殺前，李曾偕予晤張於北京石老娘胡同寓中，蓋已勢衰氣短，最後之一晤也。張在魯印有一部仿宋版十三經，亦是難得的一舉。

褚玉璞係張宗昌的直魯聯軍中獨立小匪幫一支流。曾充直隸省督辦，駐天津，聘某名家女為夫人，意在提高身價。為人殘忍好殺，失敗後，遊煙臺，託庇於舊部營長劉某（時劉已收編為革命軍師長，忘其名，保定九期）。劉逼取其贖金百萬，終套以蔴包活理之。民十九，劉奉調至浙，以失律被殺，此皆不義之輩，無善終者。

傳奇性匪閥——孫殿英

孫殿英，短小精悍，賊頭賊腦。當民八以後，北方內戰頻仍，又值山西禁絕鴉片，白粉盛行之時，孫在黃河沿岸晉豫之交，北倚道清路狹長地帶，鳩眾成軍，瞬及數萬，歷屆政府，不暇進勦，輒予以軍長、總指揮各項名義，而又不能充足其餉精，於是在黃河北岸交通阻塞區域之道清鐵路線上設廠製足白粉。因其生財有道，足以補充給養，維繫軍心，而又慷慨結交，羅致政客，活動於平津一帶，幾成為匪閥之不倒翁；亦官、亦匪、亦豪客、亦怪傑也。

孫之治軍用人，有水滸之作風，而加以必要之訓練，且絕對不准其士兵吃白粉，故能行動飄忽，應付圍勦，百不失機。其招待客人，每以香烟罐及玻璃缸滿裝白粉，聽客取携，真是洋洋大觀。設令今日港九之道友見之，不幾如身入寶山耶！民十八，予於平津及平漢線上之臨穎，曾數見其人。貌不揚，而具豪俠之風；小有才，而識趨避之路；此三山五嶽人物也。

孫之交際手段，以賭見稱。而賭之勝負，則又因人而施。孫之賭，手法靈敏，功架十足。其賭以推牌九為主，而其絕技有三：

（1）能認牌——任何新牌到手，一經翻弄，轉瞬即可辨別；其幾微之紋絲，與人莫能見之差異，一一默誌而認識清楚。據云：此種工夫，須由幼時沉兩眼於水中練習之。

（2）善配牌——手法伶俐，善用認牌之長，配列大小點，分別上下門；自屬餘事。

（3）善使骰子——最拿手而神妙莫測的，要算使用骰子。喝要點數，意之所在，百試不爽。據聞其得心應手，運轉如神，在指力輕重之間，有鬼斧神工之妙。

孫既具此三絕，自能操縱自如，百無一失。而其運用賭技之方式，亦有三：

（1）引人入勝欲取姑與——每賭開始，循規蹈矩，示人以無他；漸入高潮，連走下風，決不輕用其鋒；迨形勢已成，人心騷動，忘形貪得，傾囊入注；然後出其奇技，舉而殲旃。

（2）吃大賠小鋤強扶弱——對賭友之富有者及力薄者，每能善為調劑，挹彼注茲。

（3）利用賭術活動政治——要約權要，豪賭終宵，醇酒婦人，煙斜霧橫；主人則曲意周旋，博負鉅萬；座客則盡情享樂，滿載而歸。於是皆大歡喜，往無不利。蓋賭雖小道，有妙用存焉。

記得民十九，孫在北方某省垣，與其將領博。此中人素以慳吝聞，孫思有以懲之；第一日大負，孫即派車分頭如數付清，鈔票纍纍，意甚得也。翌日續賭，則併囊之所負倍屣而入，諸負者相形之下，只得硬充好漢，大蝕其本；此欲取姑與之一例也。又聞其於民卅一，取得汪政權某名義，竟將所領經費，藉賭博消遣為名，掃數報效於當時權要。蓋其作風往往如此，故能骯髒一氣，左右逢源，於濁世中成為不倒翁也。

孫殿英一生最出風頭的，為盜清陵一事。按清室帝后陵寢，向分三處：北陵、在遼甯；西陵、在冀西；東陵、在灤州；而以東陵最佔形勝，工程亦最宏偉。乾隆、慈禧，俱葬於此。孫殿英一度駐軍東陵，除將陵木斫伐，運津售賣，得價不貲外。並以弘曆（乾隆）帝當滿清盛時，那拉后又奢侈逾度，厚葬飾終，寶藏必富。因將二陵炸毀，飽掠以去。當時盜陵案轟傳中外，對於殉葬寶物，尤言人人殊。有所謂翡翠西瓜、東珠項圈、及其他古鏡、古劍、珠衣、玉函等等，說得天花亂墜，不可究詰；有謂流入外洋，有謂賄賂當道，孫亦諱莫如深，至今仍成一謎；而盜陵案亦遂不了了之。

馮玉祥為人，口便佞而具幽默感，頗欲利用孫殿英，作政爭之工具。某次，撫殿英之背而大言曰：「現在許多人在講革命，全都不配！只有我馮玉祥，把溥儀攆出皇宮，算是搗了他的老巢；你孫殿英，又扒了他清家祖墳；喒們哥兒倆才稱得起真革命！」孫聞之，乃樂不可支。這位老營混子，真是語妙天下！

革命福星匪——李福林

李福林受編後，始終以國民革命第五軍軍長，駐守廣州河南，與江孔殷相結納，安份守己，居民安堵，南人多知之。解放後，居大埔，福壽以歸；可謂匪之福星。予不悉其詳，姑從略。

革命名譽匪——樊鍾秀

樊鍾秀，陝匪出身，習見其名，未見其人。蓋號稱陝軍總司令於右任先生部下之掛名將軍也。雖防區處偏僻，行動多隱秘，而從事革命，時見報端；蓋匪之垂名於革命者，姑備位焉。

七 「集團綁票」與「新潮搶匪」

世稱匪之大者，曰大盜竊國；匪之小者，曰鼠竊狗偷；匪之甚者，曰奸淫擄掠，打家劫舍；匪之多者，曰萑苻遍地，群盜如毛。竊國之大盜，古今亦多矣；穿窬之小盜更微不足道；六十年來，世變日煩，盜風愈厲；於是隨文明之進步，而手法驚奇；因環境之不良，而青年墮落。大陸向所罕聞，港九於今為烈；攝而記之，以廣異聞；蓋法治之絕大諷刺，而繁榮之滋為亂藪也。

香港出過一次黃應球的綁票案，結果三狼均已伏法，至今十餘年未之續聞；蓋嚴刑之效，有如此者。在上海，從前亦有綁票。據聞：多半由所謂「聞人」及有關徒眾，接洽贖票，朋比分贓，消弭無形；報紙不知其秘，無所宣洩，且在惡勢力之下，亦未便宣洩；故反而風平浪靜。而最大一次綁票案，則轟動世界之臨城劫車是也。

集團綁架・中外震驚

距今五十年前，南京下關、浦口間一段江面，由英人設製火車輪渡甫成，因得接連滬寧、津浦、京（北京）津三線，而以藍鋼車列車行駛京（北京）滬通車。於是中外人士，由上海至北京者，多利用此一列車。民國十二年四、五月之間，由上海開出之京滬通車一列，經過山東臨城車站，忽被抱犢崮土匪首領孫美瑤所劫。計綁架頭二等中外乘客二百餘人；此一集團之大綁票案，實為中外所罕見。一時電訊紛傳，官紳震懾，惶惶然如臨大敵；有不可終日之勢焉。

主角孫美瑤者，本魯南儒家子。兄弟三人，長美珠，為清末秀才，為人溫文，在山東臨城以教讀為生，向不與聞美瑤事；三弟美松，從美瑤遊；美瑤行二，熟讀《水滸傳》，少好任俠。魯南山嶺崎嶇，民風強悍，居嘗嚮往梁山泊，見水泊已乾，因蹤跡相度，得抱犢崮。抱犢崮者，嶧縣北之桃花源也。四山環抱，一徑可通，上有平頂，寬廣有水，壁立千仞，勢甚懸絕；相傳古有隱者，抱一犢耕於其上，因以得名；美瑤以為形勢天然，甚得地利，遂聚眾於此，以期待價而沽。時北洋軍閥，直系當道；民黨與皖系、奉系皆失勢。民黨在上海法租界寶康里卅六號設有祕密組織曰「大同黨」；用以聯絡黃、淮流域各土匪。所有河南、山東、蘇北、皖北等處地下人物，皆在其羅致調度之下。孫美瑤亦受委為第二路司令，約期在是年四月中，與山東范朋新、河南張得勝、蘇北夏慕堯等一同舉事，以為牽制直系、擾亂華中之計。江蘇督軍齊燮元、山東督軍田中玉引為大患，命所部陳調元、吳長植、陳德修會師勦之；咸認為美瑤之兄美珠，實為美瑤之軍師；遂先捕殺美珠，懸其頭於臨城車站；至是，美瑤憤其兄之無辜被殺，乃倉卒發難。

當京滬直通車某次由上海開出，渡江北上，抵達臨城時，孫美瑤早有準備，率同其所部嘍囉，蠭湧而出，包圍臨城車站，將全列車中外重要乘客，盡數綁架，押上抱犢崮寨中以去。

投鼠忌器·無從下手

抱犢崮距臨城車站，尚有三十餘里之遙。這一大批被綁的高貴人士；或西裝革履，或長袍馬褂，不是紳商淑女，便是貴婦嬌娃；他（她）們被那些挾有武器的好漢們，押解著；在荒山野谷中，腳踏泥砂，身被風日，歪歪斜斜，拉拉扯扯，形成一列奇形怪狀、凌亂不堪的長蛇陣；彳亍而行，喘息而走；再加上恐怖、疲勞、飢渴、憂慮，與行不得、叫不出，這是何等遭遇、何等景象？據事後脫險者言，登山以後，並未用對待肉票的辦法——蒙眼睛、縛手足、關閉黑屋、逼寫勒索信等舉動，大家更是茫然不解，如坐愁城、如墮五里霧中。

可是外間各方面，聞劫車之訊後，情形就異常騷動了！官軍方面：雖然立即增調部隊，將抱犢崮進出通路包圍起來，但是投鼠忌器，一時無從下手。至於國際方面，因為乘客中，有英國人穆安素大律師、及其他外國人，更是質問紛來，交涉棘手。尤其乘客家屬，奔走叫號，怨天怨地，自不待言。而最難者，匪方竟諱莫如深，毫無消息；既不勒贖，又不提出任何條件；外間又無法與之接觸談判。而民黨祕密工作人員雖與之有往來，但委任屬於黑幕，亦不便出面承認。因此外間更不明底蘊。擾攘多時，竟成僵局。

送救濟品‧晤孫美瑤

最後，還是上海人想出辦法，由各省旅滬同鄉會聯合會，組織了一個救濟會，公推廣肇公所馮少山為會長，帶同食物及救濟品馳赴現地；與抱犢崮下鄰村之金家莊紳士、及棗莊中興煤礦之王經理，設法疏通。先送食物上山，打開初步門路；同時，齊燮元派江蘇交涉使溫士珍與陳調元為官方代表，會同上海及當地士紳，往來折衝，應允收編美瑤為旅長；不惜百般遷就，美瑤始將乘客全部釋出。

美瑤自任旅長後，不自覺其闖下滔天大禍，為舉世所不容；依然得意洋洋，大有好官自為之意。並曾一度至上海盤桓多日，舞廳妓館，到處留情；酒地花天，淋漓盡興。並到法租界寶康里「大同黨」會所一次，對祕密工作人員，挾其手段之能，隱示邀功之意；然以其甘冒大不韙，雖欲利用之者，亦冷然不之許也。其時蘇魯兩省官方，於孫赴滬期間，早已邏者在途，密為布置；迨美瑤返防時，即遭拘捕，立予槍殺。是亦亡命之徒，不擇手段，妄求非分者，應有之結局也。

美瑤死後，其弟美松挾一崑山籍太太逃出，聞邵力子曾為美松謀一小差事，是亦各有淵源耳。

在亂世利用匪幫，奪取政權，終非正辦。而宵小因以生心，多方假借名位，聚徒惑眾，乘時竊取；此亂源也。當道者又不善處理，並無消滅實力之方；輒先殺其無辜之親人以激變，遂至汎濫而不可收拾；是誠不智之舉，孫美瑤之事，可為恫戒也已！

北方綁票・南方抬人

綁票一事，由來已舊。在六、七十年前，間亦有之；然即傳為奇聞巨案。因為那時交通不便，北方則利用車馬，藏之深山野林；南方多水，藏之舟中；而經過途程，又必待於人力；故一般稱為「抬人」，並無綁票之說。且被綁目標，多係為富不仁之輩，鄰里鄉眾，皆視若無睹，不以為異也。我幼時讀書鄉間，曾見過一次「抬人」，匪眾二十餘，抬架一富翁，晴天白日，行大道上，老百姓觀者如堵，尾隨百數十人，迤邐十餘里，有若看出會然；可稱奇景。我自壯年入世以來，前後住居平、津、滬、寧各十餘年，絕未遇盜，亦未聞有若何盜案，更無因盜而有傷害人命姦淫婦女者；即以上海論，人口亦達七百萬，銀行、公司、商店、富戶，鱗次櫛比，亦未有搶劫殺人、日出不窮者；更未聞童年為盜，肆無忌憚者；噫！「橘踰淮而為枳」，是知港地之惡風，有由來矣。

律例寬大・有恃無恐

金錢珠寶者，誨盜之媒也。繁榮奢侈者，罪惡之藪也。香港以彈丸之地，於大陸解放之餘，萃聚人力數百萬，金錢千百億於一隅；廿年之間，發展逾量；尋至銀行遍佈港九，飾店觸目皆是！戲院、夜總會、歌廳、舞院、酒帘、音樂廳、招待所、公寓等，十步一樓、五步一閣，無不裝潢別緻，艷麗迎人；日入則盈千累萬，存儲則日昃不遑；是以宵小生心，劫案不絕；此皆由財富集中，取携便利，享樂誘惑，消費攖心；以致青年為之失足，社會因以不安；而又防範無方，律例寬大，監獄舒適，有恃無恐；幾何不儕於獎盜也。夫罪疑惟輕，不疑何待？世亂用重，不重胡為？假使無許多色情陷阱，則慾念何來；無許多公寓淫窟，則惡飛何寄；銀錢不以集中，則搶劫無所得；武器加以限制，則殺傷無所資；如果對殺人者殺其身；箍頸者箍其頸（定鑄鐵圈圍其頸判以年月使不得脫）；劫財者科其家屬及其本身苦工償還；劫色者予以宮刑，或以藥使其終生不能人道；至於童匪，應一併如成人之治罪；凡此雖非法例所能行，實乃「以其人之道還治其人」之不二法門也。虛偽之文明，徒以縱容暴戾；將使香港成群盜如毛金玉其外之新潮部落；則何以哉！

童匪猖獗．未之前聞

古之小盜，穿窬竊衣物而已。其較大者，每劫某一家，則敲其鄰舍之門曰：「好狗看自家。」蓋其目的有在，示人以不必干涉、不必驚惶也。此一情景，吾幼時亦曾親聞之；且盜律有規定：「不傷人，不採花。」不幾「盜亦有道」耶？大盜有劫富濟貧者，所以人不畏盜，盜亦不畏人。今港地盜固不畏人，而人則無不畏盜。且劫匪更及於醫務所、士多店、路人、病人、巴士乘客、的士司機，甚至乞丐婆、擦鞋童、車門仔、小學生、弱女子，此何世界！東方之垃圾堆而已，珠云乎哉！

歷來擒匪之難，是因他們隱藏在山澤草莽之中，或嘯聚成群，不時出沒，以致行蹤莫定，搜索無方。現在港地之匪，活動不出市區新界之外；組合不過三、五零星；器械只有刀杵角鎚，偶有手槍，還是絕少；似這種微不足道的跳樑小醜，如果在短時期集全力以清查，自然無所遁形；非如當年大陸廣大地區，形成匪軍部隊，動用官軍團隊從事圍勦；甚至有不肖官兵，賣槍養匪，於前線上佯為進退，交易武器金錢；乃至積年累月，貽患無窮。以今日此間匪患言之，直甕中之蛆蟲，畦中之惡草耳；除而去之，易如反掌。要在當局之決心，與法令之嚴密耳。至於童匪之猖獗，一至於此，實未之前聞。

八、漫談世界十大變！

孔子說：「齊一變，至於魯。魯一變，至於道。」我們也可以反過來說：「魯一變，至於齊，齊一變，至於亂。」這是主觀正反相對的說法。有主觀必有客觀。莊子齊物論曰：「道未始有封。言未始有常。」又曰：「物無非彼。物無非是。……彼亦一是非。此亦一是非。」是變之為進步，為退步，不可說也。百年已來，變亦多矣。有以為進步者，有以為退步者；有以進步為退步，退步為進步者。人心不同，思想喜變。於是愈變愈新，愈變念奇；嫉新者或望復舊，惡奇者或冀反正；洪流所屆，泛濫無歸；從違之道，莫衷一是。默爾而息，嘆觀止矣！

茲就變之著者，大而政體，小而人生，以流水賬方式，或寫變遷，或加論列，不復作彼此是非之見；只在記循環往復之端。人神妙造，花絮繽紛；繁露也、大觀也。為分次其事於後。

國度之變

史稱：「禹會諸侯於塗山，執玉者萬國。」就部落言之耳。周初尚有三千餘國，經過列國、戰國兩時代，爭戰兼併，至秦漢而統一；此僅吾中華禹域之範圍，已可見國度之進展，是由多而少，積小而大；紛亂之局，蓋千有餘年，而始定於一。今地球之廣大，在聯合國之會員國，不過百三十餘；併今後極言之，可百五、六十國而已；不為多也。然非洲以及東西海洋之各島國，皆於二次大戰之後，倉促之間，予以獨立。去殖民之外表，忘實際之糾紛；以襁褓之雛黎，服成人之冠帶；廟小佛大，沐猴而冠；聯合國譬之大觀園，突來許多劉姥姥，各大國譬之賈太君，聚東方朔、淳于髡聊供莞爾而已。重以東西德、南北韓、南北越及越南三邦（實已四邦），皆大國所製而成也。此一變，久乎暫乎？治乎亂乎？福乎禍乎？吾不知也。

政體之變

我國自辛亥革命成立共和民國以來，不旋踵而袁世凱由總統而帝制；北伐而後，國府由主席而總統；中華人民共和國，已在大陸成立共產政權；與臺灣奮爭之民主，作綿綿不絕之爭衡。環觀世界各國，蘇聯以成立五十餘年之共產國，控制東歐，餘波及於古巴，以至南美部分國家；而洪流所屆，乃至共黨黨部遍世界，青年偏左稱時髦；美國之民主大旗，幾於相形見絀；至落後之君主國家，日本天皇已由神降而為人；英女皇近且為史特靈大學生穢語所侮；伊期及其他有數國家，雖保有皇位，亦多改變作風，以求接近人民；即短小精悍之阿比西尼亞賽拉西皇帝，也屢遭不測，勉保餘威；更有許多國家，以緩和之社會主義，以漸近於共產者；看樣子，似乎帝制已難久；虛君共和，亦羊蒙虎皮；美國民主，歷屆選舉，已難逃物議；輸出制度，亦不受歡迎；究竟將來政體趨勢，帝制乎？民主乎？共產乎？虛君共和乎？社會主義乎？無政府乎？公社制度乎？吾老矣，吾不得而見之矣。

物質之變

天生萬物以養人。有一物必有一用。成物之微，宜凜然於微生之妙。用物之廣，宜曉然於物用之歸。今日者，百端發明，萬般運用，必使萬物皆有所變，而窮無所歸；於是升天入地，御氣凌空；將使天宇以變，地殼將崩。夫貨棄於地，則物無所用；貨盡其利，則物絕於人。試以吾人所生存之大地言之：外有所覆；內有所藏。石與礦，將以固地殼也；水層與地氣，將以潤地殼也；火與熱，將以溫地殼也；山谿草木、動植飛潛，將滋養地殼、而維持人生也。今必取而罄之，以增益人類過分之享受；製造戰爭無益之工具；而又欲大鬧天宮，掘發星群，求未明之物質，以圖控制攪亂此美麗天成之世界；致使氣流汙變，寒暑異常，火山多爆，地陷山移；終必戕賊人生，毀滅世界。此滔天大禍，而科學家與野心家合謀以成之也。其為變不亦太鉅耶！語云：「不作無益害有病。」老子曰：「常無欲。以觀其妙。常有欲。以觀其徼。」蓋指道心成物之奇，而應虛數以觀其始。適道利物之用；而不縱欲以保其歸。所謂妙，養人之作用也。所謂徼，終結之端倪也。吾於物質人為之大變，竊有感焉！

兵源之變

滿清時重文輕武。所以有「好男不當兵，好鐵不打釘」的俗語。那時八旗子弟，駐防各省，有名無實；綠營則純用募兵制，到了清末，屢次戰敗，急起整軍，以德、日兵強，用徵兵制，一時膾炙人口，侈言徵兵。然戶籍人口，既未調查；地方制度，毫無準備；一切無從說起。只南洋第九鎮，號召幾個文人當兵，已是鳳毛麟角。直至抗戰期間，設兵役署，大張旗鼓；然逃役買替，仍不勝枚舉。青年軍由於義勇，非徵兵也。近年各國所通行：有徵、有募、有僱傭兵、有志願兵、有民兵，以色列則全國皆兵；美國以困於越南之戰，影響青年心理，於是怪象百出，避役焚卡，逃亡託庇，反戰示威，為敵張目；而人心大變，軍紀就湮。尼克遜總統因有廢除徵兵制改志願兵之說。此爭取兵源之大變，亦國防與戰爭之難題也。

古者以軍中有婦人，為用兵之大忌。然花木蘭以改裝從軍而傳奇，梁紅玉以桴鼓助戰而稱勝，事不屬常，亦美談也。今美國已有女將軍，新制且許女性入海軍；以色列則以女兵服勤務；兵役如此，趨勢又一變也。

生育之變

古有陰陽人（俗稱雌雄人。一曰二體人、二形人。一曰二衣子，如二毛子然）。然此種畸形，多數守秘。且有以女體行動，偽作針線娘或三姑六婆形態，出入大家小戶，與女眷往來，甚至形成密友，而同坐臥，致演成風流鉅案；筆記小說偶有記載，演成疑案，牽連多命者；現在醫學昌明，動用手術，因而兩性分明，各得其所。更有好奇自請改造，以變人生；報紙所見多矣。

胎變古應有之。如畸形、如連體，則皆認為怪胎，祕密拋棄；家人責詈，產婆羞死，不外洩也。至多胎只限於雙胎。三嬰以上，未之前聞。今時有四嬰、五嬰，或存或不存，不以為異。豈中國獨無之耶！亦以為怪而隱之也。自醫學發達，怪亦不怪矣。此可喜之變也。至人工生育，更無論矣。

婚姻之變

男婚女嫁，婚姻之常。行之數千年而不變。至孌童嬖倖，斷袖分桃，事屬變態，言之醜也。自有同性戀之名，而此風愈熾，自有合法化之說，而滋蔓愈多。近年且有男與男、女與女各自結合，而以夫妻名義向法院申請結婚者。雖不多見，而已有開其先河。相沿日久，見怪不怪；胡天胡帝，異事成風。此又一變也。

倫常之變

父慈子孝，兄友弟恭。此吾國之古訓，積久不變者。父母負教養之責，子女明事親之義。若抱俗人「養兒防老」之存心，是交易之道，不應有也。古者易子而教。蓋所以避責善之嫌，而防乖離之漸；意至深也。近年偶有弑父弑母，兄弟鬥毆，更有強姦生女者；此種亂倫之行為，皆得未曾有。少數無教育無知識之愚昧下流動作，法院宜治其罪，報紙不應宣傳；以勉維東方優厚之道德。至於以政治作用，有一時清算其長上者：「雖似倫常之變；而人心良知，固未變也。」

服御之變

服以被體。器以制用。適其體，給其用，足矣。昔者生活樸素，用具簡單，皆手工為之；今則日新月異，百貨雜陳；享用之豐，向所未有；然奢侈起於欲念。舒適要有金錢。繁榮與動亂，互為因應者也。即以衣服言，六十年前，成衣店絕少；我們讀書時，鞋襪衣衫，多由母親領住姐姐做；所謂「慈母手中線，遊子身上衣」也。皮棉大件，才用到成衣匠；少女必精於女紅，章身之件，無待他求；有時還要為親戚家作嫁衣。時移勢異，各有工作，自不能故步自封；但服裝店花樣百出，展覽會時時翻新；見獵心喜，人之常情；於是弛心物欲，競尚新奇；愛財之念，不可收拾。於是謹愿者鶩外，寒素者論交，堂蔭者驕奢，蕩檢者墮落；此自然之變，社會趨勢使然；然人力所能為也。

審美之變

踵事紛華，人心愛美。青年男子，異容異服；髮長垂肩，髭留成線；衣無性別，身有餘香；自以為大美，人號以阿飛。於是星洲臺島，斷髮錮身；港島各區，飛則疑盜，惡名四播，貽害萬眾；其實形雖飛而未必為盜；形不飛而盜亦可為；官府固未嘗誤罪阿飛，而阿飛又何必甘心似盜。愛美之故，誠令人難以索解！

至於女子審美之風，舉世一變。泳裝則注視三點；身裁則艷說三圍。胸可填聳，準可使隆；眼皮可雙，髮型可假；義乳義臀，因裸露而去除；晚裝泳裝，以趨時而遞換。珠光寶氣，搔首弄姿；玉露蘭香，臨風飄颺。此今之所謂美也。

古之女妝，以掩蔽文靜為主。舞袖婆娑，長裙委地；風度在外，含蘊在中；玉峯惡挺，束以抹胸；腹坦如盤，圍以兜肚；膝褲以封兩腿，鳳鞋以固雙蹺；金蓮帖地，歷千年而不敝；圓膚天足，亙萬古而長新。此各極其時代之美也。故友報人朱惺公，送我一本《采菲錄》，都數十萬言，皆題詠金蓮文字，以瑣屑之題裁，極文章之妙趣；若在今日，方鄙夷之不暇。轉而一想，如有人搜集近年歷屆世界選美實錄，茂以圖文，梓以英漢文字，必可廣發財源，風行遐邇。所以說此一時，彼一時；因時而變，變亦多術。循環之變，雖欲不變，不可得也。審美之觀念，亦存乎其人、存乎其時而已。

通貨之變

自古幣制屢更，而重在實物。漢唐以來，遠者不必論。清末以銀元為單位。制錢（有孔銅錢，所謂「孔方兄」）銅元為輔幣。而仍以銀為本位。以兩（七錢四分）合元，碎銀及金、銀元寶雜用，後來各省官銀局發行臺票，山西在各地設票號，殆為鈔票之濫觴。時大清銀行（即中國銀行前身）方在籌備期也。職官薪俸，軍營餉項，皆以銀兩計。合成銀元、銅元、制錢，單位小、物價平、分量重，攜帶不必多，盜賊難於取。即有鉅富，多入窖藏；非大盜無劫案也。自發行鈔票，生活日高；通商貿易，數字愈大；而又推行不兌現制，以至通貨膨脹，票面愈大；數十萬之鉅，可儲之膠袋之中；取攜便利，誨盜生心；群匪如毛，良有以也。此一世界性之大變，影響到舉世不安。來日大難，繁榮何價？

以上概舉十事之大者而言。其他如：婚禮、喪禮、酬應、青年、師道、自殺、疾病、女權……等等，物無巨細，都在變。變之為進步為退步，不可知也。人心好奇，變之不已，吾不知其歸也。存而不論，以免費辭。

九、今之五霸與七雄

吾國歷史，在封建時代，有「五霸」之稱。五霸者，於帝室衰微之際，挾天子以令諸侯，以專征伐，而於某一時期，控制列國也。五霸不同時。遞相代起，乘時而興，各亦一世之雄也。

以古喻今

五霸之稱，在吾國史家，有如下四種說法：

（一）夏昆吾、商大彭、豕韋、周齊桓、晉文。

（二）齊桓、晉文、宋襄、秦穆、楚莊。

（三）齊桓、晉文、楚莊、越勾踐、吳夫差。

（四）齊桓、晉文、宋襄、秦穆、吳夫差。

這四種稱霸的霸主，當然各有其當時彪炳的事業，與勢位之雄風。但是夏、商之霸者，事跡久湮，史不詳載；故第一種說法可存而不論。至於第三、四兩種說法，其間越勾踐，至滅吳以後，始稱霸東南，影響中原不大；而吳夫差雖敗楚降越，北會黃池，而驕縱亡身，事功亦斬。且俱在春秋末季，似非確論。惟第二種說法之齊桓、晉文、宋襄、秦穆、楚莊為論者所共稱。今將本此以喻近代之五霸。

春秋之末，三家分晉，而有戰國七雄。七雄者——齊、楚、燕、秦、韓、趙、魏七國之長也。偶感所發，亦將以喻今之七雄。

今日世界，乃當年吾國大陸之擴大圖形也。

列國林立，較大者等於侯伯，餘者儔之子男而已。自第二次世界大戰後，戰勝國方面，以中、美、英、法、蘇為五強。五強者，吾將擬之今之五霸。二次大戰結束未及三十年，而降敗之日德兩國，日臻強盛，幾與五強並肩；亦可擬之為今之七雄。五霸同時而並存，則爭霸者大有人在，終非和平之福也。七雄先後而繼起，則規復者勢所難免；仍似戰國之象也。盱衡時勢，以古喻今；是杞人之憂天，亦無聊之幻想；是今日之繁露，亦未來之履霜。

我今假定一個比擬五霸近似的輪廓：

齊桓——美國羅斯福。
秦穆——蘇俄史太林。
晉文——英國邱吉爾。
宋襄——中國蔣介石。
楚莊——法國戴高樂。

羅斯福

五霸以齊桓公為盛。二次大戰前後之足稱者，惟美國羅斯福堪與比耳。舉其大者，有如下述：

（1）合同盟國以擊破軸心國——是實行征伐也。

（2）租借法案——是同仇慷慨，一匡天下也。

（3）組聯合國——是尊宗周，合諸侯也。

（4）製聯合國憲章——是葵丘之會，載書歃血也。

（5）戰後援外復興歐洲——是恤鄰有道也。

（6）以色列復國——是「邢遷如歸」也。

（7）庇宥日寇，共保西德——是「衛國忘亡」也。

以此衡量羅斯福，誠不愧為五霸之首，惜其晚年因病，神思恍惚，尤其在雅爾達之會，無形中已為史太林、邱吉爾所左右。今日世界，猶受其身後影響而未有已也！

史太林

秦穆公據肴函之固，僻處西陲。今之蘇聯，位居寒帶，國於北漠；地相匹也。秦之商鞅、李斯以法易儒；猶蘇聯之首行共產獨標一幟也。然拿破崙雖深入莫斯科，而不能有；希特勒則縱橫進出，屢破堅城；假使非美軍之大舉，天下事未可知也。然而功薄酬多，勝均利厚，蘇聯所得，概如下述：

（1）分東德以為附庸。
（2）割波蘭東部以益俄疆，割德之北部以償波蘭。
（3）東歐諸國、捷克、羅馬尼亞、保加利亞、波蘭、匈牙利等，至今仍為衛星。
（4）外蒙獨立，形同鷹犬。
（5）投機於勝後出兵我國東北，以掠取滿洲利益。
（6）佔領日本東北四島，久假不歸。

蘇聯實以不義之霸道，攫取過量之利益，肆無忌憚，史太林誠梟雄也哉！以視秦穆公之霸西戎，殆又過之。此五霸中陰鷙險狠之最著者。

邱吉爾

以英之戰時首相邱吉爾比之晉文公，實為譽逾於貶。晉文功業，為五霸之次，且其後代繼霸者，歷有年所；迥非如艾登以中東塞得港之受挫，一世而斬！尋至聯邦制度，僅擁虛名；海上防務，更放棄至印度洋以東；惟以與美國為血濃於水之兄弟之邦，得保餘威耳。邱吉爾於二次大戰初期，謀希魔之議和，圖緩英倫之轟炸，每屆高峯會議，左右羅斯福，遷就史太林，漠視蔣介石；在抗戰中，復斷絕滇緬路，肆為不義；皆邱吉爾為之也。孔子曰：「晉文公譎而不正。」以觀邱吉爾，其庶幾乎！

蔣介石

蔣委員長領導抗戰，為中國復國土，為美國撐時間。在近代五霸中，義至高、位至崇也。然而霸業不振，浸至五強降為四強；吾以擬之宋襄公，請伸其說：

（1）抗戰之始，勉成於國共之結合；支離於和戰之猶疑。內情複雜，戰績不彰。

（2）戰費軍械，皆待外求。

（3）未及大舉反攻，而美國原子彈已擲向東瀛，有人謂之曰「慘勝」。

（4）一面厲行肅奸，一面優待俘虜；予人以寬敵殘己之印象。

（5）審喘息未定，繼以勦共；民心士氣，陷於崩潰。

（6）偽人偽軍，偏見資共；取與失當，為最大失著。

（7）輕許外蒙以獨立，勝而不利。

（8）放棄日寇之賠償，慷慨無由。

（9）接收竟變劫收，下情不能上達。

綜此九者，吾無以名之，宋襄公之仁也。及今棲遲臺海，望帝無歸；此又何啻宋襄之傷於泓耶！以中國之大，抗戰之艱，本應居晉文、楚莊地位；而不得不擬以宋襄，惜哉！

戴高樂

戴高樂以末將之孤臣，組流亡之政府，國已降敵，身在澤中。追隨大國，看人白眼。吞聲隱忍，錯節盤根。此篳路藍褸時也。迨至勝利，接收法蘭西，金甌無缺。其對貝當元帥，陽治其附敵之罪，隱感其護國之功。安之離島，娛其天年。此種胸襟，何等偉大。以視重慶國府之於汪精衛，相去遠矣。禮義之邦，不逮浪漫之國；獨何以哉！迨後戴氏於群黨紛紜之際，獨能領導法國，放棄非洲殖民地，糾結不斷之戰爭；而國運蒸蒸日上。國基既固，更折抑艾森豪；建交中蘇共；唱歐洲聯邦；以幣制排斥美金；以共同市場留難英國。影響所及，舉世震驚。至今龐比杜仍蕭規曹隨，鍥而不捨，雖英美亦無如之何。此一霸主，喻之為楚莊，其誰曰不宜。

現代七雄

夫五霸同時而並存，則必有爭。競言和平，粉飾一時耳。中國之霸，雖因政體而變；然不能永於偽定也。故必有美、蘇、中三角之爭。亦有英法相對之爭。諸如：勢力範圍也，武器競賽也，主義也，商戰也，油田也，國界也，貨幣也，海權、空權也；在在相碁，在在有爭。由暗鬥而明鬥，由冷戰而熱戰；談判不可解，條約不可恃；各欲求霸，各欲利己；第三次大戰，其終不可免耶！

五霸已成之形勢，已如上述。今且再推言七雄。吾國所謂七雄者，繼春秋之後，三家分晉：成韓、趙、魏，合齊、楚、燕、秦七國之君之概稱也。今世各國，政體不同。或虛君行首相制，或總統制，或集體領導制，是雄已不屬於國君。今但以國為準，再假定安排今七雄之輪廓如次：

秦——蘇聯。

楚——美國。

燕——中國。

齊——日本。

韓——德國。

趙——法國。

魏——英國。

按戰國七雄，自三家——韓、趙、魏分晉而晉亡；楚屢敗於吳而楚弱；齊為田篡，已非姜姓；燕不顯於春秋之世，而活躍於戰國；惟秦，獨峙西方，囊括東下；五霸之局既解，七雄之勢初成。以視今日二次大戰後三十年之局面，則五強微變，二憾復與；儼然七雄也。

七國以秦為最西，野心亦最大；而秦法不同於中原；故擬以蘇聯。

楚強而地廣，多事於吳及漢東諸國；而僻在西南，猶美之雄視新洲也；故以楚喻美。

自田恆弒君篡齊，而與燕壤地相望，中經齊人伐燕，燕將（樂毅）攻齊，是中、日之形也；故以中國喻燕。以日本喻齊。

西歐惟法、德與英，各有雄長之勢，自餘如義大利、西班牙、比利時、荷蘭以及北歐諸國，不足數也；故以韓、趙、魏喻之。亦若曰：「三國據歐，猶三家分晉也。」依此輪廓，將以縱論七雄。

蘇聯策略始終困擾西方

先論蘇聯，蘇聯之策略，為全世界最具系統、最有步驟、腳踏實地之計劃藍圖。美國不足與之敵也。茲分言其事如後。

第一步、鞏固東歐：

（1）對匈牙利，對捷克，不惜出兵以壓服之，以鞏固東歐所有附庸國。

（2）多次舉行波蘭及東歐附庸聯合演習，以示團結。

第二步、穩定西歐：

（1）以華沙聯盟，抵制北大西洋公約國。並數次舉行大規模之演習，以威脅北大西洋公約國之演習。

（2）多方擾亂東柏林，以困抑西德與美英法三國。

（3）冷靜等待北大西洋公約國之解體。先有法國之退出公約，繼有要求美國勢力退出歐洲之趨勢。

（4）解決西德與波蘭國界問題。

（5）默許東西德開放交通，逐漸和好。

第三步、謀取中亞：

（1）主要控制埃及。並聯好阿拉伯各小國及北非國家。一以備海軍補給基地；一以分潤美、英兩國油礦之權利。

第四步、發展海權：

（1）海軍艦隊大批開入地中海，以與美之第六艦隊相抗衡。美既默爾，而歐洲之內湖破矣。

（2）除潛艇之外，並大量增設航空母艦，以為開進遠洋之備。

第五步、力圖南進：

（1）結盟印度，不惜簽訂二十年之蘇印協約。

（2）爭取孟加拉，謀吉大港；以圖開進印度洋。

第六步、包圍中共：

（1）以外蒙附庸國為北部大前哨基地。

（2）以三十個師，布置中蘇漫長邊界。西自新疆，東至海參威，作一可攻可守態勢。

（3）西南以印度、緬甸、孟加拉形成網狀。而以北越為南部之犄角點。

（4）東北部自海參威南下至所佔之日本四島，為北太平洋之據點。

（5）在太平洋方面，只缺東南一角耳，將來或可能演變到與臺灣國府舊歡重拾之一幕，逼則生變也。

我以為中共現雖以俄國為唯一之大敵，但止於防而已；俄國亦絕不致與中共戰，但止於服而已。蘇聯之大欲，惟冀不戰而屈人。故必從容布置，從事包圍，以待將來。但得中共附，而蘇聯在世界之大勢定矣。故近年對於赤化各國，已不積極進行，但以一古巴影響南北美。而黨部遍世界，青年多左傾，已足困擾西方各國而有餘，美國非其敵也。

美式民主作風不敢恭維

次談美國，美國以門羅主義，為其傳統政策。自第一次世界大戰以至第二次，迫於形勢，不得不打破傳統；於是，一變而為世界憲兵；再變而為世界賬房。又於是，而公約組織，滿佈東西；軍事基地，設遍世界。經援則吃力不討好，軍援則到處啟糾紛。爛賬一堆，無從索債。星火滿眼，動輒燎原。圍堵率爾解體，基地忽又撤消。一國多公，舉棋不定。四年任滿，政策屢更。議會多無知之輩，頑民有叛國之行。我感覺美國欲救西歐，白費仁心；欲定東亞，難成義舉。這比之大富之家，濫行施予。計劃未周，眼光不遠。一旦感到自身難保，急圖收束，必致半途而廢，怨懟重重。此所謂善門難開也。秉國者可不儆懼乎！若蘇聯則絕不做無償交易，放債必有作用，售械亦賺大錢，任叫你吃虧說不出來，翻臉再圖補救，手法高明，非美國所能望及也。

蘇聯志在中共，此際根本不必與美為敵。視美之所為，猶隔岸觀火也。只要美不妨礙俄，則俄自不必打美國的主意。此在十年二十年內，無庸顧慮者。

至於尼克遜，是艾森豪看中的惟一人才。先之以出使各國，重之以婚媾之誼，終必看到他一選再選，死而瞑目。蓋深感美國人才之缺乏，為國求賢，寄以厚望也。尼氏精力過人，思想靈活。姑無論其所行之得失，即其宵旰思慮，為國勤勞，已非歷屆總統所能望其項背。吾於尼氏，其無間然。

英德法與中日各有鬼胎

再談中日，中日問題，事至難言。壤地雖一水相望；恩怨自罄竹難書。其與戰國燕、齊，可稱近似。今後之紅色中國，與慘敗勃興之日本，外交趨勢，兩有所需。世所共喻，姑存不論。

惟西歐局勢，英、德、法，各有鬼胎。無異韓、趙、魏之互相雄長。與美聯防，猶合縱也。北向事俄，猶連橫也。條頓民族，難忘大德意志之復興。則東德之分離，與波蘭之裂土，夫豈甘心。法國則寄望於歐洲聯邦，而獨樹一幟。英國更痛念於海上霸王之失勢，終未嘗一日自居於島國，而忘情於歐陸。此三種國際交錯之心情，將使親者如美，西顧而痛心。更使仇者如俄，南下而得志。未來之紛亂，其未有已也。老兵論政，隔靴搔癢，有識之士，其笑我乎！

十、春秋時代的十個名女人

以今日世界女子教育之普及，因之女界人才輩出。而科學家、教育家、藝術家、乃至法律、政治、醫藥，無不發皇鼎盛，有甚鬚眉。尤其專心致志、冷靜服務，更非躁急氣盛、疏忽自雄之男人所可比擬。即以近代活躍於政壇、據高位、秉國鈞的幾位特殊人物而論。如：甘地夫人，曾任聯合國主席，執政印度有年，毅然廢除大公部落制度；以色列總理梅爾夫人，主持哀兵艱虞之國運，應付地大無理之宿仇，亦能堅毅領導，措置裕如；至若錫蘭女總理之改革國政、消滅敵黨，進而為社會主義國家，以爭取外援，亦不愧為一時之傑。

最值得讚美的，如英聯邦之精神領袖伊利莎白女皇，垂拱而治，儀態萬方；尼克遜夫人主理白宮內政，有條不紊，追隨元首聘問各邦，致力競選，活潑潑地；至於菲律賓之馬可斯夫人遠征蘇聯，棋爭一著，吳廷琰弟婦陳麗春亦曾控制南越，雖敗尤榮；此皆犖犖可數、戛戛獨操者。在我國則有孫夫人宋慶齡之別樹一幟，不屈不撓；蔣夫人宋美齡之為國奔走，歷聘盟邦；更若中共之江青，出身藝海，繼適湘潭，亦能鼓動風雲，迷魔濁世；固由時代所陶溶，而亦才能之表現。

數千年來。吾國女權，在男權箝制之下。女子既無適當教育，即有天才，亦難發掘。上焉者如當權帝后：呂雉、武曌、那拉氏之流，不過小有才，習於權勢，醉於淫欲，根本無國家思想，及治理方針；尋至僉壬在位，群小弄權；根殖不豐，殊無足責。非昔人之智慧，遠不逮今人也。尤其一般女子之有學識者，必出於詩禮世祿之家。有如班昭、左芬、蔡文姬、鮑令暉、劉令嫻、李易安等，或父女相承，或兄妹繼美，也只能潤飾文壇，輝煌盛世。自然無事功可言，無異能可顯。

因此，我對中國歷代女子，異常感慨，無端抱屈。茲就春秋所記，摘出十大名女，加以品隲。型不同而事異，才不等而用殊。暴其短而揚其惡，旌其賢而讚其能；憐其愚而憫其禍，矜其遇而惜其人。是春秋之繁露，亦亂世之明星；非今日之醜聞，實當年之國垢。古今異勢，動態異型；孰為之先，孰為之後；賢不肖其揆一也。

今將春秋時代十大名女人分論於後。

鄭莊公之母武姜

——本事詳載於左傳魯隱公元年「鄭伯克段於鄢」一節中，文長不備錄。略述於下，以資論列。

鄭武公之妻武姜，生莊公及弟共叔段。莊公寤生，武姜惡之，而愛幼子叔段。屢欲立為世子，武公未允。及莊公即位，姜屢請居共叔段於險要之地；乃居之京，謂之京城太叔。久之，即謀奪兄位，陰繕甲兵，與其母武姜密謀內應，將於進襲鄭都時，武姜開門納入；不意事為莊公偵知，因發兵討之。叔段敗，逃於共。莊公在憤怨之下，安置其母武姜於城穎；並誓之曰：「不及黃泉，無相見也。」既而深悔絕情之過，賴潁考叔託詞諷諫，以「掘地及泉隧而相見」解其誓言；遂為母子如初。

為分析其事而論列之：

（一）寤生之解釋——按寤，覺也。寤生，寢而已生，寤而後覺也。此為瓜熟蒂落，極易之順生也。或謂嬰兒墜地，即能開目視，為寤生。此似謂兒生而能寤，然實指母生兒而寤也。或又謂寤、牾也。牾、逆也。言倒生也。足先出而生也。此蓋因當時醫學尚未發達，接生亦未完備，事非尋常，致產母受驚。古之愚婦，或引為不吉，而並惡其子；古老頑固之見耳。我想絕非逆產。逆產，則不止於「驚姜氏」而已。

（二）姜氏之溺愛——溺愛幼子，世多有之，古亦宜然。幼子既求為世子而不得，則要之以大邑，強之以甲兵，謀之以內應；母不母、弟不弟，溺愛為之也。

（三）莊公之養惡——武姜有立幼之心，叔段有奪位之志。母庇之，弟恃之，莊公知之而不忍發，慮傷母也。群臣諫之而不能聽，慮殘弟也。迨其蹟著，而有辭以申國討；則母知誤而弟知罪矣。呂東萊論莊公，謂「養其惡而使之成」，則然矣。但莊公之處境，則難乎為子，難乎為兄；論人者諒之而已。

（四）孝思之結局——此事啟禍於寤生，發展於溺愛。無現代之醫學知識，有前古之頑固婦人。鈎心鬥角，終操同室之戈；急不擇言，誤作黃泉之誓。幸潁谷封人相機諷諫，演出隧見及泉一幕。洩洩融融，孝思不匱。姜氏或內慙，莊公能補過；可以無譏。所遺憾者，叔段之出奔耳。魯隱公十一年鄭伯入許，有言曰：「寡人有弟，不能和協，而使餬其口於四方。」其對叔段，獨有自慊之辭，古之遺直也。

魯桓公之妻文姜

文姜，齊襄公之異母妹。初欲嫁鄭太子忽。鄭忽辭婚。後為魯桓公夫人。此本兩件事，因文姜性極淫蕩，而有禍福之不同。不妨連類記之，以見婚姻之道：

（甲）鄭忽辭齊婚——左傳魯桓公六年，北戎伐齊，齊乞師於鄭。鄭太子忽帥師救齊，大敗戎師。……其時魯桓公猶未婚於齊也，齊侯欲以文姜妻（去聲，嫁也）鄭太子忽。太子忽辭，人問其故？太子曰，人各有耦。齊大非吾耦也。大國何為！」及其敗戎師後，齊侯又請妻之。固辭。人問其故？太子曰，無事於齊，吾猶不敢。今以君命奔齊之急，而受室以歸。是以師昏也。民其謂我何！」

（乙）公與姜如齊——魯桓公十六年，桓公將有行。遂與姜氏如齊。申繻曰，女有家，男有室，無相瀆也；謂之有禮。易此必敗！」公會齊侯於濼，遂及文姜如齊，齊侯通焉（齊襄公與文姜兄妹亂倫）。公謫之，以告（文姜私告齊侯）。夏四月丙子享公。使公子彭生乘之。公薨於車，魯人告於齊曰，寡君畏君之威。不敢寧居。來修舊好。禮成而不反，無所歸咎惡於諸侯。請以彭生除之。齊人殺彭生。

按這兩件貴族婚姻的遭遇。雖無直接的連繫，卻有呼應的結果。鄭太子忽並不知文姜之賢不肖與妍醜也，而斷然兩次拒婚。一則曰「齊大非耦」，再則曰「不以師昏」。是其不希寵於大國，不邀功於救齊。桓桓丈夫，謙謙君子；守禮獲福，無形報施。以視今之攀高市愛，求婚矜能者；其度量之相越，豈不遠哉！

魯桓公違禮相瀆，拒諫如齊。無事而偕妻出聘。聞醜而詰讁姦情。身陷賊中，禍從口出。燕享已伏殺機，嬌客旋薨車上。齊襄無恥，辱及春秋之世；文姜宣淫，難堪兄妹之間。歎魯國之寖衰，殺彭生以何益。嗚呼！齊襄文姜，言之醜也。偉矣鄭忽！哀哉魯桓！

鄭雍糾之妻雍姬

——事載左傳魯桓公十六年。鄭大夫祭仲專國政。鄭伯患之。使祭仲之婿雍糾享諸郊而殺之。行事之前，雍糾密告其妻雍姬。雍姬問其母曰：「父與夫孰重？」母曰：「人盡夫也。父一而已。胡可比也！」雍姬遂將鄭伯密謀郊殺之事告其父祭仲曰：「雍氏舍其室而將享子於郊。吾惑之，以告。」祭仲因殺雍糾。鄭伯見事敗，因載糾尸以同出國。曰：「謀及婦人。宜其死也。」

這一事予人以幾種警覺：

第一、凡共心腹機密之人。必須清楚認識其人事關係（雍糾妻祭仲之女也）。

第二、凡負有機密任務之人，必須嚴格實行保密。雖親如夫婦，亦不可稍事洩漏。

第三、凡有偵察性之言語問答，旁敲側擊。必須注意。三緘其口。

凡此，皆今日特工所能優為之。昔人所不逮也。吾以為雍姬母女，皆特工上材也。鄭伯之用雍糾，失之矣。「人盡夫也。父一而已。」可謂名言！

衛宣公之妻宣姜

這也是左傳魯桓公十六年的事。今將傳文摘錄於下：

「初。衛宣公烝（子淫其母）於夷姜（庶母）。生急子。屬諸右公子。為之娶於齊而女貌甚美，公取之（既烝庶母，又奪兒媳）。生壽及朔。屬壽於左公子。夷姜縊。宣姜（即奪媳為妻之齊女）與公子朔構急子。公使諸齊。使盜待諸莘。將殺之。壽子告之使行。急子不可。曰：『棄父之命，惡用子矣。有無父之國則可也。』及行，飲以酒。壽子載其旌以先。盜殺之。急子至。曰：『我之求也。此何罪。請殺我乎！』又殺之。二公子（左右）故怨惠公（朔也）……衛侯朔（惠公）出奔齊。」

茲分論其事：

（一）宣公既烝夷姜，又奪取其子急子之已聘美妻（準兒媳）而為宣姜；所生之子，輩分混亂之極！以致夷姜自縊死，而宣姜則構陷急子；此皆宣公一人之罪。夷姜固無罪。宣姜亦以偏愛幼子，為求立朔而構陷急子。奸謀是相因而發，如宣姜嫁急子，自無此變。衛風所以有牆茨之詩，蓋為此也。

（二）因宣公取急子妻，而宣姜必欲去急子，其讒易入。因有使諸齊而命盜（即行刺者）殺諸途。此宣姜之密謀，急子不知也。壽子為宣姜之子。雖未與謀，或宣姜不之避，故獲知秘情。其母不知其子壽並不與朔同心，而不直其母與弟之所為也。

（三）最難得者，為利害不同之異母兄弟（急子與壽），爭相求死，赴義恐後。試觀壽子告急子以行（逃也），飲之以酒，載其行旌以先，其代死之心，惟恐後至，而盜殺急子也。至於急子，雖得壽子之密告，而奉父之命，大義凜然。拒壽之請，甘心就死。及其先後遇盜。一則冒旌以就死；一則求仁而請死。此情此景，可歌可泣。何意非禮之父母，而有守義之弟兄。真可謂牆茨之奇葩，而新臺之遺恨。可哀也已！

三年不言之息媯

息媯、息侯之妻。楚文王滅息，取歸以為夫人也。生堵敖及成王，而不言。楚子問之，對曰：「吾一婦人而事二夫。縱不能死。其又奚言。」事在左傳魯莊公十年及十五年。

原來蔡哀侯與息侯同娶於陳。息媯歸，過蔡。蔡侯曰：吾姨也。止而見之。不甚禮貌。息侯聞之怒。因請楚文王借辭伐息以及蔡，遂俘蔡哀侯以歸楚。蔡侯以怨息也，故繩（讚美意）息媯之美於楚王。於是楚王入息。託言設享。遂滅息。以息媯歸。

蔡、息本皆屬小國。以戲啟釁，而皆滅於楚。息媯以美色，致召亡國之禍。雖失身於楚王，猶有二夫之痛。一念失國，三年不言。此在春秋時代，允稱有女德者。及楚文王薨。令尹子元（楚文王之弟）欲蠱之。振萬舞於其側。夫人聞之，泣曰：「先君以是舞也，習戎備也。今令尹不尋仇讎，而於未亡人之側；不亦異乎！」卒以此感動子元伐鄭。是其不言則已，言亦有道也。

衛靈公夫人南子

左傳魯定公十四年記南子事，錄之於左：

「衛靈公為夫人南子召宋朝（宋朝是南子的舊姘頭），會於洮。太子蒯聵獻盂於齊。過宋野。野人歌之曰：『既定爾婁豬。盍歸吾艾豭。』太子羞之。謂戲陽速曰：從我而朝少君（指南子），少君見我，我顧，乃殺之。速曰諾。乃朝夫人，夫人見太子。太子三顧。速不進。夫人見其色。啼而走。曰蒯聵將殺余。衛靈公執其手以登臺。太子奔宋。盡執其黨。」

按宋朝，宋公子，美男子也。南子，宋之美女也。舊與宋朝私通，既為衛靈公夫人，靈公寵之，聽其言而召宋朝。宋人嘲而歌之。謂婁豬求子，豬以喻南子。艾、老也。艾豭喻宋朝。太子聞野人之歌而羞之。託詞朝見，而欲殺南子。委之戲陽速，速以：從太子，則罪將歸之己；逆太子，則太子亦殺之。故陽諾而不進。太子冒弒庶母之罪，委任非人，成敗皆不免也。以此遂演成出奔，父子爭位，擾攘多年。蒯聵乃得回國為莊公。始亂，固在靈公之寵女色。而遂成南子之醜行。然蒯聵所為，不獨不智，亦非所處於父子庶母之間也。南子美由天賦，早已踰閑。靈公老尚風流，甘心媚寵。蒯聵憤不暇擇。陽速明哲保身。南子、宋朝與戲陽速固皆無罪，獨憐衛靈公之昏，及蒯聵之愚耳。

此事在論語上有「子見南子子路不悅」一節。四十多年前，曲阜某中學演了一齣話劇（時稱文明戲），戲目為「子見南子」，哄動一時。孔氏及魯人大嘩，輿論指摘，法庭起訴。鬧到南京教育部，終以不傷孔子令德，未予敗訴結案。不料三千年後，美人故事，尚有風波。名女人之魔力，誠大矣哉！

晉重耳齊姬姜氏

——重耳奔齊時。桓公厚遇之。妻以姜氏。公子安之。姜氏與其從人子犯謀，醉而遣之。以是南之楚、西赴秦，終得歸晉，卒成霸業。這是一位巾幗鬚眉，也算是重耳的流亡艷遇。可見一個偉大人物，稍事宴安，便成頹廢。記得歷代賦彙有一篇「齊姜醉遣晉公子賦」。首一聯為：

英雄牽兒女之情，非丈夫也；
巾幗壯鬚眉之氣，有美人兮！

想起重耳酒醒時，以戈逐子犯的神情；則後來的英雄，正當年之美人逼成之也。

僖負羈妻燒冷灶

——重耳過曹。受辱於曹共公。僖負羈之妻曰：「吾觀晉公子之從者，皆足以國相。若以相夫子，必反其國。反其國，必得志於諸侯。得志於諸侯，而誅無禮，曹其首也。子盍早自貳焉！」乃饋盤飧，置璧焉。這一位婦人。見解實高於曹之君臣。佳人慧眼，公子知音。實可當之無愧。且又能「燒冷灶」。是亦外交家也。

陳御叔遺孀夏姬

這是春秋上最有惡名的一位美人。而成為最不祥的禍水。今本申公巫臣媒孽夏姬之詞，分述其事：

（一）夭子蠻：子蠻、陳靈公，夏姬之兄，君臣宣淫於夏姬之室，被其子夏徵舒所殺。詩所謂「胡為乎株林？從夏南」也。

（二）殺御叔：御叔、夏姬之夫。早死，非其罪也。

（三）弒靈公：因姦情被其子徵舒所弒。

（四）出孔儀：夏大夫孔寧、儀行父，與靈公同私夏姬。靈公曰：徵舒似汝。二人答曰：亦似君。徵舒不堪。因弒靈公。孔、儀出奔。

（五）喪陳國：因陳亂。楚文王討之。夷其國為縣。

此五者，皆因夏姬而生。非姬之罪。申公巫臣謀娶之，飾詞以止楚文王也。陳亡後，夏姬被俘入楚，又演一番爭美插曲：

（一）楚文王涎其美，欲自取之。申公巫臣諫之曰：「是不祥人也……」王聽之而止。

（二）楚令尹子反欲取之。申公巫臣又曰：「人生實難，其有不獲死乎！天下多美婦人。何必是！」乃止。

（三）楚王以夏姬賜連尹襄老。襄老死於邲之戰，不獲其尸。其子黑腰烝夏姬焉。

（四）巫臣陰令姬歸陳。多方設法自取之，以逃晉。晉使巫臣為邢大夫。與夏姬終老。

以上之種種手法，皆巫臣自為之地也。

綜夏姬之一生，皆由美而沾禍。以致亡人之國，喪己之子。君臣涎美，逆子烝淫。申公巫臣偽飾善言，欺君誑友，棄國逃敵，娛美終生。夏姬之禍人，天實為之。群公之逐臭，人實致之。禍福自召，今古同然。可不懼乎！

晉獻公之妻驪姬

驪姬、驪戎之女俘也。歸為獻公嬖。生奚齊。因謀立奚齊，多方害太子申生，並及群公子。此重耳夷吾輩所由出亡也。這是一個舊式狠毒婦女。無足取。列之榜末，以備數焉。

我挑了這十位名女人。型態不同，影響各異。皆春秋列國君后之所為。其在大夫之家者，只雍姬與僖負羈之妻二人而已。至於當時社會上男女動態，尚少記載。今日吾人所見則異聞醜事，競載報端，名流秘辛，爭傳軼事。繁星點點，早照耀於人間；怪事多多，是新潮之世界。以彼例此。瞠乎後矣。

十一、從越戰想起幾場春秋之戰

越戰在東南亞一角，擾攘近十年，戰場遍及越南三邦，動員幾二百餘萬，參戰盟國計有美、韓、澳、紐、菲，傷亡逾數十萬人，軍經各費動以千億計，此一局部戰爭，竟一發而不可收拾，誠令人不可想象！

再談到越戰的後臺老闆，正面的有美國；背面的有蘇聯與中共。其規模之大，牽連之多，自第一、二次世界大戰未之有也，是半天下之兵也；然而在戰爭進行中，北越一直在擴張，南越始終求自保，美國想望和平，中蘇志在控制，各懷鬼胎，各不相讓。以致謀和不易，舉世騷然，此振古之奇局也！美國雖打越戰，但不求勝，仍以有限度戰爭相號召，雖不合兵家之說，卻自詡為仁義之師；而北越則以不怕死、不擇手段以對付之，雖似無厲之尤，而自命為強者之矯。此不可解之糾結，將貽害於無窮！吾人生當此世，觀此戰局，憫人類之將亡，傷物資之虛擲，不覺有感於中，因憶及我國春秋時代幾場戰役，特表而出之，雖古今形勢之不同，而申罪致討，禮讓分明，玉帛干戈，言歸於好；未有行人奔馳而不息，壇坫交謫以經年者。茲為摘舉其事如次：

齊桓公召陵之師

此役為管仲相桓公之後，齊國遷邢、復衛，霸業正盛之時。

一、齊國出師計劃

齊既消滅北狄，安定中原，以楚國侵鄭，乃會諸侯於陽穀，集宋、陳、魯、衛、鄭、許、曹各諸侯之聯軍，以討蔡為名，實為伐楚，大軍進次召陵地方。

二、齊楚雙方之外交詞令

楚國使臣至齊師，責問曰：「君處北海，寡人處南海，唯是風馬牛不相及也，不虞君之涉吾地也！何故？」此責齊國侵略之辭也。當時齊國由管仲負責答話，分兩節而言。管仲先告楚使曰：「昔年召公奭曾奉周天子冊命齊先公以方伯職權，齊有權有責征伐五侯九伯，自非侵略。」接著又指楚國不貢菁茅與昭王不復，獲有二罪，故加聲討。管仲答得妙，儼然是一篇檄文。不料楚國使臣答得更妙，他說：「貢之不入，寡君之罪也，敢不供給。至於昭王之不復，君其問諸水濱！」這是避重就輕的外交辭令，服而未服也。

三、齊侯陳師示威

當時楚國以大軍壓境，自知不敵，乃另派屈完為求成（議和）專使。齊侯亦率各諸侯之聯軍退駐召陵。屈完既至，齊侯陳列諸侯之師，並與屈完同乘一車而觀之。桓公並向屈完曰：「以此眾戰，誰能禦之。以此攻城，何城不克。」此示威之詞也。屈完從容對曰：「君若以德綏諸侯，誰敢不服。君若以力，楚國方城以為城，漢水以為池，雖眾無所用之！」此種不卑不亢，不激不隨的詞令，真可說是語妙天下。於是楚齊盟成。

我看這一役輕鬆俐落，不折一矢，不傷一卒，而南北之和局已成。若以白話演出，真是絕妙好詞！最難得的是，一個管仲；一個屈完。可謂千載難見。以視今日巴黎祕密會議，夜長夢多，令人煩惱，其人才、國格、風度、理致，相去豈不遠哉！世亂日亟，國格愈卑，人才愈下，為之慨然！

晉文公城濮之戰

城濮之戰與踐土之盟，為晉文完成霸業之始。事在魯僖公二十八年。晉楚兩國雖以兵戎相見，卻極盡禮讓之妙趣，古今所罕見也。茲分析於下：

一、雙方啟釁之由

此時楚國勢力已漸入中原，並以曹、衛兩國為其外圍。而晉文公以出亡時曾受曹、衛兩國無禮之接待，一直默記於心，存心報復，乃分曹衛之田以與宋，楚國因援助曹衛，與晉為敵，晉國乃拘留楚使宛春，兩國因以啟戰。

二、晉楚兩軍形勢

楚軍——因楚莊王在申不欲戰。楚令尹子玉為帥，則全力主戰。莊王無法制止，乃少與之師。故是役楚軍之陣容為：

中軍元帥：令尹子玉。

右軍主將：子上——統率陳、蔡各附庸國軍。

左軍主將：子西——兵力未詳。

晉軍之陣容為：

中軍元帥：原軫、副郤溱。

上軍主帥：狐毛　副帥：狐偃

下軍主帥：欒技　副帥：胥臣

三、兩軍開戰詞令

楚令尹子玉使鬥勃（楚大夫）請戰曰：「請與君之士戲（打仗曰戲，客氣得近乎開玩笑），君憑軾而觀之。得臣（子玉）與寓目焉！」

晉侯使欒枝對曰：「寡君聞命矣！楚君之惠，未之敢忘。是以在此。為大夫退，其敢當君乎（此指晉文出亡時，所作退避三舍之諾言）。既不獲命矣，敢煩大夫謂二三子：戒爾車乘。敬爾君事。詰朝相見！」

四、兩軍戰況

晉下軍副帥胥臣以下軍佐，蒙馬以虎皮，先犯楚附庸陳、蔡之軍，陳、蔡軍奔，楚右師潰。晉上軍主帥狐毛、狐偃以上軍夾攻楚左軍子西，楚左師又潰。楚令尹子玉收其卒而止，楚師敗績。晉侯於事先登有莘之墟以觀師曰：「少長有禮，其可用也。」

觀乎晉楚城濮之戰，因楚令尹子玉太驕，故其請戰之辭，已覺泰侈無禮。而晉侯答辭何等溫文得體。尤其「戒爾車乘、敬爾君事」語，為敵方警策，不失君人之度。惟此後作王宮於踐土，因朝王而献俘。故孔子謂之譎而不正也。

晉齊一場滑稽戰

此為春秋時代唯一滑稽戰役。起因由於各國大夫朝會齊侯時，婦人之一笑而賈禍。因此聯軍方面主戰者，皆各國大夫；而對象則為齊頃公。魯宣公十七年春，晉侯使郤克徵會於齊。齊頃公於會見時竟令婦人於帷內觀之。郤克進見，聞婦人嘻笑於帷內，郤克受辱甚怒，出而誓曰：「所不此報。無能涉河！」返回晉國後，請伐齊。晉侯弗許。請以其所統率之部分軍力與戰，又弗許。至魯成公二年，魯國之季孫行父、臧宣叔等皆如晉乞師討齊，並推郤克為主帥。晉侯許七百乘。又請，許八百乘。共六萬人以伐齊。其事之內容如下：

因為晉郤克及魯、衛、曹諸國大夫奉派出使會於齊。適齊侯同時召見者共五人，而其中四人皆有殘疾，計為：

晉：郤克——跛。

魯：季孫行父——禿。

衛：孫良夫——眇。

曹：公子首——傴。

可能齊侯事先將此情形告其母，欲以兒戲出之，特約期同日朝見。其母后蕭同叔子要求於召見之日在朝堂張帷幕，携同侍女於幕後觀之。及期，五位殘疾使臣聯袂入見，婦人們睹此怪狀，自然忍俊不禁，笑聲達於帷外。郤克以卿使，自不甘受辱。即其他三大夫亦忿怒難平。故有聯合請晉侯出兵之舉。國事固不可兒戲。怨毒亦入人至深。可不戒懼矣乎！

魯成公二年春。經書云：「六月癸酉，季孫行父、臧孫許、叔孫僑如、公孫嬰齊，帥師會晉郤克。衛孫良夫、曹公子首與齊侯戰於鞌。齊侯敗績。

兩軍陣容如下：

晉方

中軍主帥：郤克。

御者：解張。

車右：鄭仁緩。

上軍主將：士燮。

下軍主將：欒書。

司馬。韓厥。臧宣叔。季文子。

魯、衛、曹各國聯軍從齊師於莘，至於靡笄之下。

齊方

齊侯親征：自將中軍。

御者：邴夏。

車右：逢丑父。

陣中花絮：

（一）兩陣對圓，郤克為矢所傷，流血及屨，但郤克忍痛擊鼓奮戰，始終未絕鼓音。

（二）晉中軍御者解張，自助兩軍交綏，即為矢貫於手及肘。但解張折矢以御，因流血涔涔，車之左輪亦染成紅色。

（三）車右鄭仁綏接戰之後，有險必奮勇躍下推車。

（四）齊師敗，齊侯被逐，三度繞向華不注山而逃。

（五）齊中軍車右逢丑父與齊侯易位而坐，逃抵華泉時，齊侯座駕車驂為道旁大樹所阻，不能前進。

（六）在危急中，逢丑父偽裝齊侯，臥於車中。不能追及齊侯車。

（七）晉司馬韓厥誤以逢丑父為齊侯也。執贄馬前，再拜稽首。並奉觴加璧以進（此乃對鄰國君主之禮）。

（八）逢丑父預使齊侯下華泉取飲。鄭周父御佐車，宛筏為右，載齊侯逃脫，幸未被晉軍俘獲。

（九）韓厥獻逢丑父於郤克，將戮之。丑父呼曰「自今無有代其君任患者。有一於此，將為戮乎！」郤克曰：「人不難以死免其君，我戮之不祥，赦之以勸事君者。」乃免之。

（十）齊侯雖得逃脫，然不忘逢丑父。曾三入三出齊陣以求之。

晉師追齊師，入自丘輿，擊馬陘。大獲全勝。

議和條件：

（一）齊侯遣使者賓媚人向晉方提出：

（1）賂以紀甗、玉磬與地。

（2）如不可，則聽客之所為。

（二）晉方拒之，另提出兩項：

（1）必以蕭同叔子為質。

（2）齊之封內盡東其畝（即要齊國讓出東部大量土地）。

賓媚人答曰：「蕭同叔子非他，寡君之母也。若以匹敵，則亦晉君之母也。吾子布大命於諸侯，而曰必質其母以為信。其若王命何？先王疆理天下，物土之宜，而布其利。故詩曰：『我疆我理。東南其畝。』今吾子疆理諸侯。而曰盡東其畝而已。唯吾子戎車是利，無顧土宜。其無乃非先王之命也乎！……中略……畏君之威，師徒撓敗。唯是先君之權器土地不敢愛。子又不許。請收合餘燼，背城借一。敝邑之幸，亦云從也。況其不幸，敢不唯命是聽！」

魯、衛兩國此時皆諫卻克。秋七月，晉師及齊國佐盟於爰婁。

語云：「春秋無義戰。」蓋指發難者造端之言之耳。然歷觀春秋各戰役，自上而下皆有禮之風，忠義之氣。甚至敵我之間，不廢同情之旨。賈勇之餘，仍存仁愛之心。其間義烈可風，仁言利溥者，更指不勝屈。絕不似今日無理可喻，無信可守，殘殺無饜，想入非非，觀念盡出非常，欲望永無了局！不免發思古之情，抱傷今之感也已。

十二、春節無俚話官場

古之為官者，類皆深居高拱，端靜寡言，位愈高則言愈寡。蓋一則分命臣下，各賦所司，自毋庸多費唇舌；一則民具爾瞻，無信不立，誠恐食言而肥也。

古之文告．親切感人

今之為官者則與古時大不相同，如：紀念日、集會、會議、舉行典禮、公宴、招待記者……或宣言、或訓話、或致詞、或答問，幾無時不要講話，縱有文告出於秘書之手，然事前亦須經過一番指示與審閱，臨時或須講述與閱讀，是則費於言之時間多，而用於行之時間少。雄才大略之主，未必長於言詞，吞吐忸怩，轉失威嚴；利口雄辯之人，未必篤於行事，犀利逞詞，言多必失。至於形諸筆墨，尤當審慎從事，要言不繁。蓋長篇大論，八股常談，讀者既提不起精神，教者亦顯不出要領也。

吾嘗謂古之文告，若湯誓之「時日曷喪，予及汝偕亡。」湯誥之「其爾萬方有罪，在予一人；予一人有罪，無以爾萬方。」秦誓之「責人斯無難，惟受責俾如流，是惟艱哉。」此皆有其獨到警語，足以振奮人心。至漢高之約法三章，簡單明瞭，其「父老苦秦苛法久矣」一語，不必歷數罪狀，自足令人痛定思痛，感極而泣。若漢文帝致南越王趙佗書首句云：「朕高皇帝側室之子也。」吾意必係文帝本人手筆，試問何等親切，何等坦白，在普通人尚諱言庶出，而況帝王？任何中秘，也寫不出，也不敢寫。自然蠻夷大長，也就感而臣服了。此皆文字動人之處，今之主持宣傳者，或尚未足以語此！至如漢武帝之「秋風辭」；魏文帝之「燕歌行」，不過太平天子舞文遣興之作，無關宏旨。若李後主則一翩翩大少，不幸而為亡國之君，以陰柔處陽剛，大易所謂失位者也。

草莽英雄・另成一格

偶然想起李闖王的檄文中有：「君非甚黯，孤立而煬蔽甚多；臣盡行私，比黨而公忠絕少。獄囚纍纍，士無報禮之機；徵斂重重，民有偕亡之痛」數語。這真能刻劃出當時明思宗之孤掌難鳴，與群小之蠅營朋比。雖然駢四儷六，老百姓未必看懂，但已足以令朝野士大夫為之短氣、為之解體。這也看出李自成初雖裹脅饑民，不過烏合之眾，但其幕中卻大有人在，假令沒有吳三桂引狼入室那一幕，歷史未嘗不可以重寫，闖王未嘗不可成為太祖高皇帝呢！

記得民國十三年，二次直奉大戰，張作霖挾三角同盟之勢，在遼寧誓師，其言曰：「我張作霖起家幾十桿槍，橫行東三省數十年，現在搞到數十萬人，兵強馬壯，眼看北京那一班兔子王八，鬧得亂七八糟，他媽的巴子（東北口頭語）！咱們一定要打過去！」這還不失為草莽英雄口吻，也算另成一格。我想古往今來，激勵群眾，能收鼓舞振導之功者，一定要言辭通俗，旗幟鮮明，精神貫注，深入人心；若必咬文嚼字，拖泥帶水，當非多數人所能領悟者也。

官場人物・演講百態

當官既要講話，尤其當大官，要對千百人數千人演講訓話，有時還要對數萬乃至數十萬民眾或軍隊訓話，其含義之深淺，言語之通俗，音調之高下，態度之寬舒，熱情之奔放，時間之久暫，與其訓話者標的是否鮮明，聽講者程度能否領悟，或深入人心，化行頑石；或言者諄諄，聽者藐藐；皆足以顯示聽眾之心理，與長官之威望。總要切中事理，要言不煩。譬之江河，淤塞則疏導之，泛濫則堤防之。譬之蹊徑，茅塞則開之，坎坷則平之。譬之救火，以水則滅，以油愈炎，譬之發射，蓄力則貫革，志彀則穿楊。不外因勢利導、立懦廉頑，此其關於天才者三之一，關於閱歷者三之一，關於學養者又三之一也。

就我數十年來所見官場人物之講話，或新入仕途，官派十足；或裝腔作態，望之儼然；或敷衍門面，不免老生常談之譏；或瑣屑餖飣，時有婢作夫人之誚。求其能自然合度，恰如其份，斬釘截鐵，發人深省者，殊不多覯。故吞吐其辭，忸怩怯眾者有之；大言不慚，自吹自捧者有之；文不對題，東拉西扯，胸無成竹，這個那個者有之；咬文嚼字，頭腦冬烘，自說自話，莫名其妙者有之。更有小語叮嚀，細聲莫辨者；有淺薄粗鄙，不堪入耳者；甚至有別字連天，拾人牙慧，靦不為怪者。言為心聲，駟不及舌，開門見山，存中形外，此孔門所以有言語一科也。

不通秀才．無人情味

曾記故友劉玉春將軍告我：（劉氏當年為吳佩孚部下大將，國民革命軍北伐時，死守武昌城者即為此公）當吳子玉流亡四川回寓北京後，劉氏率其守武昌同患難之第三師各將領謁吳於什錦花園，吳無一慰勞語，但一手持杯（吳平居喜獨酌），一手持《易經》而謂之曰：「你們讀過《易經》麼？《易經》很有道理。」於是，大談其易理，不及其他。這一班謁見請訓的舊日軍官，滿以為辛苦備嘗，得溫言以為慰，或挫敗之餘，示迷途以方針，聽到這不入耳之言，自然群感失望。並且這位不通秀才，亦未必通徹易理，而那些老粗部下，更是一竅不通；於是，憤激之餘，默然告退，群以為出生入死，殊不值也。劉氏謁吳後回津，抑鬱於懷，深感無以對部屬，遂疽發背而死。此蓋由吳子玉之冬烘氣太重，不明部將之心理，而又無人情味，其能在北洋統兵數十年，鷹揚皖直，風雨中州，不過豎子成名耳！

民廿六年，在廬山暑期訓練團，有名流學者及達官大吏前往演講，記得某省主席某公演辭，有「不可隨便撒屁吐痰」語，餘亦不知所云。放屁吐痰，誠為惡習，但亦只可為小學生及普通市民言耳，試問當時在廬山受訓之對象：文官縣長以上，軍官團長以上，警官局長以上，教育界中學校長以上；受訓之目的：為激勵人心，齊一步驟，準備抗日。此時此地，竟以此幼稚無聊之小節，靦然逞辭，其視聽眾為何如人？其自視抑又何如？

汪馮二人・較具口才

近數十年以演說勝者，若孫總理鼓吹革命，萬流景仰，吾無間然。若汪精衛口如懸河，出言成章，音調委宛，易於動聽。然才思敏捷，或虞言不顧行；感情衝動，難免自相矛盾。若馮玉祥擅俚俗之盲詞，多鄉曲之譬喻，或莊或諧，實大聲宏，最能合士兵之口味，引民眾之歡娛，此下流之上乘也。至於數十年間吾所歷見之袞袞諸公，或捧讀演詞，勉強應付；或枝枝節節？拖泥帶水。似尚無出類拔萃、以言語風動天下之人。才難！不其然乎？

五十年前，看見日人著有一本《雄辯學》，對於演說有關各項，言之綦詳，今坊間似尚未見此類著作。當邦家杌隉之時，非大聲疾呼，不足以振奮人心，挽回國運。易曰：「隨風，巽，君子以中命行事。」風行草偃，中命行事，行或有賴於言也。

北伐完成後，行之最久最多而最普遍之儀式，為讀總理遺囑，無論各級官廳、各級黨部、各種社團、各學校、各集會，甚至開幕典禮與訂婚結婚，皆有此一節目。在官廳或黨部之紀念週，例由主席恭讀，參加者循聲朗誦。其他集會，或循聲、或不循聲、或朗誦、或默誦。各禮堂當中總理像下多揭示有原文一張，主席者本已熟讀，又可仰視，自然一氣讀完，並無失儀之處。但有許多會議室或臨時集會，並未貼有遺囑，主席或係臨時被推，或向未擔任過主席，或入仕未久不及注意；更有向來熟讀一時忘卻者，每每朗誦幾句，忽爾中斷，接不下去。這時大家皆嚴肅恭立，寂然無聲，而主席僵立，面紅耳赤，無法下臺。此時或由司儀人或前立之資深者為之提醒，勉強成禮，其尷尬情形，真堪發噱！此事我見到過好幾次，非嚮壁虛造也。

九一八後，黃郛（膺白）任華北政務委員長，對於舉行紀念週及讀遺囑，獨不肯從同，其時以華北情況特殊，需才孔亟，中樞當局亦裝聾作啞，未予堅執。由民十六至民四十，此一儀式，由盛而衰，此亦一滄桑也。

朋黨之結．自古已然

朋黨之說，自古有之，若漢之黨錮，死徙禁廢者六七百人；宋之元祐黨籍碑凡三百餘人。此黨禍也。無黨之形，而當政者羅織以成之者也。歐陽永叔雖有論列，究非今之所謂黨也。今之論政者，皆揭櫫政黨政治，或一黨專政；或兩黨對立；或多黨並存。一黨專政，則曰黨外無黨，黨內無派；數黨並立者，則曰執政在野，互相監督。黨之大者！乃至數十萬人數百萬人，世界各國，不入於此，必入於彼。於是，官出於黨，黨外無官；或舉朝下野，或一步登天。茲事體大，得失之間，還以俟之今後之演變。

自辛亥以來，由北洋至國民政府，我國所謂派系，名目煩多，此雖無政黨之名，而頗具朋黨之實；其影響於政局之變遷，及人事之進退，殊非淺鮮。其實這一類結合，或以地方區域關係，或以機構組合關係，或以業務性質關係，或以學校系統關係，或以長官部屬以及師生關係，就其所隸屬與相知相識及服務之歷史，縱者、橫者、親者、疏者、遞相緩引，滋長擴大，浸成集團。論事者即以某派某系名之。當事者亦於不自覺中，自承為某派某系，初非若政黨之旗幟鮮明也。且多係無目的無計劃而形成者也。不過既已形成之後，即成不可侮之派系，而活躍於官之領域矣。欲求國家之安定，派系之泯滅，杜漸防微，端在用人之始，可不慎哉！

北洋南洋·皆成陳跡

民初年代所稱之北洋派，本胎息於袁世凱小站練兵之北洋六鎮，其實南北洋係通商海域之稱，在清末直隸（今河北）總督兼北洋通商大臣；兩江總督兼南洋通商大臣。其時直督駐天津（直隸本以保定為省會，後移天津），小站距天津僅數十里，故以北洋名其軍。蓋同時駐紮南京之第九鎮，大家亦習稱南洋第九鎮，不過辛亥癸丑間，未能乘時發展，故南洋派之名，未能成立耳。

北洋派之分為皖系、直系，自袁世凱死後，始隱有軒輊，以段祺瑞為安徽之合肥人，馮國璋為河北（直）之河間人，故名。但直中有皖，皖中有直，未顯露也。自馮死，直系始以曹錕為首，積漸至吳佩孚衡陽撤兵，以至皖直之戰，而皖系直系之名始大著。至所謂奉系，本不屬於北洋派，以其在北，故統而言之。其他安福系、交通系、新交通系等等，皆其寄生者也。

當時軍中有所調武備派，又分為天津老武備、開平武備、北洋速成、協和速成，此皆清末民初活躍於各軍事機關及各部隊者。近數十年來，人數最多而響最大者，莫過於陸大系、保定系、黃埔系。而東北講武堂、雲南講武堂，以及山西、四川、西北軍各種名目軍事幹部學校，均佔有一時期、一地區、一集團不可侮之人事連繫上之勢力，紛紛擾擾，至為雜沓。然上述種種，如今皆成歷史陳跡矣！

一入仕途．互相援引

至於軍事留學生，當以留日之士官生為中國軍中之母，自前清創建新軍，皆以此輩為領導。辛亥革命，盛極一時，都督半天下。今雖壯士白頭，風流雲散，然碩果之存，喬木世臣，仍多國之瓌寶。從前留學德法者，本來不多，美國尤少，英則海軍為多，蘇俄則又當別論。最奇特者，有一種無形現象，似乎政府用人，跟著外交政策走的，就以留德學生而言，晚清一度用德國操法，他們很吃香；到了第一次大戰，北政府對德宣戰，這班人完全打入冷宮了。抗戰前，南京國府聘了許多德國顧問，那時軍委會辦公廳第四處（管顧問事務）用了不少留德學生；迨撤退至武漢，改用俄顧問，又變為俄國學生的時代了。抗戰末期，直至國府退守臺灣，因為軍援關係，既係美式裝備，事實需要，亦自不得不爾，所以考察也到美國去，留學生也以美國為最多。

文學校一入仕途，亦多以類相引，自成系統，此不勝枚舉。更有專用小同鄉者，如四川劉存厚之「簡陽系」，有人題其督辦署曰：「簡陽會館；劉氏宗祠。」昔年何健（芸樵）主湘政時，亦有「醴陵系」之稱。今之健在諸公，或有未能免此者，似不得以「舉不避親」為飾辭也。

民國以來・派系繁多

地域有南北之分與省縣之分；；同學有前後期之分；學派有東西新舊之分。於是一人主政，則其同鄉、同學、同派咸彈冠相慶，競登仕版，真是雞犬皆仙！這根本由於人事制度未能完善確立之故。醫藥界亦有英美派、德日派之說，某氏主衛生署兼軍醫署時，凡德日派之醫生，大受排斥。某次竟將軍醫學校全體教職員免職，該校同人舉代表請願，亦不得直，且遭禁閉，似此作風，實為人事行政一大汙點，得未曾有者也。

吾意所謂派系者，朋黨之謂也。本無其質，而或有其名；既有其名，遂日形其實。形成則質展，名著則勢增。既不能融和消解，弭於無形；終至門戶畛域，互存歧見。由北洋時代至南京國府，如所周知之，政學系、研究系；CC派、西山派以及南派、北派；中央系、地方系；新派、舊派、東洋派、西洋派；北大系、清華系、南開系。……等等，本來似無組織，而因彼此爭傳，竟至世人側目。名者實之賓，今則為名所役矣。天下事最怕起鬨，最怕人捧。有人於此，獨立街頭，偶爾注視，後來者以為有鴻鵠將至也，亦因而注視之，於是，愈集愈多，爭相詫問。於是，交通阻塞，車相撞，人相失，前絡者乘之，由無事而有事矣。又或由小事而大事矣。吾以為派系之說，言之者之過也，銓叔之制公，登庸之道嚴，黜陟本諸事功，用人不分派別，則派系之事，縱存於社會，縱孕諸政黨，應不復存在於官之領域也。

新陳代謝．公然之理

語云：「後浪推前浪。」人事之新陳代謝，理固然也。但是陟降進退之交，亦有一定程序，不能一概抹煞。老朽者多不免昏庸，少壯者必有為也。

日本自少壯派得勢，掀起瘋狂的中日戰爭，寖成世界大戰，少壯派之名詞以顯，同時亦似為不祥之名詞。蓋勇於進取者，易流於冒險，一也；資望不相當，易失於控制，二也；職位由於躁進，負擔超過能力，三也；誤用聰明，忽視經驗，四也；橫者多同等之流，縱者無老成之士，五也；急功近利，投機者多，殺身成仁，守義者寡，六也；舉止高，心不固，得之易，失之易，七也；視天下無難事，視國事如反掌，八也。

吾為此說，非謂少壯者盡如此，亦非謂少壯有不可用也。蓋少壯者，久則歸於老成，而老成者，原本出於少壯，是宜養之以時間，以固其所守；試之以各職，以增其閱歷；抑之以危難，以挫其虛弱；制之以長上，以督其守分。夫然後上下相維，前後繼軌，亦步亦趨，不踰不僭，所謂「後浪推前浪」，推，非推翻之義，乃跟進之意也。

古者大臣易簀之前，必有遺摺，保舉後繼人才，漢臣亦以「陛下用人如積薪，後來者居上也」諷其主，雖古今異勢，其理一也。

在位亦官・下臺亦官

訓練文武幹部，宜有精密計劃，吾國社會事業，尚未充分發達，出路既少，供過於求。與其訓而不能用，不如少訓不訓之為愈。蓋名器不可以假人，你給他多份資格，他就多一層欲望；國有內變，政出多門；不入於此，必入於彼。是不啻以人才資敵也。

從清末直至民國，仍保留有「陞官發財」這一句不堪入耳之賀詞，所以國人總喜做官。每有做一任官，其家庭族黨鄰里終身稱其銜名以為榮。官是職業，失官即失業，於是不擇手段，復求為官。政府不能用，即去而之他。敵黨可，梁山泊入夥亦可，有力者自立為王，更無不可。於是，在位亦官，下臺亦官，做土匪做反叛還自以為官。官越多而遊民越多，甚至一個鄉保長，一位黨老爺，以及地方自治人員、民意代表，幾無一不當官來做，盈天下者皆官也！吾嘗謂過去之中華民國為中華官國。人以官為榮，民以官為蠹。此風不改，國將不國！至於今日之大陸，任何國營事業之幹部，不悉亦染有此官味否？

十三、提起官場話題多

今之言官者，動曰：「官僚、官僚派、官僚作風、腐化官僚。」官僚二字，已成醜惡之名詞或形容詞。詩所謂「莫赤匪狐，莫黑匪烏；」孟子所謂「謚之曰幽厲。」所謂：「桀紂之不善，天下之惡皆歸焉。」大有罄西江之水，不足以滌「官僚」二字之汙者。

於是，變換花樣，巧立名目，曰：「職員」；曰：「幹事」；曰：「幹部」；曰：「委員」；曰：「主任」；曰「同志」。以為步入民主，沖淡官氣矣。其實諱名不竅實，換湯不換藥，猶二五之與一十也。

上古以鳥名官，以蟲名官；周官則以人名官。官亦人也，人非蟲鳥也。善惡本諸行為，非名之罪也，要看真正是否騎在人民頭上耳！余夠不上官僚，說不上同志，當危行言遜之時，又不能三緘其口。茲應《春秋》編者之請，將此一個不關痛癢的官場題目，再寫一些。

數千年來、變革諸多

官者。主也、事也、職也。設官分職，所以各主其事也。僚本作寮，同官為寮，寮者，屋也；如茶寮，僧寮，謂同齋屋治事者也。在昔唐虞之世，水土初平，民稀政簡，中央及地方首長見於書者，不過四岳之宅百揆，州牧之十有二牧，禹之司室，契之司徒，棄之后稷，臯陶士、垂共工、益虞、伯夷秩宗、夔典樂、龍納言，綜二十二人。其下屬職官，多寡雖不可考，然可決其無多。降及周代，周官之制大備。六卿分職：天官冢宰掌邦治；地官司徒掌邦教；春官宗伯掌邦禮；夏官司馬掌邦政；秋官司寇掌邦禁；冬官司空掌邦事。其所率之屬，除胥徒等不計外，已在四千人之譜。而各國諸侯以下不與焉。

自比以後，雖代有變更，而興革損益，不越前軌。直至滿清入關，尚仍沿襲吏、戶、禮、兵、刑、工六部之制。清末，始增設外務部、郵傳部、巡警部、學部、軍諮府，並改兵部為陸軍部，理藩院為理藩部。民國以後，分合增併，時有不同，然單位越多，職官益夥，以是人事問題，乃成治亂興衰之關鍵焉！

吾國大行政區之設置，自堯分九州，舜增為十二州，各設州牧。其後眾建諸侯，分封經野，秦併天下為三十六郡，漢以後因之；唐分十道，宋改為路，元又於各路設「行中書省」，稱「行省」，明清因之，沿用至今。「省」遂為地方區域之名。

省者。審也、察也。漢制：王所居曰「禁中」，公所居曰「省中」，後遂以「省」為官署之稱。魏晉而後，有中書省、尚書省、內史省、紫微省等名。自元設「行省」於各路，本與中央之「中書省」為相對之辭，猶之近代之行營之與大本營，行署之與公署，故清末仍以「各行省」及「廿二行省」為習用語。日本各部之稱省，當亦本自吾國，現在多有以省譯外國行政區者，「省」之用已普及，不必「行」矣。

時代不同、官味則一

官署及職官名稱，亦因時代而異，大抵古者偏於文，今則趨於質；古者引經據典，力求典雅；今則崇尚事實，力避陳腔。自昔官署概稱「牙門」（通作衙門），蓋本之軍營建立牙旗，後遂為一般官署之通稱。入民國後，對於殿、閣、臺、監、觀、廨等涉有封建氣味者，皆已屏而不用，而代以府、院、部、署、會、廳、局、處、室、所等名稱，殆皆以辦公處所為言，習慣上遂自成等級。

數千年來，統治者悉以君師自居，胥天下之亹亹者，悉皆委之於官。周禮六官，自禮樂兵刑，下及酒漿絲枲，追屨冢薤，輪輿輈梓，矢函陶冶之屬，幾無不設官。此在民智未開之時，聖哲之士，啟發愚蒙，本諸教民稼穡，構木為巢之旨，俾社會日趨進化，自無不可。若民用既繁，家喻戶曉，執政者猶必一手包辦，越俎代庖，此不獨長官府統制之風，實亦阻民間發展之效。故社會事業越發達，官吏數目越減少，若一一歸之於國，則除勞役之一級外，盈天下皆變相之官僚也。不論用何種方式，換何種名目，其法越隘，其用越窮，其非福民之道，更無待言。

稽諸往籍，歷代職官之變遷，殆難縷述。茲就晚近約略言之：

清制：各部首長稱尚書、侍郎，以下設有郎中、員外郎、僉事、主事等官。外任督撫，亦兼尚、侍銜名。

北洋政府時代：改稱總長、次長。初期尚有左右丞、丞參、丞參上行走、簽事等名。後亦改為參事、司長、科長等。

北伐統一後：南京國府成立，始一律改稱部長、次長。惟參謀本部稱總長，其餘帶有封建色彩之隱晦古典式之官名，蓋已掃除殆盡矣。

兩江保障、三省均衡

地方建制，在前清每省設巡撫，兩省至三省設總督。惟直隸（今河北）、四川兩省設總督不設巡撫。山東、山西、河南設巡撫不設總督。而直隸總督兼北洋通商大臣；兩江總督兼南洋通商大臣，為各省督撫之冠。大有周召分陝，南北侯伯之勢。故庚子之亂，劉坤一以兩江總督領導東南自保，而北洋派、北洋軍閥，且禍延民國達十餘年之久也。

省之名稱，有因歷史沿革，有因山河位置，有因政治含義者。如奉天省為清室發祥地，有「奉天承運」意，後改遼寧，蓋以張學良易幟來歸，遼東安寧也。直隸以屬京師直轄，有王畿千里意，今改河北，較為合理。新疆本漢唐西域、回紇、吐番等各小部落所居，清乾隆間，平定準噶爾及回部之亂，設置軍職，分鎮天山南北路，直至光緒四年，始改設行省，以其為新設之疆圻也。綏遠本內蒙盟旗所改，以其綏安邊遠也。其最無意義者，則如江蘇、安徽兩省名，清初原為一省，名江南省，地跨大江南北，已確名實不副，嗣於康熙六年，始分為兩省，以江寧、蘇州兩府之首二字合名江蘇；又以安慶、徽州二府之首二字合為安徽。今並因之，故兩江總督本以江南江西為兩江，又稱上下江。自改轄三省，督轅東西轅門舊署有「兩江保障、三省均衡」字樣，蓋不啻就此沿革下一註解也。

省以下舊分道、府、縣三級，另有相當於府、縣之直隸州、散州、廳數級。直隸州有轄縣，同於府而較小；散州同於縣而較大；廳則縣之最小者，近於疊牀架屋。民初，改為兩級制，縣直隸於省，南京國府則增設行政督察專員一級，相當於清之道府之間。然制度初立，權責未清，隨裁隨設，推行不廣，且此種名目，有類視察人員，不似固定員缺。查吾國各省少者二三十縣，多者百餘縣，或有設立中層機構之必要，惟應統籌劃分，確立建制系統，至於近些年來，中共如何改法，則不得知。

名目繁多、混淆莫辨

省府首長，在袁世凱時代曾一度稱巡按使，經常概稱省長。南京國府行委員制，始稱省主席，惟地方軍事首長，則名目繁多；辛亥各省設都督，後隨政局替改為將軍、督軍、督理、督辦。兼圻則有巡閣使，重鎮則有護軍使、鎮守使。南京國府則設綏靖主任、行營（轅）主任、省保安司令、警備司令、綏靖區司令等。督軍制在北洋時代，不獨啟軍閥割據之漸，亦為派系紛爭之源。至於綏靖警備，其作用亦多限於剿匪內戰，蓋當世運屯艱之時，未越龍戰玄黃之際也。

委員者，受上級臨時委任而治事者，無實缺之謂也。在昔徵收有委員，查案有委員，徵兵招考皆稱委員，向平所知之委員，不過如是。自委員制興，凡屬高級組織，自數人十數人乃至數百人，幾無一不委員。委員既大而無當，又多備位要樞，雖具集思廣益、調劑人事之功，每生發言盈庭，議而不決之弊。委員二字，榮瘁無時，名詞亦有幸有不幸哉！

官名既由煩而簡，由文而質，由艱深而通俗，故主官與僚屬，大都以「長」與「員」相對立名，惟委員制之「主席」與「委員長」，又以諱名極峯，別稱「主任委員」。而「主任」一詞，上自行營，下迄科股，以及秘書、參、副、辦事處，幾無不以主任名。稱謂之間，混淆莫辨，是又立名之蔽也。

特任之外，尚有選任

民國以來，任用職官，原分四級，曰：特任、簡任、薦任、委任。特任者，係屬國家元首特達之知，古所謂「簡在帝心」者。簡者，選也，別也，蓋簡拔其賢能者而任之。書所謂「慎簡乃僚」者是也。至薦任則為單位長官薦舉於上而任用。委任則逕行委派而用之。此四者，在前代雖無明顯之劃分，特頒之條例，然銓選之道，大率相同。惟國府在特任之上，尚有「選任」一級，蓋五院院長，係由中央所推選，此實為民選之濫觴，史無前例者也。

軍官有「任官」之制，雖退職退役，猶擁銜名，蓋所謂軍官終身制。文官則無是也。民國三年袁世凱特頒新例，授文官以上卿、中卿、少卿；上大夫、中大夫、少大夫；上士、中士、少士三等九級。當時自徐世昌以下曾任授多人，此乃其恢復帝制之前奏曲也。未一載，其制遂廢。

清制：武職分提督、副將、總兵、參將、游擊、都司、千總、把總各級。統兵官則稱統領、營官、哨官、哨長。統領可統帶數營乃至數十營。如復辟之張勳，即為巡防營統領。統領又受總統（武職官名）之節制，如武衛軍總統，及禁衛各營（火器營、健銳營之屬）總統。辛亥武漢起義，先後統軍南下之段祺瑞、馮國璋，皆以總統名義，節制各軍，今則總統二字已為民主國家元首之尊稱矣。

廝養龐雜、名器泥塗

清末，仿德日制度新建陸軍，以「鎮」為單位，每鎮步兵兩協，每協兩標，另騎砲兵各一標，工兵輜重各一營。鎮即師也。鎮統稱統制，協統稱統領，標統稱統帶，營官稱官帶，以下則稱隊官、排長，其名稱固相當於今之師、旅、團、營、連、排也。其時陸軍「任官」，以正都統、副都統、協都統；及正、副、協參領；正、副、協軍校為三等九級。亦同於今之將、校、尉也。

入民國後，改訂上中少將校尉之制，沿用最久。北洋時代，派系紛爭，此起彼覆，南北對峙，崇武力，外重內輕，甚於唐之藩鎮。於是，保案朝來，命令夕下，廝養龐雜，名器泥塗，當時燕人為之諺曰：「上將見天有，中將滿衛走，少將多的是，上校不如狗。」可見當時補官之濫。

北洋政府又設有將軍府，分上將軍、將軍、參軍數級。又有冠字與不冠字別，所冠之字，以威、武分內外，如馮國璋為宣武上將軍，張作霖為安武上將軍，陳宧為成威上將軍，吳佩孚為孚威上將軍。古氣盎然，威風十足，擬之今日元帥之榮銜，殆不是過。

國府奠都南京後，亦曾設有軍事參議院，以位置退職之軍官，計設上、中、少將參議，上校諮議各若干，皆有定額。遷臺灣後之戰略顧問委員會，當亦類此。

番號系統、眼花繚亂

民廿四年南京國府公布任官法，始有特級上將、一級上將、二級上將之規定，餘概仍舊。第一次任官，除特級上將一人，屬之元首外，只閻錫山、馮玉祥、何應欽、李宗仁、朱培德、唐生智、陳濟棠、張學良八人為一級上將，楊杰等卅人為二級上將，中將加上將銜者卅人，中將以下各有限額，對於名器固甚嚴也。抗戰以還，酬庸退役，有任有升，時際非常，法亦漸弛。查清制：以紅、藍、白二色玉石嵌於帽花中心，以別將校尉，實本諸頂珠之品級。國府則概以金星為別，特級，一級上將，即美國所謂五星、四星上將。記得當年張宗昌曾戲言：「將官三粒星不夠用，可增為六粒星。」殊堪發噱。

軍隊方面，在民國十六年北伐之時，國民革命軍統於一尊，只有一位總司令，最大單位是

「軍」，前敵總指揮也只一位。後來編成四個集團軍，也還旗幟鮮明，整齊劃一。統一以後，內戰頻仍，討逆呀、勦共呀、改編遣散，徵調補充，整理師、正規軍、暫編師、補充隊、甲種乙種，名目繁多，逐漸零亂。到了抗戰末期，乃形成極端膨脹，不獨番號加多，更見系統複雜，戰區司令長官、總司令、總指揮、兵團司令、軍、師、團長、聯勤兵站各司令，以及遠征軍、方面軍、集團軍、救國軍、游擊隊等，不可勝紀。抗戰勝利後，接著又是行轅、勦總、綏靖區這一團濫攤子，真令人眼花繚亂，到如今可算是來一次大結束、大掃除。

軍中之官位與職位，每為一般人所誤解，其實經政府明明授任之將校尉，乃為實官，餘如上校秘書、中將師長、少校科員等，皆職也、級也。如為「第幾師師長陸軍中將某」，則其實官為中將矣。從前銓敘廳規定名刺上中間一行，為補授實官之銜名，成一炷香，右旁則為職級，一般曾任某級職務者，或軍屬、軍用文官，多以職為官。於是軍職越多，將校越眾，虎賁中郎之誚，蓋有由矣。

官場稱呼、肉麻自卑

「稱呼」亦因時代而不同，古者自稱為「朕」，並無貴賤之分，自秦始皇而後，始為帝王所專用。「臣」雖為入仕者對人君之稱，但古人相語，亦多自稱臣者，猶今之稱「僕」然。帝王自稱曰予、曰予小子、予一人、曰臺（讀若宜）；諸侯自稱曰寡人、曰孤、曰不穀；皆謙辭也。臣民稱君主曰皇上。皇，大也。曰君后，后，亦君也。書「徯我后」（後世始稱天子之妃為后），曰至尊、曰元首，尊之也。至於稱「陛下」，蓋謂階陛之下；亦猶殿下、閣下、臺前、臺端，就其居處，自示以卑遜也。今民主國家，對於元首，逕稱「總統先生」，亦殊樸雅有致。吾人形諸筆墨，仍用元首、領袖等字樣。袁世凱時代中秘文電，多用「極峯」，猶有書蠹氣息。國民黨中稱孫總理為先生而不姓，蓋示唯一無二意也。

滿清，大學士稱「中堂」（凡大學士如拜相，如武英殿大學士、文華殿大學士，猶唐宋之中書令、尚書令）；各部尚侍稱「堂官」；總督稱「部堂」、亦稱「制軍」；巡撫稱「部院」，亦稱中丞。武官至提督則稱「軍門」，部屬自稱「標下」。凡下對上，多以「臺」稱，一般稱「憲臺」。除如制臺、撫臺、藩臺、道臺。自稱「卑職」或「沐恩」。對縣知事則稱「縣尊」、「父臺」（父母官）。士人自稱「治下」、「治晚」。百姓則呼為「老爺」，自稱「小民」或「小的」。凡此種種，有雅馴者、有肉麻者、有自卑者，蓋合書卷氣、腐儒氣、專制性、奴隸性，胎息鎔治，相習成風，頫然腆然，靡然怡然，而不自覺者也！

掃除腐化、改為通俗

民國公文出，對上級大都稱「座」，如一般之稱「鈞座」，或稱「委座」「主座」「省座」「廳座」。至如督察專員之稱「專座」，殆在可解不可解之間。其實「座」猶「臺」也，二而一也。對機關則用「大」或「鈞」以尊之，如「大部」、「鈞部」。平行則用「貴」字，自稱或以「職」，或以名，或用「本」字、「敝」字，一切雖已改進，似猶在蛻化中也。

從前北洋軍隊，少校以上稱大人，尉官稱老爺（三等參謀與團執事官——即團副官，雖上尉級亦呼大人），准尉稱副爺，軍用文官稱師爺，兵士稱老總、稱糧子、稱弟兄。文官亦以大人老爺稱。現在除士兵們還有用老總、弟兄相稱者外。其餘一些腐化稱呼，早已掃除淨盡矣。

民初官員稱「公僕」。一時大有民主氣象，久亦淡然若忘。目今多以職位稱，似較合理。中共概稱「幹部」與「同志」，怎樣去幹？是否志同？又當別論矣。

凡高級單位，或某一集團，其部屬互稱其主管，每喜用「老總」「老闆」為代，此蓋通俗而親暱之辭也。

官中僕從，清用滿洲語稱「戈什哈」。北洋軍中稱「護兵」「馬弁」。北伐而後，大者稱侍從，其次稱隨從，稱勤務兵。最不合理者，抗戰前後，大家皆以「副官」為僕役，甚至一班文官，亦呼其隨從為副官，一若不用副官，即不足以顯其達官貴人之身分者然！其實軍隊中參副並稱，副官自有其職掌，馴至自好之士，羞為副官，各機關編制，甚有諱副官處之名而改為總務處者，侮蔑人格，辱沒名器，莫此為甚！此種陋習，不知今尚存否？

避諱謚法、皆告廢止

吾國以避諱為敬，故子諱其父，臣諱其君，史遷著作，敬避談字，至諱君名而易字缺筆者，不可殫述。如漢之嚴夫子，甚至以諱名而易姓（本姓莊）。木刻板本因帝王名諱改纂字形者尤多，如唐以後之楚辭皆易「世」字為「時」字，避唐太宗李世民之諱也，韓文公原諱，論之詳矣。因為要諱，故稱名道姓，為大不敬，生者然，死者尤然，因此名之外有字，又有別號。字者，示其取名之義，名之釋也。國之大老，或以其官爵稱，如某主席、某將軍。或以其籍里稱，如袁項城、黎黃陂、段合肥、梁新會。歿後則又以謚法稱，帝王如文、武、成、康；人臣如文正、文忠、忠武……等，皆諱名之道也。

謚法者，君卿歿時，論列其行為之立號以易名，蓋死而概其行以為謚也。謚始於周，上古有號無謚，秦始皇以為以子議父以臣議君為不當，廢謚法。漢以後，直至遜清，仍沿用不絕。又有私謚之說，如展禽其妻私謚曰惠，王通門人私謚為文中子，陶淵明友人私謚之曰靖節先生。蓋易名之典，出自政府，位卑而為世楷模者，則由戚友門下謚以美名，制雖典麗，而為封建之遺，至民國遂廢。

昔以諱名為敬，今則以顯名為榮，蘇聯史大林之名，曾遍及山林、城市、學校、工廠、道路，不旋踵而紛議撤消。孫中山、羅斯福、邱吉爾、艾森豪、戴高樂、毛澤東、尼克遜更家喻戶曉，無遠弗屆，然流傳之久暫，遺臭與流芳，則存乎其人；避諱固妄自尊大，易名亦諛墓虛文。至於種種紀念，則更庸人自擾。萬古長馨，固在彼不在此也。

名刺履歷、光怪陸離

名刺，為通謁傳報之用，今以小型白地為主。幼時所見，多以寬三寸、長五寸許之大紅紙為之，字大幾方寸，翰林尤大，皆不列官銜，下屬謁見長官時，其名帖則稱「手本」，一曰「手版」，以青布殼夾綿紙六摺。門生謁座師，則用紅綾殼，所以表恭謹而示鄭重也。

今之名刺，大都以職銜、姓名、別字與籍貫分列三行，見長官則以職銜冠姓名成一炷香，亦不成文法也。每見有將前任各職銜，甚至所肄業畢業各學校之出身，排列滿紙，以示昡耀者，大似簡明履歷，殊覺俗不可耐。更有大機關之小職員，名片上煌煌然印上「國民政府某院某部某司某處某科某股某官某某」，真是芝蔴菜籽大的官，也算朝廷一命，其嫌小不怕大的情形，愈見其肉麻當有趣。

履歷者，行為之經歷也。入仕必具履歷，以備主任官長之考覈，銓敘機關之審查。在原則上，文武銓敘機關，應將所有全國包括留學各國歷屆各種畢業人才詳細紀錄歸檔，並同時發給每人人事或履歷手冊一冊，於各人每一次職務更動時，逐一登記於冊內，便成為不可更改之原始履歷。無奈當國家動亂之時，人才之來源，既因政局之遞禪，而極形複雜；人事之登庸，又不能一概抹煞，棄而不用。以故薦牘紛來，投效恐後，詳細履歷，簡明履歷，多如雪片，真偽莫辨。於是，徵之證明文件，證件可託之遺失也。於是，委之職官證明，而請託蒙蔽偽造之弊端以起。人事之憑履歷，蓋難言矣。

記得在南京國府時代，林蔚文長銓敘廳，規定任官履歷，計算年資，對於北伐以前參加他方之經歷概不計入。此就論功行賞言，固無可非議，然就觀人之道言之，既截去其行為經歷之一部，似未足以窺全豹也。

傳者（去聲），傳也（平聲）；記載人之事蹟以傳於後也。如史家之列傳是。古者歿而立傳，生而「自傳」者蓋寡。史記有「太史公自序」，亦只序述其作書之大旨，並略及其生平。自大陸易手後，「自傳」乃風行於一時，且須自童年寫起，此固非官場之人事履歷可比，然亦可想見其油鹽醬醋，猿鶴蟲沙，光怪陸離，極履歷之大觀也。

履歷之要者，為資與歷。資者，出身之資格；歷者，歷任之職務也。北洋時代，多半出身行伍，對學校出身者，反而排斥，即文官亦多依附於軍中者。至行伍以前之家世，則更不堪聞問：如曹錕販賣土布；靳雲鵬之擺牛肉攤；王占元之為糞夫；張作霖、張宗昌之為鬍匪；黎元洪之放鴨子。而如馮國璋、吳佩孚之為秀才，已屬鳳毛麟角。雖說「將軍不問出身低」，然以之擔當國事，自然捉襟見肘，應付乖方，沐猴而冠，終歸淘汰，亦固其所。

吾國閥閱之見，由來已久，所謂金張門第，王謝衣冠，四姓良家，五陵豪族，由貴冑而成官閥，不知埋沒幾許人才。左傳「士臣皂，皂臣輿，輿臣僚，僚臣隸，隸臣僕，僕臣儓。」又有所謂臧獲婢妾，倡優隸卒。清制入試履歷，仍有身家清白之限制。蓋階級觀念甚嚴，出身不正者，不得入仕；物極必反，宜今日之高唱翻身也。

十四、想起當年考秀才

古之取士，以選舉為主。所謂選舉者，不過由地方官博採聲聞，舉而貢之京師，非如今日之票選也。如周之「賓興」（周選舉向鄉小學舉賢能而賓禮之，以升於國學）；漢之舉孝廉及賢良方正；隋之「賓貢」等。此皆偏重於「舉」。自科舉興後，始偏重於「試」矣。

戊戌變法後始廢八股

自唐以來，始行科舉之制，歷宋、元、明、清直至光緒末葉甲辰、乙巳之交，始根本廢除。唐代取士之科數十，雖不如明清制義格律之嚴，而以明經帖括，孤章絕言，以難士子，其弊一也。

明清二代，以八股文為應制科文體，分段有破題、承題、起講、提比、中比、傳比、大結諸名目。破題有限制（首限二句之意須籠罩全篇），各股有限制，全篇字數又有限制。如當時坊間所流行之《大題三十萬選》一書，幾於無題不備。最不合理者，莫過於「接題」；所謂接題者，乃取四書上下二章意義絕無連續之上章尾句與下章首句合為一題，使士子用盡腦筋，無中生有，變無情為有情，真乃刁難無謂，作弄士人也！此類文字，今之書坊，已不可復見。讀者試於古本西廂記中翻閱金聖嘆所作之八股，尚可略窺其梗概。

及至戊戌變法以後，鑒於八股文之鉗制思想，始改試四書義、五經義、史論、時務策等，而風行五百餘年之八股文，始絕跡於一般士人之腦海與腕底，蓋久矣夫誦聲不作矣。

較今之會考麻煩得多

科舉時代之童子試，計分縣試、府試、院試。縣府試以知縣與知府主之；院試則欽派提督學政主之，每省只派學政一員，非翰苑出身不得與選。縣府試為預試，院試則決定入學與否（按：取中秀才，謂之入學，即所謂縣府學生員也）。

每縣生員有定額，大約在二、三十名之譜，參加考試之考童，縣試較多，府院則遞減，多者五六千人，少亦千數百人，視各縣考童之多寡，於以覘文風之盛衰焉。

塾中同學之幼聰者，十餘歲即可應試，普通多係二十歲上下。筆者童年應試進入場屋時，曾見有某縣之老童，年已五十餘（凡未入學者皆稱文童或童生，不問老幼），傴僂其身，搖筆苦思。日午，並於試案下席地抽鴉片烟。蓋本係癮君子者流。由此可見當時考場與士子之腐化情形，其終身不第，窮愁潦倒，亦何足怪！

童子試於入試之前，尚有許多預備工作，均由塾師隨時說明學習。如文章之筆路，小楷之工整，添註塗改之避免，抬頭避諱之規定，汙卷之注意，文具之準備（墨須濃淡適宜，不膠不滯，不暈不黯。墨盒要大焊堅潔，免臨時滲漏汙卷。官定卷紙，微毛滯筆，宜以滑石細心打磨，留意破損。筆宜用寫熟合手者兩三枝），時間之支配（場中規定，自晨至暮，作文兩篇，謄正謄草，雖近黃昏，不准燃燭），字數之及格（每篇以三百字以上為完卷），默聖諭之留心（清康熙帝頒行一種條教式之《聖諭廣訓》一小冊，每試必由考官規定由某句默寫至某句，大約百餘字，寫時不得遺漏錯誤，但因考官照例不暇細看，只注意字數，不必添改即可。惟大家對此竟公開挾帶，臨時照抄，已成官樣文章）。諸如此類，瑣末多端，均須熟悉，蓋較之今日香港之會考，麻煩多矣。一衿之難，於此可見！

與考者必需身家清白

考童參加縣試，多由塾師或家長送考。「廩保」先生具保，保結填具三代籍貫身家清白等等，送學老師存案（按：清制，縣、府、廳設教諭，訓導為掌教之官，亦稱儒學，俗呼學老師），「廩保」以同縣之廩生（秀才給廩祿者，稱廩膳生員）為之。舊時階級制度甚嚴，凡輿臺皂隸娼優隸卒之子弟，皆不得參加考試。非如今日打破一切，普選可以徵娼妓之票，戲劇可以設文化之官也。故身家清白，列為要項。至籍貫問題，關係學額，其時有所謂荒、冒籍者。荒籍，指來歷不明，非世居土著之謂；冒籍，指以他縣人冒充本縣人之謂。每有士子起鬨，攻擊荒冒籍者，鬧出偌大風潮。故無廩保者，即不得與考。此種故實，在今日固視為封建之羈勒，而昔人則以之為端流品、序彝倫、安定社會之一道也。以上手續，對學老師、廩保先生、及「門斗」（學者之司閽者為「門子」。司庫者為「斗子」。合稱「門斗」）皆須納些微之例規（即送紅包），以資點綴。

考童進場屋之前一日。入晚即就寢，謂之「宿場」。夜半起身，飽餐進場飯，菜餚以滋潤耐餓之品為主，因為在試場中將有十餘小時之捱磨，除携帶小許點心，更無物可充饑也。

進場前，重行檢點考籃，視一切場中必需之用品，如：筆、墨盒、紙張、滑石、聖諭廣訓、點心、應急藥品等等，送考人並幫同檢視無缺，然後整飭衣冠，廿歲上下之普通考生，只著家常整潔之衣履即可，惟幼童十一歲至十三、四歲即應考者，因小小年紀，乳臭未乾，常令主考官注意，須事先預備提堂面試，因此多特製公服一套，計有：小外褂（俗名套子，對襟，長及膝微下）、纓帽（按時季分冬夏、空梁、無頂珠）、靴子等等。大紅絲辮線滿把後垂，頗覺臨風玉立，儼然神童，顧盼群流，傲視儕輩。

入場考試場面亂糟糟

從前街道狹窄，在衙署及試場前，並無廣場可容多人，一旦集合數千考童，及一應送考師長役隸，人數將以萬計，其嘈雜紛亂，自不待言。故由主試機關，預先編製「燈牌」，植竿如港九巴士站之候車表，其上端裝如元宵燈謎之扁方燈牌，每一燈牌，填寫人名二三十名，編列號碼，陳列於影壁之前，送考人先一日看明其考生所屬之燈牌，屆時尾隨排列，迤邐前進，聽候點名，時值夜闌，燈牌數百，人影參差，逶迤成陣，進止有節，如列星之閃耀，如陣圖之展開，如獅滾球，如龍曳尾，又如元夜觀花燈，遊人如梭織也。

唱名者具衣冠峨立於試場大門，設公案，陳名冊，燈牌輪進，聽點呼者則趨前領取試卷。如此更番應點，魚貫而入，數千之眾，須費時十餘小時之久，迨點畢時，東方已白。隨即鳴砲封門，杜絕內外，考生業已按號入坐，鴉鵲無聲矣。

場屋有如大敞棚，三面有牆壁，一面則向庭院中，完全敞開，無戶牖，但有甚多天窗，光線尚可，橫排長條桌及長板櫈數十排，每間三尺許，塗以線界，寫明天地玄黃……號數，恰如三、四十年前北京戲園中之座位然。較之闈場中之土地堂式龕形小屋，簡陋多矣。

考卷鈐有官印，卷面填有座位號數（如天字第一號）及年齡籍貫三代（如身家清白，身軀中等，面白無鬚等字樣）；卷為手摺式，扁方紅格，後附白稿紙。接卷後，看明號數收入卷袋（卷袋亦係於入場前預置，掛於胸前，如善男信女之朝山進香者然），對號覓坐，清理座位，陳列文具，安放考籃，打磨卷紙，然後靜候試題之下達。

不准夾帶傳遞及代槍

天明，題紙下，書於紙牌上，由「場狗」（考場中監試及執事者，以其行為討厭，諡之曰場狗）揹出，除行於場屋，任人抄錄。此時萬頭鑽動，萬目睽睽，百脈僨張，百思總集，不期然有頃刻之喧諱，旋即歸於寂靜，而「場狗」輩此時即來回高唱其場規八股：「不准夾帶」、「不准傳遞」、「不准左顧右盼」、「不准交頭接耳」、「不准代槍」，「不能繼燭」……。唸唸有辭，擾人心曲也。

構思之頃，百態並陳，有奮筆疾書、思如泉湧者；有理首苦唫、嘔心絞腦者；有成竹在胸、故示鎮靜者；有搖頭幌腦、酸氣盎然者；有正襟危坐、木然若槁者；有洋洋諷誦、迴腸蕩氣者；有悠然自在、狀若無事者（有一種考生，胸無點墨，但往觀場，旨在眩耀鄉愚，不必完卷，不求進取）；有曳白而嗒焉若喪者（凡謄正時慌忙中多揭一頁，致中間夾成空白者，謂之曳白）；有汙卷或犯規而頹然飲泣者；有得意忘形，侵及鄰號，而遽啟爭端者；有發現傳遞、槍手、冒籍，及身家不清白之後裔，而引起風波，當場被架出者；有下筆千言，不作第二人想者；有愁腸百結，苦掙一日短長者。蓋其間有動有靜，有喜有怨，或如澎湃之怒潮，或如幽潛之窅冥；黑壓壓，鬧轟轟，混合著喜劇、悲劇、滑稽劇之一大場面也。

每場有二題，分兩次揭出，凡第一題作滿五十字以上謄入卷紙者，須送閱卷官先行蓋戳，陸續完成兩篇，謄正，默好聖諭，再於卷後白紙加寫草稿（敏捷者可逕行起草），如此即可繳卷。首批已繳卷者，集於試場內之儀門下，即升砲開門放出，謂之「放頭砲」，隨又封門。繼續至繳畢放畢為止，其中有少數考生屬文遲緩，入晚尚未完篇者，則「場狗」不斷催促，甚至動手搶卷，情狀淒涼，此則每場必有之尾聲也。

出場有家人來代提考籃，群擁而去。辛勤；抵家後，一面吃早為準備之出場飯，慰勞一日之，一面則檢出文稿，交由師長品評其工拙。初試者猶如新嫁娘，任人品評高下；若屬老童生，因已多次應考，臉老皮厚，或謙以自牧、請教高明；或大言不慚、前茅自命。老師宿儒，目不暇給，或敷衍拜讀，贊譽多端；或目笑齒冷，不加品隲。文字有靈，且待諸發榜之日。

名心過切適足以殺身

試榜以五十名寫成圜形，上端當中為第一名，以次自左至右順序成一圓圜。第一名為案首，前十名為「前十」，十一至二十為「後十」，前五十名為「頭圖」，以下類推。大約第一試以五千人計，可錄取千餘名，二試以後則遞減，考至第五場，榜上有名者，不過百餘人而已，謂之「終覆」，言覆試告終也。

二場以後，覆試略如前，惟名列頭圖者（即前五十名），皆須提堂面試，幼童雖不在頭圖中，亦有提堂者，以其幼聰，例得減價評文，以資獎掖也。

每場之案首，雖或有變，然多半不出前十名中人，蓋文字既有準繩，主試者亦不致漫無尺度，但亦有例外者，記得吾鄉某次與試之頭場案首為老童生劉霈霖，二場則劉某居然全榜無名。此種例外，向不經見。蓋因是次第一場試題為「邦有道危言危行邦無道危行言遜義」及「履霜堅冰至義」。第二場試題為「漢文帝附髀思頗牧論」及「東省聘德人為顧問試言其得失策」（按：此為戊戌變法後，廢除八股，改為義、論、策）。這位案首，對於四書義五經義兩篇，抄襲某科闈墨之一部，加以潤飾，得以瞞過試官，徼倖掄元。及至史論，他根本沒有看過史鑑（從前八股先生很多不看史鑑的），提堂後又無法查詢，遂至文不對題，胡扯一篇，試官既自傷盲目，又查出前文來歷，於是忍痛除名。這位劉先生眼前得失，焂忽雲泥，羞愧懊喪之餘，奄忽以歿。蓋科名之心既切，則抑揚高下之間，適足以殺其身也！

今日之香港，亦曾出現青年學子因會考落第而自殺者。余以為學校考試制度，亦實有改良之必要，蓋學術應以理解為主，成績應以平時為重，力學者未必優於考試，而隱示範圍。使記憶力強者，反可取巧於一旦。廢除考試，固足以助長不良學生之懈怠，專憑考試，更足埋沒學生一般之素養，而誘導其臨時抱佛腳之心情。此一問題，大堪研究，即科舉時代之鴻儒碩學，亦未必乞靈於文字，而以文字受知者，又未必能經綸綸世務也。

為科名不辭痛下苦功

科舉時代，縣考為五場，府考為四場，縣以知縣為主試官，府以知府為主試官。其情形大致相同，不過縣考僅以本縣之生童與試，府考則以合府所屬各縣廳之生童與試，其終覆成績，均上呈學政（即學臺）以為院試之參考。縣府考之終覆者，例由主試官設讌款待，俗稱「終覆讌」。凡能終覆者，已大可稱榮於一鄉矣。

猶憶童年居鄉時，縣府中每一次榜出，人必多方設法，抄得前列者之文字，以資觀摩；每一次落第，亦必搜求落卷（凡不錄取之卷，謂之落卷，須向試場門斗及役吏納費求之），以矯其瑕疵。每一屆考完，落第者必重行苦讀，以期再接再厲，捲土重來。故讀時文，則搖頭簸腦，背誦如流；記典故，則分門別類，如數家珍；寫小楷，則雕鏤八法，妙到毫芒；作窗課，則「而且」「今夫」，頭巾氣十足！

記得同窗某君，對記憶古典，痛下功夫，每天摘錄數十，分寫於寸許寬之紙簽上，排貼壁間，更翻記誦，熟則撕去，日居月諸，不下千萬條。又，有前輩某公，善讀詩文，抑揚高下，音節鏗鏘，每當月白風清，書聲琅琅，有如三峽猿啼，九皋鶴唳。其鄰叟為致仕某太守，染有煙霞癖，遇某公讀，則如鼓簧之入耳，醇醪之醉心，吐霧吞雲，淪肌浹骨，偶輟讀，則神不快，癮不暢，亦趣聞也。以此醉心科名者，每多勞心焦思，面黃肌瘦，行動板滯，狀類神經，甚至未婚者無室家之想，已婚者少牀第之歡，群天下之學子皆是也。

參加院試嚴肅而鄭重

縣、府試既畢，則為科、歲試，通稱院試，由「學臺」主之（提督學政通稱學臺。如總督稱制臺。巡撫稱撫臺。布政使司稱藩臺之類。臺者，尊稱也，猶如今之鈞座、委座然），親蒞各府，舉行考試。筆者曩年所見之江蘇學政，為廢止科舉前最後一任之唐景崇氏。唐氏下車之始，先至孔廟明倫堂，其時考童與生員多人，皆雜立堂內外，由廩膳生三數人，各講四書一節，學臺坐而聽，筆者時年尚幼，由先君子抱而觀之，只見學臺冠服頂翎，席地坐紅氈上，講書者闡明經義，音調爽朗，似早有準備，然秩序凌亂，並無若何儀式，團團圍繞，有似看傀儡戲一般。筆者當時之童稚心理，對之無何感想，只隨人流進退而已。

參加院試者，大都為縣府考終覆之士子，合一府所屬各縣行之（清制每一府約轄七、八縣），其一切場規，大致與縣府考場相同。惟因學臺係欽派大員，又為生童初步科名之衡文主宰，其情形比較嚴肅而鄭重，監場之「場狗」皆帶九品官之白石頂珠，神氣活現，往來蹀躞，如鷹犬之窺伺焉。

院試共兩場，第一場取中者，俗謂之「上小牌」。第二場多由學政面試，正榜取中，謂之「附生」。即通稱之所謂秀才也。

秀才開賀可大括一票

凡入學之秀才，皆由學政簪花頂帶（金頂），製公服，藍袍，闊金緣邊（俗呼藍衫。已訂婚者，例由岳家製），視為莫大之榮寵。這時，及第者則吐氣揚眉；落第者則垂頭喪氣。此情此景，另有一番滋味，有印發試卷、逢人眩耀者；有痛詈試官、肆意譏評者；有謂文字無憑、文章憎命者；有貽譏鄉里、自慚形穢者；有因而失館、齎恨以歿者。有佯狂者；有痛哭者；有捐監入闈，冀折桂以抒憤者（清制可納粟為監生，與秀才一同應鄉試）。形態萬殊，怪狀百出，蓋小考之結果，不啻為當年士了之展覽會焉。

秀才回到本縣，先到學宮（即孔廟）行謁聖禮，然後拜老師，送謝儀。學老師要謝，領保要謝，塾師更要謝。門斗有賞，報喜人亦有賞。謝儀與賞錢，視家境而數目多寡不等。然亦有議價談盤，奔走說項，爭多嫌少者。入學者雖有此項開支，但可藉「開賀」宴客，括入一票，以資貼補，如果人事圓通，更能括得一筆可觀之收入。

考中秀才後，欲藉「開賀」括龍者，乃將入學之報條，照寫千百十張，向鄉里親朋輾轉分送，鄉愚以為榮寵，粘貼壁上，無論識與不識，紛紛致送賀儀。在取之者，雖無異於打秋風，而視為故常，腆不為怪。在與之者，亦樂與從事，而認為當然。蓋習俗相沿，積非成是，亦科舉時代寒士生財之道也。

窮秀才與千金小姐

入學又稱「入泮」，亦謂之「遊泮水」，亦稱「采芹」。蓋學宮前有泮池，芹為泮池水產，本之詩經魯頌「思樂泮水薄采其芹」，以喻秀才之入學宮也。入泮滿甲子一周者，謂之「重遊泮水」，猶之舉孝廉滿一甲子，謂之「重宴鹿鳴」，亦本詩小雅鹿鳴之什。承平之世，文人自相陶醉，或詩歌唱和，或圖畫流傳，亦不過留泥爪之微痕，誌風雅之餘韻，猶之今人金婚，派對開筵；一週十週，牌樓紀念。將來博士半甲子，畢業三十年，亦何嘗不可巧立名目。回溯風流，所謂屐齒塵痕，波瀾起伏，亦遊戲人間之一幕耳。

凡少年入學之小秀才，尚未訂婚者，每為鄉里攀親之對象，即屬寒士出身，亦多高門富室，願聯婚媾。於是，媒妁之言，奔走恐後，所謂「一登龍門，身價十倍」。「書中自有顏如玉」，大可吐氣揚眉。「洞房花燭夜，金榜題名時」之美滿婚姻，固自不少，其實僅青一衫，而終不發致成怨耦者有之；家長憐才，而女子嫌貧愛富，致鬧婚變者亦有之。

吾鄉韓紫石（國鈞），家貧勤學，其塾師某老儒，為之論婚於邑之富室之長女，及期，綵輿臨門，而女不從命。從前律例至嚴，無悔婚之理，父母力勸，女終不可，日哺猶未決。其妹婉勸之，女曰：「汝善勸，汝何不嫁窮措大（江淮間稱寒士為窮措大）？妹憤然曰：「父母有命，我即嫁，我不信郎終窮也。」其父正莫知所拼，即以其次女裝飾登輿，日久秘發，韓進修益切，連捷成進士。入民國，歷任安徽、江蘇省長。其姊嫁某富室，未幾，家道中落，韓不時周之。聞其婿且曾在韓之省署任一小職員焉。

相傳阮文達公之夫人，為婢女易嫁，其情形亦類是，此種勢利、滑稽之悲喜劇，在科舉時代，往往有之，筆記小說中，亦數見不鮮。然以人心不同，人事萬變，今之自由戀愛者，尚有許多悲歡翻覆，離奇變幻，何況空言說合，素昧生平，父母作主，貧富懸絕，少女淺陋碎弱之心情，自不足怪。

考場中隨地大小便

懸府考之「前十名」，應院考時約有一半把握可以入學。至「案首」則無不獲售者。蓋學使對於縣府主試者，不能一概抹煞也。場規雖嚴，亦有種種舞弊，如試官之賣關節，名手之代槍，此皆有錢子弟以重金得之，事洩則株連甚廣，清之科場舞弊案，即其一例。相傳金聖嘆每次赴試必自行汙卷，以便在場中賣文，為有名之槍手云。

院考除府城士子外，外縣考生，多半寄寓庵觀寺院，或戚友家，或居民臨時租借之房屋，蓋其時不似今日到處有旅館也。居民因一時牟利，多以臥室相讓，有嫠婦之空幃，有少女之粧閣，有新婦之洞房，幽閨繡榻，蝶影粉痕，亦自別有風味。惟送考者多為老先生，經常在旁監視，考生心情，不無緊張，偶有艷遇，亦不敢過事猖狂耳。

考場中最不堪者，厥為便溺問題，聚千數百人於一堂，積一日夜之時間，飽餐而來，能無排泄。而場中既無廁所，又無臨時設備，任令與考者於牆邊院角，大開方便之門。於是蹲者、立者、搖頭者、詛咒者、衣沾足潤者、惡心嘔吐者、壅鼻不聞微吟低諷者，排比，成行、非禮相對，溷清流於濁流，同斯文之掃地。不逾時而遺矢滿庭，溺流成瀆，臭氣薰天，蠅蚋叢集，閉目想黃金之臺，掩鼻對鮑魚之市，大可與儒生之腐氣，文章之酸氣，場屋之悶氣，科舉之毒氣，時代之戾氣，及人間之濁氣，錯糅混合，摶扶搖而上沖雲霄。及今思之，猶欲作三日嘔。當時主事者，豈欲化腐朽為神奇，示士林以糟粕，抑或囚首嗜痂，誠體含垢者流耶？誠不知其意何居！

不能中舉唯有出貢

秀才之難於上進或屢試闈場未舉於鄉者，尚有「五貢」之出路，由學政考定之。一曰「拔貢」，每十二年貢於京師，以知縣教諭任用；二曰「優貢」，每三年每省二至六人；三曰「副貢」，凡鄉試之副榜舉人，入國子監為副貢生，與拔貢同；四曰「歲貢」，秀才食餼久者，歲或數歲，以一二人入太學為歲貢生，五曰「廩貢」，廩膳生出貢之謂。秀才而至於貢，多屬老朽無為，即出而干祿，亦不過得一窮教官，其能為百里侯者蓋寡，餘則在地方做了縉紳，在鄉里教教窮館，或在家庭管管子弟而已。

世俗相傳有所謂「窮秀才、富舉人」，及「一舉成名天下知」之說。因此，秀才除在初入學時，感覺後生可畏，有一點榮譽外，到了四十五十而無聞的時侯，也就歸入窮酸子一流，在鄉里中作為點綴品。所以有志進取之士，入學後必須赴省鄉試，或久不入學者，亦捐監鄉試，以期連捷。蓋孝廉公、太史公之榮名，亦猶之今日學士、博士之引人入勝也。

鄉試場屋鬼話連篇

余生也晚，對於鄉舉闈場，未能親歷，惟夙昔聞之前輩，耳熟能詳，姑述所聞，以竟吾篇，歸之道聽途說可耳。

鄉試於各省省會行之，每屆三年一次，謂之「正料」。由朝廷簡派正副主考主試，皆翰詹科道正途出身者任之。凡遇慶典特恩，加則設「恩科」。每試分三場，規定陰曆八月初八日進場，初九出場為頭場；十一進十二出為二場；十四進十五出為三場。完場之日，正值中秋，故每以蟾宮折桂這一類典故稱揚舉子。各省試院，亦多以絕妙好詞，製為聯語，曾見杭州考棚有「下筆千言，當桂子蕩時，葵花黃後；」「出門一笑，看湖月上，東浙潮來。」一聯，係阮元手筆，不慚才人之作。試題科目，從前為四書文、試帖詩、五經文、策問。清末改試史論、時務策、四書五經義等，三場分試。

場屋每排為一百號，每號為龕形，如今之衛兵崗籠然，可以坐臥，歷來傳說闈場果報之事，不勝枚舉。有自言自語，同口異聲，訴說冤孽，作爭執狀者；有忽如中邪，作婦人聲，自摑其頰者；有昏迷者；有瘋癲者；有以墨盒自覆卷上者；有作懺悔語喃喃求宥者；有自殺者。大低皆涉於少女失身，含兔屈死，風流事件為多。據聞鄰號之膽大者，尚有以超度歸葬種種方式作排解者。更有每一排號中，如遇一人出事，則此一百人本科皆不得中之說。鬼話連篇，言之鑿鑿。

吾章士子踏入闈場，或有精神衰弱，志慮緊張者，如果夙有不端行為，內咎神明，不免疑神疑鬼，加以場屋陰森，氣虛膽懾，邪魔乘之，所謂乖氣致戾也。然神道設教亦可警惕愚頑，規維狂妄，使謹愿者服膺不懈，不肖者審慎遲迴，似於世道人心，不無小補。

余有世叔龐某，孝廉公也，其姊孀居，有醜聲，以其辱門楣，誘歸，強飲之酖，毒未及發，氣未及絕，遽納之棺，姊手倜棺口不釋，龐舉斧斬其指，蓋棺舁出葬之，此在五十年前，即自衛道者視之，亦覺過分殘忍，駭人聽聞！此公疚心於手足，愧作於人言，終不敢下北闈，直至十數年前，始老死故鄉，蓋已八十餘矣。吾邑城隍廟，大門懸斗方橫額「你來了麼」。兩廡有刀山油鍋地獄各塑像，氣象森嚴，驚心動魄，鄉人有所爭執，理屈者甚至不敢入廟發誓，獄訟每藉之而解，五四以後，文化日進，打破迷信，廟為學生付之一炬，城隍固屬無靈，然自此人心日壞，風俗日漓矣。

神經生員當街扭打

鄉試主考官以下至襄閱試卷之同考官（一稱房考又曰簾官），自入闈後直至試畢榜發，方能出闈，蓋杜關節，避交接也。試卷雖經糊名，但恐認識字畫筆跡，仍慮有弊，故所有試卷，另由謄錄生以朱筆重行「謄錄」，以定去取，「謄錄」之制，始於宋，清沿之，掄才大典，固甚嚴也。

鄉試取中者為「中式」，中式者稱「舉人」，前五名稱「經魁」，第一名稱「解元」。解者，發也。唐時鄉試，亦稱「解試」，故中鄉榜亦稱「發解」，第一則稱「解元」也。「經魁」之說，本自明代，明分五經取士，首選謂之「經魁」，亦稱「魁首」。故相沿以前五名為「經魁」，今之猜拳者所謂「五經魁首」，蓋本此。其有文字美中不足，或額滿見遺，雖已名落孫山，而仍題名孫山外者，謂之「副榜貢生」，即五貢中之「副貢」也。

參加鄉試之生員，其性情姿態作風殊不一，最特別者，有一類狂士，自稱詩霸文豪，或以解元經魁自命，預製提燈一對，標帖解元……等字樣，晚間遊行，招搖過市，或遇有同樣提燈者，則彼此爭執，互不相讓，或論文、或比詩，舌戰未已，扭打成團，一若像煞有介事者然，在今日司謂之神經，我姑謚之曰「狂趣」，但如此時此地，或不免以阻街罪名，捉將官裡去矣。

會試殿試尚有朝考

南人好賭，甲於全國，但未聞以科舉賭者。來港之初，曾聞前輩老友新會唐天如先生告知，廣東有一種賭名「闈姓」，係以參加鄉會試者之姓氏，分條博彩，其賭法如山舖票然，有輸贏至鉅萬者，可謂異聞！

「會試」在京師，由舉人與試，欽派總裁試之，其體制與鄉試略同，會試發榜後，中式者於保和殿對策，謂之「殿試」，亦稱廷試，欽定甲第，計一甲三名為「鼎甲」，賜進士及第，二甲及三甲各若干名，賜進士及同進士出身，統稱進士。會試中式第一名為「會元」。

一甲第一名稱「狀元」，唐時亦稱「狀頭」，宋以一甲三名皆稱狀元，此與後世有異。一甲第二名稱「榜眼」，榜眼者，榜之眼也，眼必有二，故以第二、第三為榜眼，嗣以第三另稱探花，故第二專稱榜眼。一甲第三名稱「探花」，探花本之探花宴，以少俊為探花使云。此之謂「三鼎甲」。

第二甲第一名謂之「傳臚」，傳臚者，以其名曾入臚唱，並非使傳臚臚唱也。蓋殿試後，例須宣詔唱名，謂之臚唱，臚唱時，三鼎甲一一唱名，其二、三甲人數多，故只唱第一名為某某等，此傳臚之說也。

凡新進士「朝考」得庶吉士者，則稱翰林，翰林為文苑清貴之官，而翰林院則掌秘書著作之冷衙門也，設有掌院學士、侍讀、侍講、修撰、編修、檢討、庶吉士等官，僅具虛名，恭候派差而已。

「朝考」與「殿試」微別，「殿試」係會試後之最後試，亦最高試，所以定一、二、三甲之等第者，蓋定制也。「朝考」乃清雍正帝增設之制，相沿為例，每新科進士於引見前，按照殿試，由皇上考試，再行引見，各科題目俱備，任作一篇或數篇，以欽定差委，不啻殿試之覆試，更似今之甄別試也。

同案同年同科同門

凡一案入學者，謂之「同案」，同歲俱捷之進士，謂之「同年」，同科發解者，謂之「同科」。習慣上對舉人及優貢拔貢之同歲入選者，概稱「同年」。猶之古稱「同歲」也（曹操自明令，稱同舉孝廉者為同歲）。凡同年同案及學塾同門，皆論世誼，雖子孫不得逾越，尤其對於受業師，及受知之總裁、主考、學政、房師等，尤競競執弟子禮，非如今之學生對學校教師之漫無情感，甚至以乳媼傭襁為喻也，蓋師道不立久矣！

十五、官謠慨慨兆興衰

自抗戰勝利以至大陸易手，民謠多矣，然已看出人心之去向，與成敗之契機。而官謠更足覘登庸之濫倖，與政治之疲頹。防口甚於防川，官謗嚴於民謗。可不懼哉！

茲就詹詹之小語，集為點點之繁霜，分記若干則於後。

閻老西建軍傳旗報

「旗報」為平劇之語詞。即武戲元帥出場之先，必有四裨將輪至臺口，各唸一句上場詩，然後報姓名，分立將臺兩旁；所以壯堂威、備儀仗，亦龍套之流也。閻錫山都督山西歷三十八年，終亡三晉；其訓練軍隊，完全以個人為主體；團結雖固，而無國家思想；部下雖忠，而無時代進步；當建軍之始，成立四個旅：旅長為商震、張培梅、趙戴文、孔繁蔚；商（震）曾率部南征入湘，後入國府為參軍長；張（培梅）為老士官，曾剿蒙匪破「格拉寨」；趙（戴文）為一冬烘書生，嘗以諸葛自比，閻最倚畀，曾折衝於中央地方之間，一任國府考試院長，士氣十足，旁若無人，固自得也；孔（繁蔚）係老粗出身，不嫻軍旅，曾誤掛指揮刀於腰右。晉人為各擬出場詩一句如下：

大將南征胆氣豪（商）。
格拉寨上把名標（張）。
陰陽八卦還算我（趙）。
右邊掛把殺人刀（孔）。

旗報已畢，而老帥升帳（指閻錫山）。一齣趣劇，煞是好看，可謂形容盡致，即此一端，已可狀閻氏畢生之怪現狀矣。

陳辭修主鄂有虛名

民卅一、二年陳辭修以第六戰區司令長官兼主鄂政。時省會設在湖北恩施，陳氏頗喜建設，曾修清江大橋與城內馬路，又嘗推行民生主義配給制度，於民三十年石牌大捷，因過事宣傳，當時頗有違言。平心而論，陳雖無秉國經綸，而好大喜功，似不失為肯做事者。鄂人贈以嵌字聯匾，雖不足以狀其一生；然窺豹一斑，可知全貌，似亦可見其餘緒，參錄之如後：

匾額：「辭」多欠「修」。

聯語：推「陳」出新，修橋築路皆標榜；不「誠」無物，文治武功兩浮誇。

張治中治湘演慘劇

張治中早已以和平總代表靠攏矣。且死於大陸亦三年矣。當抗戰初期任湖南省主席，曾宣布治湘兩大原則。迨敵至平江，距長沙尚遠，遽發令圍燒省垣，致釀成空前未有之慘劇；後以手法高妙，委過於警備司令酆悌，及憲兵團長某，與警察局長某三人置之於法：張則逍遙事外，轉任政治部長，一路順風，偷機運用得心應手，湘人當時曾贈以嵌字的一聯一額：

匾：「張」皇失措。

聯：「治」湘無方，兩大原則一把火；「中」心有媿，三顆人頭百世冤。

方本仁長鄂得彈詩

民十八年方本仁任湖北主席，鄂人對於當時之民、財、建、教四廳長，咸抱不滿。曾有四首五絕，傳誦一時，是亦可以覘當時之政風矣。

（其一）

民政吳醒亞，地痞流氓化。

縣長一團糟，有錢會說話。

（其二）

財政賈式穀，理財有妙計。

說是不要錢，吾民無噍類。

（其三）

教育黃建中，用人說大公。

只要是北大，管他通不通。

（其四）

建設方達智，仗他爺爺勢。（方本仁之子）

殺人不用刀，說話當放屁。

歇後詩諷刺成佳話

（一）朱懷冰以民政廳長代理鄂主席，時人諷以歇後詩云：

稀毛脫落夫（朱禿頂、任軍長時被共黨襲擊僅以身免，故諧為俄人名），

狡兔有三窟（政治路線與妻妾）。

忽聞代主席，

不足！

（二）湖北省立女中校長葉×秀，在恩施出席省參議會，報告校務，態度欠莊，人贈以歇後詩云：

校長葉×秀，

上臺扭幾扭！

說像玉堂春，

不夠！

爛羊頭羞煞幾將軍

從前北洋政府保案之多，任官之濫，早為世所垢病；迨民二十三、四年之交，國府特設銓敘廳以林蔚文為廳長舉行任官；第一批發表特級上將一人（蔣先生、即五星上將）。一級上將八人（即四星）。二級上將三十人，中將六十人。少將、上校以下類降，甚嚴格也。迨抗戰勝利，退役者虛其銜以賦榮歸，投閒者戴其銜以深怨望；在職者濫其銜以擁兵柄，卒至將軍滿天下而無一勝任者。名器之失權衡，南北固一丘之貉也。茲記北洋政府任官諷刺詩如下：

上將見天有，中將滿街走。
少將爛羊頭，上校不如狗。

葉勃勃改名成死讖

葉蓬字勃勃，鄂之黃陂人，保定軍官學校畢業，民廿二年任武漢警備司令兼警備旅長，張群主鄂時，葉以日本人頭作靶，命名「復仇靶」，供士兵練習射擊，固抗日之勇士也。事聞於漢口日領事，嚴詞詰難，葉被迫去職；抵京後蔣憐其志，委以津浦路警局長，並婉語之：汝可改一名，蓋避日方之責問也。葉當即書一名曰：「葉一哀」；蔣先生於哀字中加一豎為「葉一衷」，即以此名發表任命，不可不謂患難君臣。嗣張群調外交部長，葉以刺張嫌結怨於張，始終不得志，迨汪政府成立，葉加入，先往任軍政部長及湖北綏靖主任，勝利後被任暫編第×路總司令，然終以漢奸罪槍斃於南京。吾以為蔣先生為其改名之當心一豎，不啻一彈貫心之預兆也。然而葉氏以抗日始而以附日終，是非亦難言矣。

維新政府諧聯成趣

梁鴻志為維新首長，吳用威為政院秘書長，時人戲以二人名拆開作聯，巧不可偕云：

孟光有外遇，梁鴻、志短；
宋江吃敗仗，吳用、威消。

又，「陳則民」為江蘇省長，張靜江之侄「張乃燕」為某一小國公使，時人亦將兩名字拆用成聯，有若天衣無縫。聯云：

傀儡雜「陳」，「則民」無噍類矣；

網羅高「張」，「乃燕」有完卵乎！

此聯惟陳、張平仄不諧，然不足病也。

譚組庵閒寫快意辭

民十八，唐孟瀟在鄭州反蔣，據說致蔣先生電文，下銜仍稱「職」，蓋表示其仍為部屬也（此電我始終未見）。同時馮玉祥部石友三在浦口兵變，時首都空虛，石未敢渡江，以致失敗，此天倖也。譚三（組庵）先生時在京中，不覺意成五言二句云：

造反猶稱職，
稱兵不渡河。

蓋快言之作也。

臧射陵苦吟流亡曲

余於勝利後解放前入川，冀一觀國共最後之結局，其中歷經撤退，深際艱危，作無代價歷史性的觀察。究其所得惟有付之一笑耳，以是知古今喪亡之道值得悲歌而濡筆以記者蓋僅矣。余最後一次，從渝萬撤退至成都，雖得當局之照顧，然爭車者多，一似共軍追蹤而至者，其實尚未入川境也。可見草木皆兵之說，信不誣矣。茲補記短歌三首。

（一）某部職員偕衛隊四十餘人共乘一卡車，中有囚徒三人，皆錐立，車顛簸甚，作翩翩舞，至把臂並頭；但沿公路徒步之散兵嫉車行，時聞咻咻之聲；余口占七律云：

萬州退了又渝州，如此江山未許留。
一隊戎裝車上舞，幾行殘卒路旁咻。
訝非愛侶頻交臂，道是相知欲並頭。
對彼楚囚猶有感，一車遄客孰非囚。

（二）有一客欹坐車後，肉屏風圍成陣，背倚汽油桶相擊撞，余亦口占一絕狀其態云：

一腿高懸一腿麻，半身攲坐半身斜。
腰防博浪椎相擊，頭似懸匏人似蝦。

（三）車過梁山縣，以與梁山泊同名，余頓有所感，率成一絕：

西川東魯路漫漫，異地同名泊已乾。
說部流傳多豪語，是誰逼我上梁山。

十六、遺篇傷逝者、開國寫珍聞

衰老餘閒，摩挲故紙，得已故老友唐天如先生及吳子深、趙叔雍諸兄手澤多件。零星散佚，物在人亡，不免有傷逝之感！就中趙叔雍兄有關於其先公竹君先生在辛亥革命清室退位期間，實為聯洽各方唯一關鍵之人；而其在上海南陽路十號之寓所，又為開國決策之唯一基地；種種事實，叔雍兄於轉赴南洋大學任教之前，曾用大東文具行所印二十行原稿紙寫就六大張，囑為整理發佈。多年以來，以寫北洋故實及其他問題，未之及也。故人黃土，既傷逝者，亦負珍聞。今特分段縷述，以不背原稿為旨，亦後死如我者之責也。

趙竹君其人與其友

武進趙鳳昌字竹君（按：即叔雍之先君），初入張文襄幕，庚子拳亂，東南自保，亦嘗為兩江總督劉坤一決策。居滬有年，隱預大計；各方俊彥，無不會蒞；陰奉之為主盟。茲先記竹君先生素所往來之群彥，以見其結納之殷，而集大成於辛亥之交也。

文廷式，字芸閣，萍鄉人，以珍妃故革職（文氏為珍妃之老師），被逐出京，時亦來滬，與竹君先生更深過從。文氏詩集中之游仙詩，及朱祖謀古微詞集中之落葉詞，皆曾記及珍妃事。文氏居滬時，景遇不嘗，然蘭錡外戚，物望猶在，朋好賓從，酬酢甚殷，亦輒為花間之會。辛丑以後，慈禧斂跡，僅妃仍在宮中，為之緩頰，故文氏即奉母舉室北歸。此後，文氏偶至上海，無次不與竹君先生洽談秘計，並先後介紹南通張謇（季直）、山陰湯壽潛（蟄仙）、閩縣鄭孝胥（蘇堪）等與趙論交，每相見必談變政，蓋文氏亦浸浸入於革命之途矣。

志錡，字贊希，在弟兄間排行第六，故北人稱之為志六爺，係珍妃之叔。戊戌被譴出京，在上海賃廡派克路梅福里石庫門住宅，他在滿族中，算是一位開明人物，與竹君先生最稱友善。嘗往來京滬，透露宮中消息與及滿人內情，並最反對滿漢仇視心理，及爾後張勳之圖謀復辟計劃。彼在上海曾語前北洋總督貴州陳夔龍（小石）曰：「君等遺老，徜徉上海租界，有此為護符，酒酣耳熱，挾妓行博之時，偶發忠貞之論，主張復辟，殊不知深宮中人，既無此心，且遜帝居禁地，正以平安求學為主旨，一聞復辟之說，念禍至之無日，惶悚且不可終日，幸君等勿更如此，轉以貽害遜帝也。」諸老聞之索然氣沮。其深明大義者如此。

漂陽狄葆賢，字楚青，在滬創辦《時報》，與唐才常交好，且為梁啟超門下，時稱帝黨，以別於右慈禧者之后黨也。竹君先生時至報館，與狄氏論政。

武進莊籙，字得之，時任職於禮和洋行，篤行君子，且工籌算，與竹君亦極交好，歷久不衰。莊氏後任上海銀行董事長。

楊銳，字叔嶠，由莊篠、文廷式介紹於竹君為友，趙時至其唐家弄寓齋，密談變法事。楊銳在北京時並不得意，且以慊於舊黨之頑固、新黨之躁進，頗欲乞歸，曾函時任鄂督之張之洞，張勸以暫留觀變，或尚有所挽回，楊因留京未行；迨戊戌事敗及於難，張之洞悽恨無已，大有「伯仁由我」之感！

吳縣包朗生，字天笑，時亦在《時報》，因與竹君頗多過從。包氏以撰短評及小說著稱，至今猶健在，久住香港新甯道，年逾八十矣（按：包氏已移居加拿大）。包氏其時在滬無聊，就禮和洋行買辦職。禮和為德國人所經營，專售機械及軍火。

（按：以上諸人，皆就叔雍所遺原稿摘錄）

排滿論與五族共和

辛亥革命之初，或以種族偏見，持排滿之論。竹君先生力斥某非，主張五族共和，以建民國。當時張謇、湯壽潛等均深以為然；即革命領袖中山先生與黃克強、宋教仁等亦以為變政不及於種族；即排滿最力之章太炎，亦更不唱仇滿之論。至此浮議遂息，終成五族共和之新猷。

在議論未定之時，北京滿人，多感自危。其時天津某報且刊載滿人某君所撰之考訂種族一文云：「清姓愛新覺羅，愛新音金，覺羅音趙，即趙族在金者遺胤之明證。蓋宋室徽欽二帝北狩時，宗室臣子，隨行者千百人，殖族其間，逾四、五百年而愈盛，以成此族。且清宗室只稱覺羅氏，而不言愛新覺羅，則專稱趙而不言金趙，以更示其親切，故清室實系出漢族，因之革命不當言排滿」云云。由此可見當時滿人一般惶慮之情形，而急欲泯種族之見以自慰也。

其時南方民黨，亦急欲安撫滿洲，恐生歧見，轉為鄰邦所利用，或致別有建樹。因之，一面由竹君先生函北方旗籍友好，諄囑不可聽信讕言；一面由志錡密達宮廷，並轉告親貴，更暗示以優待條件即將議定，不可自生紛擾。人心始定。

退位詔書與優待條件

當武漢起義之初，馮國璋率兵南下，漢陽失守，民軍岌岌可危。中山先生甫自海外歸來，雖號召北伐，仍在危疑之際；迨唐紹儀南下議和，幸可息兵，不戰而奄有天下；故對於北方所提種種條件，多予容納。有關此等大事。其時多在上海南陽路趙宅密商，故趙宅實為民國開國之溫床。中山先生及黃克強均排日赴趙宅與會，其重要研討決定之問題，計有如下三點：

（甲）皇室經費問題——當時諸人研究數目時，中山先生即謂「一千萬亦不為多。」竹君即起曰：「此國家擔負，吾人不能遽決。一千萬似多，四、五百萬已足。他日須經國會通過，方能定案。」中山先生亦立韙其說。謂：「此非吾輩數人所能決，姑擬此數至佳。」蓋中山先生於國勢未定之際，以為能以每年一千萬順利建成民國，亦大值得事。

（乙）優待條件——即為中山先生、唐紹儀、張謇、熊希齡與竹君先生等所研究而得之結果。

（丙）宣統退位詔書——係由張謇在趙宅所擬定之稿。

至此，清廷接得南方函電，即以遍告親貴。滿人一知無種族之見；二知皇室尚存名號；三知有優待經費。遂無主張用兵者。同時袁世凱已得中山先生同意讓位任大總統，遂亦令止馮國璋進兵，而由段祺瑞率諸將聯名通電請清帝退位，而中華民國開國之基，於以順利完成。

（余按：此一可紀念之趙宅，在上海靜安寺路後面南陽路十號，為一獨立之中等樓房，園庭幽靜，花木扶疏，余與叔雍雖為老友，向未一造其門；記得一二八滬戰時，其尊人竹君先生宴請蔣百里、陳銘樞、唐天如諸人，余亦叨陪末座，始得登堂入室。叔雍曾領余周視其園庭書室，若者為開國時之會議廳，歷述往事，記憶猶新。竹君先生談笑風生，和藹可親，不愧為開國時折衝之人才也。聞此宅於抗戰勝利後，為國府所沒收，此一可資紀念之住宅，今更不知何若矣！）

宣統出國遊學之議

當民國六年張勳復辟未發之先，北京時亦有許多廢官陰為勾結，計劃復辟，志錡最引為痛心，私下告之瑜太妃，並勸阻滿人親貴不得預聞其事。故復辟事起，除一二宵小外，多不參與。

復辟一幕僅歷九日即失敗。南方物論，不免歸咎清室。志錡遂南下一行，俾申述其經過。至上海時即先謁趙竹君具白其事。竹君告之曰：「革命黨人，亦知事出張勳之手，並不以罪清室也。然既來此，可與黨人面談，汪精衛適在滬，明日當約與同飯。」於是，次日志錡即與汪晤，縱談一切，縷述當時張勳入宮咆哮以及太妃泣拒諸事，汪氏聞之頗諒解。言次，汪氏並希望清室節省用度，裁減冗員，宣統宜勤求學問。竹君亦謂：「五族既經共和，人民均有被選舉權，他日遜帝學成被選為總統，甯不勝於遜位之虛號，故一切應以求實學為上。遜帝年事方富，莫如去國外，一觀今日之新政治。」志錡聞之，深以為是。並曰：「君言誠然。惟目前出國求學，或又滋物議，且不易得一導師。」竹君因語汪曰：「中山先生不日出國，若挈宣統同行，遣其就學，必能善加指導。且以一手開創民國之元勳，挈一遜位之皇帝同行，此在政治意義與民主精神上，必為全球各國所贊嘆。吾東方政治風度，固有如此者。中山先生必善予言也。」汪答曰：「此亦佳話。當與中山先生商之！」

禁殺旗兵調和滿漢

滿清入關，各省會重鎮均設有旗兵，由滿族將軍、都統統率之，以監視漢人。故各省起義之初，各地不免有仇殺旗兵情事。及孫黃兩公既定國策，不復以種族革命為言。且申令禁止仇殺。當時浙省民軍有不受約束、於旗城戕殺旗兵者，時浙江都督湯壽潛夙主革命，奉行法令，特以為失信不能治政，即日辭職而退。其政治家之風度，實屬難能可貴！然亦可見開國時吾漢族之偉大也。

志錡於開國之初，皇室及滿族危疑之頃，奔走南北，紓解鬱結，誠為易代史中難得之人物也。今略記其晚年家居狀況如下。

志錡自在上海趙宅與汪精衛氏晤面返回北京後，即未再南來。但奉母家居，名其居曰「承園」。並屬汪鷗客繪〈承園養母圖〉，以明其澹泊之志。汪鷗客，字洛年，杭縣人，翰林汪瓖卿之弟，旅滬鬻畫自給，承園圖繪成後，即徵友好朱祖謀、趙竹君、況夔生諸君題之，各作詩詞，竹君填〈清平樂〉一首，寄歸京師，志錡張之書齋，珍同拱璧。

以上情形，皆為叔雍兄所親筆撰寫，並託余潤飾發表。當日在其上海寓廬中一段開國事實，叔雍不忘其先公盡瘁民國之事蹟，我自應本故友之囑，藉《春秋》一角而出之，所以補逸史、慰故人也。擱筆之餘，亡友在念。因想起在港時曾與叔雍有一次唱和詩什，並未見於其身後所刊之詩集中。茲特附錄於後，雖各暴其所遇之艱，亦以誌吾人遭逢國變，舒慘同流之一段文字因緣耳。

二憾六詩百年一霎

予與叔雍相交數十年，但以學歷殊途，交深跡淡。而所往來朋從，則皆相合無間，是以久要不忘，行違而意洽。叔雍從名詞家況夔生遊，幼以詞名，而詩為詞掩。余則俯仰戎行，奔走南朔，同人雖有不虞之譽，而絕無文酒之會也。十餘年前與叔雍同客南陬，始時相過從，一日得其來簡，附詩一首索和，始往復三疊，蓋吾二人可資紀念者，僅此而已。二憾六詩，百年一霎，言之醜也，錄以存照。

附錄

叔雍來簡代序

宵分不寐，持贈一詩，頗憶友好有以兩才子兼譽吾二人者，計載於茲矣（按此一故事，為當年朋輩之戲辭，渾號而已，余實未之敢承）。同客天南，同居函丈，行徑頗復相似，惟當年文武殊途之異耳。從者謂弟幽憂間豪情不減，證以此作，或更為然。前賢好以李杜比同聲之雅，素嫌其寒素；等而上之，喻為元白，氣象猶患不足；今以燕許勳賢相引況，亦吾兩人身世得其似耶！從者以詩書經史為師資，弟則授人詞曲劇藝，故句末云然。鐙寂人靜，涼颸微來，此樂未已，以為何如！順上

勺波道兄吟綏

——尊嶽

叔雍原唱

東南文物介江湄，車笠休明事鼓吹。
氣象龍光懸綵筆，星文寶劍倚神騅。

莫矜白髮俱滄海，輒笑青藜共絳帷。
論政終嫌勞燕許，經師詞客自昭垂。

和叔雍見贈原韻復函代序

才橫滄海，派衍陽湖。高士廊如，美里富名山著作（叔雍著《幽居吟草》）；騷壇蔚起，厓門
興雅頌絃歌。寵惠清詞，難為嗣響。不佞與君偶同身世，敢企高華；竊比有心，附庸滋愧。乞
靈經籍，投荒失曜於絳帷；枉識兵韜，樹績不聞於紫塞。蓋南才誠南而不才北矣。琬琰之章，
載賡鳴鳳；瓦缶之什，庶幾續貂。

勺波一疊和

吾道非耶出海湄，驚才騷雅激揚吹。
卅年江左風雲會，萬里天南汗血騅。
白首舊同星待漏，紅粧初報月窺帷。
蟄龍應許三冬臥，贏得名山不朽垂。

叔雍再疊和

（頃拜和章，殊紉稠疊，再作原韻一首奉政）

相見猶堪訴海湄，風懷刪盡賸哀吹。
舊曾塞北從行役，幾摭江干斥逝騅。
漸老青絲愁鏡汐，徐溫濁酒夢詩帷。
由來世事同賓戲，執與陽秋奕葉垂。

勺波再疊奉和

遡遊宛在水之湄，草勁風橫一任吹。
大澤歗歌從隱豹，僕夫悅悴負鳴騅。
舊嘗倚劍輕胡馬，老不窺園下董帷。
海上鯤鵬淮上月，迴翔振翮望雲垂。

叔雍三疊和

海曲雲低映淺湄，薰風白袷與輕吹。
臨池弄墨閒如歲，遞簡催詩捷似騅。
三和尚難傾肺腑，千秋誰共駐襜帷。
早知骨相虞卿困，猶著詞林一樹垂。
（原注：粵中虞卿三賢詞、詞林樹今古豔稱，屢見先賢詩文，蓋遷客之始，宜祀白華先師

者。）

勺波三疊奉和

故人空谷挹秋湄，三疊伊涼伯仲吹。
海澨何心矜獨步，天閑低首笑雙騅。
遺民搖落驚喬木，畫省依稀入講帷。
眼底鯨鯢猶未掩，河山付與釣竿垂。

叔雍歿於南洋大學教職任內，予輓之曰：

江左擅才名，派衍陽湖，詞腴片玉；
天南留逸躅，經傳漲海，人比虞卿。

十七、姚民哀與潘月樵合傳

卅餘年前在上海五馬路口東方飯店樓下東方書場以說《西廂》、《三笑》出名之朱蘭庵，實即當年為上海《民國日報》撰寫「上天下地」專欄之作家姚民哀也；他於抗戰初期，任常熟抗日委員會主席，被日敵捕獲槍殺；其人其事，詼詭節烈，雋義可傳；特記之，以備采風者之存而錄焉。

狀如侏儒、遊戲人間

當年我國京滬路沿線各城市巨鎮之大茶居中，概以設有書場者為上乘，江南人士多有聽書癖好，蓋以雅俗共賞之小說故事，吸引有閒階級之男女顧客，蘇錫一帶，此風尤盛。當清末民初，蘇州以吳步蟾、吳玉孫弟兄獨擅勝場；常熟以朱繼庵、朱蘭庵父子最受歡迎。上海有范少山等，崑山則有世所著稱的崑曲。各有其一時著名之人才。

說《西廂記》及《新三笑》創始之人，實為常熟之朱繼庵。繼庵饒有文思，說書時，妙化穿插，形容盡致；使聽者神移心曠，興趣盎然。復以其術傳其子蘭庵、菊庵；在常熟城內之湖園說書，即携其子配檔上臺。繼庵本姓姚氏，以過繼外家，故姓朱。說書之朱蘭庵，亦即報人之姚民哀，蓋以筆名復其本性也。

繼庵逝世後，蘭庵、菊庵受聘於上海東方飯店書場。蘭庵形體畸特，身高不過三尺二寸，頸部瘰癧滿佈，無論冬夏，衣領必高及耳際以掩蓋之；手指特短，足小如兒童，又患高度近視。每到書場登臺，座上客一見此形容怪異之侏儒搖擺而來，先為之捧腹軒渠；蘭庵行抵臺前，例說其開場白曰：「先兄亡弟上臺了！」蓋以已死之陳人自喻其昆仲。知之者謂其遊戲人間，不知者輒又鬨堂大笑。及說至緊張處，不免指手劃腳以表情，其舞之蹈之，纖細婀娜之動作，更令人笑不可仰。所以顧客雲來，場場滿座。倘是日發見嫻雅娟秀之女聽眾太多時，蘭庵深恐有得其臺詞之發揮，不能暢所欲言，則必故為俗不可耐之笑話一二則，以使此輩女客面紅耳赤而自行離去。至於半老徐娘，風華絕代，樂此不疲者，則固大有人在也。

蘭庵具有文學基礎，並非普通說書人才，且嘗為常熟名孝廉言調夫之高足。言師以其文思極佳，但觀其短小惡疾而貌不揚，每為之歎惜不置，而有斯人斯疾之憾。

抗日演講、飲彈畢命

民初，蘭庵即以「民哀」筆名，撰諷刺時事之小品文字投登在滬出版之「民、立」各報。後來《民國日報》發行，經理邵仲輝（按：即邵力子）、總編輯葉楚傖（寫小說署名小鳳）即商聘民哀擔任撰寫該報「上天下地」專欄，以供其作日常發揮文字之園地；此時遂用「姚民哀」之筆名矣。

蘭庵在《民國日報》，有時自己送稿往報社，社中同事有笑指者說：「姚矮子又來送稿了。」他就故意扳起面孔說：「你們太失敬了，因為我們邵經理（指力子）高只不過四尺左右，所以我以三尺多寸，不敢比他高，這便是我的敬意（邵力子本來瘦小，未做官時，不到百磅重）；我不是說你們對我不敬，你們想想罷，不要得罪經理呀！」

於是，大家哈哈大笑一場。

又有人問他：「你太太比你高嗎？」

姚說：「我終身奉父命不娶，何曾有太太！」

大家說必無此事。姚則鄭重其事地說：「幼時從父學習說書，不准片刻離開；有一次出街不多時，先父指說，你不好好學習，以後定必不准你娶親，父命難違，所以真沒有太太！」

其實，天賦他這種畸形體格，對於婚姻問題，也是一件不易解決的事。自署「民哀」，正是傷心人別有懷抱也！

自抗日軍興，他不在東方說書了。他由滬返里，組織常熟縣抗日委員會。他口才既好，義憤填膺，就被公推為抗日會主席。每日必分向各市鎮演講抗日，激昂慷慨，聞者無不動容。他真能以說書的精神，用之於抗日演講。他因為人矮，每次必加一方凳於桌上，高立四顧，作動人的演說狀。最難能的是，日寇已經佔領了常熟縣城，他還不稍畏縮，照常行所無事。結果在邑之支塘，為日軍捕獲，終至飲彈而死。臨畢命時，猶罵敵不絕云。

余曾為之贊曰：

斯人斯疾，支離其形。遊戲濁世，自號哀民。鳴於文兼鳴於藝，畸其身不畸其心。罵賊而死，孔曰成仁。直應歸之烈士傳，豈第競名於柳敬亭！

賣藝所得、資助革命

鼎革以還，伶人以革命稱者，不數數覯。其能出生入死，參加實際工作，在辛癸之交，蓋莫滬上京劇伶人潘月樵若。潘為人任俠尚義，辛亥前即參加革命，隱身於伶，與陳其美深相結納。迨武漢首義，上海光復運動，進行益急。其時上海南鐵廠（上海兵工廠，在滬南龍華，即江南製造局，舊名南鐵廠）為軍械重地，黨人爭取之，潘曾隨陳其美親冒危險，進入廠內；不幸陳已被綑綁，而潘又出外另偕同志數人翻越廠牆入內，救脫陳氏於險。上海光復，陳被推為滬軍都督，對潘之俠義，猶時表感佩之意。

潘月樵辛亥間獻藝於上海南市九畝地之新舞臺，以號召力強，賣座鼎盛。癸丑二次革命，潘亦暗助黨人甚力；且嘗慷慨解囊以濟同志，乃至無以為繼，而登臺賣藝如故也。迨癸丑失敗，鄭汝成出任上海護軍使，二次革命袁世凱通緝「亂黨」（時袁政府稱二次革命之黨人為亂黨）之名單，月樵亦與其列，踪緝甚嚴。潘乃潛赴常熟縣戚家暫避，因遁入該縣著名之山峯寺，擬剃度為僧。某晚，由寺下山，過山麓某村，村犬狂吠不已，村民出而捕之，指為竊賊，綑綁而懸之樹上，且痛毆之，將俟天明送將官裡去。潘念一到官府，縱竊賊之罪可免，而亂黨之案，或將並發，則性命危矣。乃婉乞鄉人由樹解下，當以金錢為報，因與其中主持最力之鄉人談妥，給以二百元之借條，隨潘往城內戚友家兌付，鄉人欣然允之。將行，又有鄉人力爭云：「若非我們幾家狗吠焉能獲彼？」潘恐發生糾紛，乃又署二百元給狗主群分。餘人又群鬨曰：「若非吾人協力，如何捕獲？」潘即慨然云：「我再出二百元借條，請你們加派一代表參加送我，不得再有異言！」如是乃得圓滿脫險。

息影常熟、幸得善終

民五，袁世凱敗亡，潘又回滬重入伶界。為前輩資格，發起組織上海伶界聯合會，伶人群推其為會長。其他公益事件，如南市地方救火會等，均為其所發起，滬人士多推重之。

有清兩廣總督岑春煊在上海作寓公時，聞潘之為人，極愛重之，因與折節論交。岑氏雖曾為高官，而甚清貧，且食指浩繁，潘知其愛喫常熟白米，曾連年以常熟米百餘担贈岑。後來護國之役，岑以陸榮廷等廣西舊軍人之擁戴返桂，七總裁時代，一度委潘為廣西水警隊隊長之職，但不久仍回滬重理舊業，而革命諸巨子凡與有舊者，與之交誼常新也。

潘伶之姑丈為譚鑫培，且嘗從孫菊仙為師，其第三子鼎新，曾演唱於漢口，抗戰時亦曾在重慶登臺，蓋亦伶人世家也。

月樵當年以演「九更天」一劇最出名，早歲周信芳（即麒麟童）初學戲時，對潘最為傾慕。每逢潘演拿手戲，出臺時周必隱匿劇場之一角，鑽隙窺之，以精心學習其做工表情（相傳伶界除所拜之師傳外，向不宜闖入劇場，以偷習人之所長）後來潘聞同業告知周之苦學情形，彼即謂周之友好曰：「既如此，何不投一門生帖，以公開學習。」周乃欣然投拜，伶界傳為美談。

潘晚年息影常熟家中，民國二十年病歿，享年六十四。其婿常熟金君述其厓略，就余所知，用為之記。

十八、觀人之法莫妙八圈麻將

賭雖小道，但最容易看出人的格品，所謂觀人於微。蓋賭馬有德亦有術，以賭為技術之消遣，而無勝負之心者，上也。順理成章，自然合度，勝固可喜，敗亦欣然者，次也。得失縈於懷，喜怒形於面者，又其次也。拍案叫囂，醜態百出，勝則得意忘形，自眩高人一等；敗則垂頭喪氣，不免帶水拖泥，此則品斯下矣。

張作霖牌品要不得

茲先就打麻將而言，上家牌未打出，即伸手先摸牌或偷看牌；徇私也，下流也。
人家已吃張而故意喊碰，此種碰其所不當碰，損人不利己也。
大牌不和而悻悻責人，狗急也。
已未食和而強看人牌，不禮貌也。
扣中人牌而故眩其神，驕矜也。

被人扣牌而慍形於色，器小也。

患得患失，發張遲緩，而無所措手足，此猶疑無決心，下駟之庸材也。

至於籌碼記數，寧欠不兌，籌碼且不捨，而況於現錢，此吝嗇鬼也。

欠人則佯為不知，人欠則分毫不爽，此極端利己主義也。

局終結賬，雖大勝而斤斤計較於些少之尾數，此刻薄成家者也。

猶憶北洋政府時代，軍閥吳光新、張宗昌盛時，常在天津日租界鳳第、謝第班（按：即粵語之妓寨）捧場，一場麻將抽水動及鉅萬，曾有幾位清客篾片私吃頭錢，竟與老鴇拆賬，居然以此起家，誠可謂無恥之尤！所以賭場人物，無奇不有，賭徒動作，原形畢現，只要冷眼旁觀，自然無所逃遁，吾以為觀人之法，莫妙於此。取人才、交朋友、談戀愛等等，不妨以八圈麻將為試金石也。語云：「觀其所由，察其所安，人焉廋哉？」吾於賭亦云然！

張作霖以鬍匪起家，清末受趙爾巽之招安，入民國後，飛黃騰達，縱橫關內外數十年，其事蹟當載之史乘，茲不具述。惟張氏當年每次入關，必駐節於天津河北之德記軍衣莊，燕居之暇，抽鴉片、叫條子、聚賭以為常。張氏擁有東北四省地盤（按：當時以奉天、吉林、黑龍江，加熱河為四省，在奉系勢力圈內），聚斂所得，富已敵國，而天性好勝，賭輸即怒形於色，而左右趨奉之流，每賭必令張大帥取勝，資為喜樂。

迨段合肥（祺瑞）以執政下野，張作霖主政北府，稱大元帥，結北洋政府式微之局。一日張氏打麻將，有一牌為一手索子清一色，上家某總長打一張六索，作霖以五索與七索吃下嵌檔，便聽牌了；

不料其下家段某此時忽將六索碰去，作霖憤極，立即伸手翻倒段牌，則固大肚六索也（按：段某手上為五索一張、六索兩張、七索一張）。此在打牌技術上，本尋常事，但以張大帥素性褊狹，日受人之諂諛趨承而不自覺，段某其時任全國烟酒公賣局督辦，又自以為合肥世族，遂倚老賣老，輕攖其鋒。作霖當時在牌桌上雖嘿然無語，而翌晨公府令下，免去段某烟酒督辦之職矣。說者謂一張六索，扔掉一個督辦，亦一異聞也。

靳雲鵬能贏不能輸

還有一位賭品不高明的北洋大官，為靳雲鵬。靳氏山東濟寧人，出身北洋武備，為段合肥（祺瑞）所賞識，嘗以國士待之，故其在政海之位置，每隨合肥而遞進，先後曾任國務總理達七年有奇，而於民八年徐世昌任總統任內、直皖兩系反目之際，靳氏有左袒直系、叛離段氏之嫌，以此遂終身不見諒於皖系。

緣吳佩孚第三師由衡陽揮軍北上之時，段氏曾示意以長江上游總司令吳光新調任河南督軍，而免去原任督軍趙倜職，業由國務會議通過；而此一明令竟擱置不發，致吳佩孚之第三師，得以安然開返保定。而此時吳光新又被湖北督軍王占元所扣留，致演成皖系之慘敗，以此皖系認靳氏為忘恩負義之叛臣。迨後段祺瑞勢窮下野，蟄居天津，靳氏對合肥雖執禮甚恭，但終為段氏左右所齮齕也。

民廿六年段氏歿於滬，靳亦由津來弔，余見其蜷坐屋隅，雖弔客雲集，無與之語者。段氏靈柩專車北上，執事者竟不為靳氏在車上留一席地，不得已乘客車懊喪北歸，蓋北人重私恩逾於公誼也。

靳氏小有才，熟讀四子書，立談之頃，背誦如流，有似宿儒；然為人甚庸俗，彼之天津寓所中，贋品古玩，牆邊屋角，堆陳有如積薪，頗類上海閩人室中之銀盾，蓋皆苞苴之賸也。

靳雲鵬生就一副鴛鴦眼，身材魁偉，酷肖已故之錢宗澤。平居喜御旱烟，烟桿長三尺許，僮僕為之燃火，靳氏歛頭瞑目而吸之，絕類鄉鎮之土豪，又似江湖算命之瞎子（按：靳氏原有瞎子之渾號），村氣可掬，倘使今日港人見之，必以為一怪物或一古靈，而不知其曾風雲際會數十年，燮理陰陽七八載也。

靳氏於酬應時，喜打牌，但亦為能贏不能輸者。每見其贏時，雖三百乃至千餘元，則必假裝頭痛，藉詞提早散局；若小負或大負，則打完四圈又四圈，決不頭痛，可能終宵不輟，鏖戰不休。左右或以其曾為總理也，亦每迎合其意。識者輒為齒冷。

記得民十七八年間，在天津特區張堅白家（按：即張鳴岐，清廷最後一任之兩廣總督）打麻將，相約互作東道主，盡興盤桓幾天。第一日靳氏贏了五千餘元大洋，翌日即稱病，退出戰團，大家知其老毛病發作，一笑置之。以賭觀人，正見其太沒出息，其居首揆，負段氏恩，見利忘義，器小易盈，曾無足怪；所可怪者段合肥遽以國士待之，由一礮兵，三十年間，提拔至陸軍總長、參戰軍督辦、國務總理。出將入相，絢赫無比。固見段氏之不知人，更足徵當年北洋人才之缺乏與仕途登庸之失道也。

在當時所謂豪賭者流，一局輸贏，動逾中人之產。其結賬方式，有定期一月或一週者，有局終立即結算者。賭博地點大半為俱樂部，賭友則多為固定幾位熟朋友（當然身分地位都差不了多少）。至於結付賭賬之情形，亦可覘其人身分之高下，財力之豐絀，性情之奢吝，與夫裝門面而假充闊佬、擺排場而漫不在乎的。其上焉者，由隨員或會計人員經手撥付；次一等的，則寫一便條，予其往來銀行之經理；再次者，則開支票清賬。蓋其時輸贏數字既大，而鈔票面額又小，殆無以現鈔往來者。其中亦有勉強追隨，冀有所攀援，或有所倖獲者，更有支票空頭，臨時補進，以維持場面者。形態非一，俗穢靡然，又以見一時應酬之趨向焉。

段祺瑞打牌太衛生

俗有衛生麻將之說，以予所見，可資記述者，得二人焉，一為段合肥（祺瑞）。段氏生性剛而嚴肅，不怒而威，鼻尖微歪，有所慍則現於鼻，老部屬皆以「鼻爺」稱之。生平無他嗜好，惟「一局圍棋、八圈麻將」以為常。段氏清廉無積蓄，在石家莊之正豐煤礦，及北京私人寓邸，皆其部下積資而成。故段氏居天津時，已捉襟見肘，幸國府當局待以賓師之體，時有贈與。迨九一八後，南京方面鑑於北派之思逞，及日人之利用，始迎段氏南下，寄居上海霞飛路陳調元所置之巨宅中，月致三萬金生活費。段氏以其半數為生活之需，餘半則分贈其所部，計曹汝霖、王揖唐、吳光新三人每月各二千。曾毓雋、梁鴻志、魏宗瀚、姚五、姚六（二姚偶忘其名）、陸宗輿、章宗祥、段宏業（段氏之子）、宏綱（段氏之侄）每月各一千。以此安居滬瀆，憩息終老焉。

段氏打麻將，多尤其部屬陪侍，吳光新、曾毓雋、梁鴻志、魏宗瀚等，俱為經常之配搭。牌以老法么二元為準，輸贏不出二百元，余在滬時亦偶陪末座。見各人屏氣靜肅，舉座寂然，段氏摸牌發張，神疲手顫，動作弛緩，惟聞呼吸，三人危坐以待，每打一牌，輕輕放下，不聞劈拍之聲，殆如聽譚叫天之戲，恐咳吐之驚人。又有「如見大賓，如承大祭」之象。在段氏頤養天年，或可謂之衛生麻將；而在年輕性躁者，打此種麻將或將減壽一紀也。

段氏晚年吝佛，偶亦作五言古為佛家言，鏗鏘可誦，蓋已尤其文學侍從之臣如章孤桐（按：即近日由大陸抵港之章士釗）、王揖唐等潤飾之矣。抗戰前一年段氏歿於滬，時有議以國葬黃山者，以段之功業，點綴名山，且山在皖南，更無背於首丘之正。當時戚屬多人，皆韙其議，獨嗣子宏業，堅持異議，遂移靈北上，暫厝於北京之西郊。故國滄桑，淒其風雨，元老壯猷，魂歸何處，言念及此，伊其戚矣！

猶憶段祺瑞之喪，在滬寓開弔三日，當時自南京國府主席以下，南北要人，門生故吏，輓聯祭幛，哀榮備至。其時上海租界尚未收回，移靈之日，英法捕房均派有騎巡軍樂，參加行列，沿霞飛路，轉西藏路、南京路，折入北浙江路，以至上海火車北站，執紼者逾千人，沿途民眾，夾道佇立，無慮數十萬。蓋自黃興、蔡鍔兩次大出喪以來，場面之大，未之有也。上海北車站備有專車一列，為移靈之用，直駛北京（其時下關浦口間有火車輪渡，可將列車分拆渡江），車經下關及沿途各大站，皆有祭奠，南京國府亦明令褒揚，飾終典禮，可謂盛矣！

段氏以三造共和，著聞於世，然南北之界既深，新舊之見難泯，當國事蜩螗之日，內憂外患，相逼而來。北洋舊侶，既多擁段復出之心；日寇謀華，亦有利段分崩之想。故段氏南下，而又歿於七七事變之前，其得順命令終，保全晚節，正天之所以厚遇之也。段氏若多活幾年，迨到蘆溝橋戰幕揭開之後，將由國府挈之以西行耶？將坐視其舊部梁鴻志、王揖唐之獵位於南北耶？將被挾持擁立而跳入火坑耶？將屹立於兩者之間取巧坐視耶？將重違其左右親日派之意而不顧耶？吾殊未敢斷言之也。

陳光遠有飯大家吃

談罷段氏，應再談談真能副衛生麻將之名實者之另一人，此人為誰？陳光遠是也。陳氏於民國初年即繼李純為江西督軍，其作風另有一套。本來北洋軍隊，多係行伍出身，做官總講飯碗問題，陳氏以袁項城之知遇，由模範團擴編為十一、十二兩師，於癸丑（按：指民二年）事變之後，挾以南來，坐鎮江右；亂事敉平，陳氏即開始澈底注意解決其全部的飯碗問題。

陳氏將江西全省的縣長、稅局及各項差缺局所均分別加以調查，何者正規收入若干？陋規舞弊收入若干？詳細列表，密置於其簽押房中，再將其嫡系職官，分別其勞績大小，年資多寡，地位高下，關係親疏，退職後應需資金若干，可以維持生活，規定某也幾千，某也幾萬，亦詳細分配，以完成初步計劃之標準。

初步調查計劃完成後，第二步則分別差委，某也當縣長，某也當局長，或數月而調回，或經年而調回，則默喻其所得而取盈焉。如此更番調任，各有所得，而各如其份，陳氏本人則有軍事費、臨時費、政費、稅收小比，以及各種報銷，自然保有其一個特大的飯碗。餘則自督署省署幕僚以至軍隊官長，亦皆有大中小飯碗之別。既無偏枯之弊，亦無向隅之憾。實做到有飯大家吃，而皆大歡喜。

陳光遠下臺後，息影津門，其所部正不少小康之家，於是亦紛紛在天津置產，大小公館均離陳氏寓邸不遠，前後左右，環拱如列星，暇則追陪老上司，以打麻將為例行之娛樂；林下風光，優游自在，樂也無藝。

陳氏打麻將，規定為八圈，對勝負毫不縈心。入局時，例尤其做莊開始，若手風旺，斬獲太多，對於大輸家則關注備致，三七章隨手亂放，志在成全。為了鬆章，每使其自己之一手牌，成為十三不靠。此種打法，間中亦曾於無意中竟和出十三么之絕章自摸滿貫，彼則以慈善家自居，摸來打去，自以為樂。這樣的牌品，與張作霖、靳雲鵬誠不可同日而語，此真所謂衛生麻將也！

十九、憶述清末幾位封疆大吏

大凡朝代之興亡，繫乎登庸之當否。古今來得失之林，若有自然律存焉！偶一思及遜清光緒末年以至宣統退位之間，所有封疆大吏，非闒冗貪婪之輩，即尸居竊位之臣；對於危亡之局，固無凜然補救之心；迨至喪亡之日，更多苟全逃遯之輩。茲就記憶所及，摘寫幾位，以滋吾篇零露之晞！

兩湖總督瑞澂

瑞澂字莘儒，滿洲正黃旗人。以庸懦無能之才，於名總督張文襄（之洞）之後，繼長兩湖，宜其捉襟見肘，不旋踵於一夜間，逼成辛亥武昌起義之輝煌歷史。蓋緣張之洞（香濤）治鄂多年，悉心建設，主持大政，昕夕不遑，如創辦文武學校，派遣留日學生，興建實業，組漢冶萍公司，建漢陽鐵廠、兵工廠、紗廠，無在不足以緩和革命之進行；而又於八國聯軍之役，與江督劉坤一主持東南自保，是誠有清一代末季之能臣也。宣統元二年間，以大學士卒於兩湖任內，時江寧藩司樊增祥以電文輓之，中有句云：

第三人及第，晚荐綸扉；
廿六載封圻，得參大政。

蓋樊為張之門生，同為探花出身也。瑞澂於張既不能承先、又無以善後，但於武昌起義之頃，搜查名冊，念在株連；而木身又倉皇逃遯，在海琛兵艦挾妓填詞，風流自賞。如此封疆重臣，臨難苟免，清室之亡，有由來矣！

日前偶與老友費彬老（孟河老醫生費子彬）談及此事，予詢彬老尚能記憶及前詞否？答謂：「瑞澂所召雛妓似名『海棠』，詞為『海棠春』，只記煞尾一句為『三寸曾不足』，以妓之蓮蹻纖纖不盈一握也。君何不為足成之！」予謂：勿不能為亡國之音，姑述其事耳！」茲為補填〈海棠春〉詞如下：

〈海棠春〉（記瑞莘儒在兩湖總督任棄職潛逃事）

巖疆夜拔元戎纛。夢未醒，驚魂觳觫。轅外角聲寒，肯把孤忠贖。亡人不分清廷屋。喜江上笙歌絃促。試賦海棠春，「三寸曾不足」。

兩江總督張人俊

張人俊、字安圃，河北豐潤人。他是宣統元年繼端方補授兩江的最後一任總督，也是最腐化無能的一位總督。他與前任端午橋（方）的作風判若兩人。端雖是滿人，尚不失為開明之士，對於一切新政，多能竭力進行，即對南洋第九鎮新軍亦能與統制徐紹禎和協辦理，所以該鎮許多革命要人如梢聲等，皆能曲予保全。自張氏到任，即與江寧將軍鐵良同惡相濟，而又以虛偽之節儉為名，使南京之現任官如提學使左孝同（左文襄之子）、藩司樊雲門、以及一班侯補官員皆破靴敝袍轅門投見，致使南京估衣廊之典質品銷售一室，而於軍國大事茫然不顧也。迨武昌事起，又唆使鐵良繳去第九鎮官兵彈藥，同時召集張勳之巡防營進駐南京，終致貽害東南；其本身則伺機逃往天津、大連，過其遺老寓公生活。此清廷所倚為「兩江保障三省鈞衡」（此為兩江督署東西轅門語）者，如此疆臣，國欲不亡得乎！

直隸總督端方

端字午橋、號陶齋，曾與五大臣出洋之役。在兩江任內，曾舉辦南洋勸業會。好古董、有名士氣，清末督撫中尚不失為明達之流。可是他由兩江調往直隸，雖同為南北洋大臣，卻已遭逢鞠凶。事緣西太后與光緒帝兩宮之喪，奉安過津，端頭腦新穎，對宮車儀仗，攝影紀念，此在歐西各國，事本尋常；孰知落後思想之御史輩，以「大不敬」罪名交章彈劾，致受免職處分。一時咸知其為時代之犧牲者，曾不足為盛名之累。孰知禍不單行，未幾川路風潮起，端被起用為四川宣慰大臣，過武昌時，在第八鎮調一團兵為衛隊。西上時值辛亥革命風起雲湧，端行至敘府宜賓，遂為亂兵所殺。此為清末大員之最倒霉者。

兩廣總督張鳴岐

張字堅白，為岑春煊得意部屬。為人文秀矯健，工於肆應，為疆吏中之最年輕者。黃花崗七十二烈士攻督署之役，如非得水師提督李準之助，粵省義舉當可成功，張氏或將不免。未幾廣東獨立，胡漢民為都督，張遂逃回天津，寓舊德租界。民十八，予以嚴孟繁（家熾、曾任廣州知府）之介，與鄉人許漢卿時往竹戰，小樓一角，生活清淡，似宦囊不豐者。偶見壁上懸一姬人玉照，當係督粵時所聘，已夭折矣。後來岑西林（春煊）為兩粵七總裁組織時，張曾赴粵一行，無所成就。此蓋有清末代幸運之總督而失意之遺老也。

四川總督趙爾豐

—爾豐係趙爾巽之弟。初、川漢鐵路本訂官商合辦，發行股票，川人購股者多。清末改鐵路國有，川人群起反對；尋值辛亥起義，袍哥會起，蒲殿俊、尹昌衡繼起獨立，先後被舉任都督。爾豐為亂兵所殺，與端方同死於川路風潮，實亦同受辛亥革命之影響也。

雲貴總督李經羲

經羲承李合肥之後，文治德望，世代簪纓。雲南獨立，蔡鍔等平日在其獎用之下，素無惡感。起義之初，兵不血刃，遂受保護歸津。當時只第二十鎮統制鍾某殉難，其餘督練公所諸要員如靳雲鵬、曲同豐等，俱得善遣北歸也。

東三省總督趙爾巽、徐世昌

趙以收編張作霖故、得其捍衛，致藍天蔚等屢謀舉事不成。民國成立，以項城關係，趙始終任國史館館長，成清史稿發行。以清臣主編清史，多所偏護，有失國史意義。南京國府曾禁止發行。然卷帙浩繁，收藏者多，國府又未能另成信史，只作盡信書之例可耳。徐世昌以與袁淵源甚厚，且為民國之國務卿，風雲際會，更膺選大總統。富貴逼人，兩位長樂老實受項城之賜。民國肇造人物之矛盾一至於此，以言歷史，尚何言哉！

江蘇巡撫程德全

程四川人，為最後一任蘇撫。江蘇當光復之初，各方首領極為複雜；上海有滬軍都督陳其美，南京有衛戍總督徐紹禎，鎮江有都督林述慶，揚州有軍政分府徐寶山，淮安亦有分府臧在興，惟未有正名為江蘇都督者。其時蘇州為省會，即有人為程德全勸進，程亦見獵心喜，以在紛亂之中無人顧及也。但無兵無餉，毫無作為，過癮數月，遂無疾而終。

山西巡撫陸鍾琦

陸為翰苑出身，居官廉正，其子為留日士官畢業，與閻錫山同為六期生，相交有素，且有勸父獨立意。正在猶豫之間，晉軍發難，閻槍擊鍾琦，立死撫署大堂階下，其子泣伏父身上，同時被槍擊斃命，致成父子同殉之慘局。此種不虞之事變，總緣身分不同，未能推心置腹；而權位之爭，稍縱即逝，在閻亦不能不遽施辣手也。

歷任督撫之陳夔龍

陳字小石，貴州人，夤緣慶親王奕劻門下，以其妻為慶王義女，稱準格格，中蕁往來，苞直上下，以是歷任大缺，曾督直隸、兩湖。於清帝遜位前退休，寓上海英租界孟德蘭路。宦囊之富，一時無兩。每年邀約北京名角來滬，稱觴祝壽，渡其遺老寓公生活，忝不為怪。此清末之猾吏，而滬濱亡國大夫之首也。

以上列舉清末幾位封疆大吏，以見政權零落時牛鬼蛇神之一斑。世之失國者，樹倒猢猻之痛，或尚有過之，可不儆懼乎哉！

Do人物62　PC0605

臧卓回憶錄
——藏書與讀史

原　　著／臧　卓
主　　編／蔡登山
責任編輯／辛秉學
圖文排版／杜心怡
封面設計／蔡瑋筠

出版策劃／獨立作家
發 行 人／宋政坤
法律顧問／毛國樑　律師
製作發行／秀威資訊科技股份有限公司
地址：114 台北市內湖區瑞光路76巷65號1樓
電話：+886-2-2796-3638　傳真：+886-2-2796-1377
服務信箱：service@showwe.com.tw
展售門市／國家書店【松江門市】
地址：104 台北市中山區松江路209號1樓
電話：+886-2-2518-0207　傳真：+886-2-2518-0778
網路訂購／秀威網路書店：https://store.showwc.tw
國家網路書店：https://www.govbooks.com.tw

出版日期／2016年7月　BOD一版　定價／400元

獨立作家
Independent Author
寫自己的故事，唱自己的歌

臧卓回憶錄：藏書與讀史 / 臧卓原著；蔡登山
主編. -- 一版. -- 臺北市 : 獨立作家, 2016.07
面；　公分. -- (Do人物 ; 62)
BOD版
ISBN 978-986-93153-7-1(平裝)

1.臧卓 2.回憶錄

782.886　　105009657

國家圖書館出版品預行編目

讀者回函卡

感謝您購買本書，為提升服務品質，請填妥以下資料，將讀者回函卡直接寄回或傳真本公司，收到您的寶貴意見後，我們會收藏記錄及檢討，謝謝！如您需要了解本公司最新出版書目、購書優惠或企劃活動，歡迎您上網查詢或下載相關資料：http:// www.showwe.com.tw

您購買的書名：________________________________

出生日期：________年________月________日

學歷：□高中（含）以下　□大專　□研究所（含）以上

職業：□製造業　□金融業　□資訊業　□軍警　□傳播業　□自由業
　　　□服務業　□公務員　□教職　□學生　□家管　□其它______

購書地點：□網路書店　□實體書店　□書展　□郵購　□贈閱　□其他

您從何得知本書的消息？

□網路書店　□實體書店　□網路搜尋　□電子報　□書訊　□雜誌
□傳播媒體　□親友推薦　□網站推薦　□部落格　□其他__________

您對本書的評價：（請填代號　1.非常滿意　2.滿意　3.尚可　4.再改進）

封面設計____　版面編排____　內容____　文／譯筆____　價格____

讀完書後您覺得：

□很有收穫　□有收穫　□收穫不多　□沒收穫

對我們的建議：________________________________

____

____

____

請貼
郵票

11466
台北市內湖區瑞光路 76 巷 65 號 1 樓
獨立作家讀者服務部 收

（請沿線對折寄回，謝謝！）

姓　　名：＿＿＿＿＿＿＿＿＿＿　年齡：＿＿＿＿　性別：□女　□男

郵遞區號：□□□□□

地　　址：＿＿＿＿＿＿＿＿＿＿＿＿＿＿＿＿＿＿＿＿＿＿＿＿

聯絡電話：(日)＿＿＿＿＿＿＿＿＿＿(夜)＿＿＿＿＿＿＿＿＿＿

E-mail：＿＿＿＿＿＿＿＿＿＿＿＿＿＿＿＿＿＿＿＿＿＿＿＿